唯有热爱

一位小学校长的教育情怀与追求

汪 静◎著

光明日报出版社

图书在版编目（CIP）数据

唯有热爱：一位小学校长的教育情怀与追求 ／ 汪静
著 . -- 北京：光明日报出版社，2024.8. -- ISBN 978 -
7 - 5194 - 8262 - 6

Ⅰ. G627.1-53

中国国家版本馆 CIP 数据核字第 2024TN8564 号

唯有热爱：一位小学校长的教育情怀与追求
WEIYOU REAI：YIWEI XIAOXUE XIAOZHANG DE JIAOYU QINGHUAI YU ZHUIQIU

著　者：汪　静			
责任编辑：李　倩		责任校对：李壬杰　董小花	
封面设计：中联华文		责任印制：曹　净	

出版发行：光明日报出版社

地　　址：北京市西城区永安路 106 号，100050

电　　话：010-63169890（咨询），010-63131930（邮购）

传　　真：010-63131930

网　　址：http：//book. gmw. cn

E - mail：gmrbcbs@ gmw. cn

法律顾问：北京市兰台律师事务所龚柳方律师

印　　刷：三河市华东印刷有限公司

装　　订：三河市华东印刷有限公司

本书如有破损、缺页、装订错误，请与本社联系调换，电话：010-63131930

开　　本：170mm×240mm

字　　数：342 千字　　　　　　印　　张：18.5

版　　次：2024 年 8 月第 1 版　　印　　次：2024 年 8 月第 1 次印刷

书　　号：ISBN 978 - 7 - 5194 - 8262 - 6

定　　价：89.00 元

唯有热爱能致远（自序）

作家汪曾祺说：人一定要爱点什么，恰似草木对阳光的钟情。人生漫漫，唯有热爱可抵岁月漫长！唯有热爱，方能到达远方！

热爱，是生命成长的原动力。

当我们热爱某一样东西时，我们就会全身心投入其中，不断探索、突破、成长。这种热情和激情，会让我们在面对困难和挑战时更加坚定和自信，因为我们深知，只有热爱，才能让我们在人生的道路上不断前行。

犹记得，师范毕业后我到了一所乡直小学任教，教了音乐、美术、自然常识、思想品德几门课程，每一门课，我都全力以赴，学生都很喜欢。进城后在一所小学任数学老师，教学成绩同样出色。在母亲和李有玉两位小学语文老师的耳濡目染下，1993 年，我终于成为心心念念的语文教师，从此开始了漫长的语文教育之旅。

在不断学习积累的同时，我在实践中不断锤炼自己。一方面认真参加各类教研活动，博采众长，增进语文教育素养，一方面努力把每一节课都当公开课来上，渐渐在全县小学语文学科内冒了尖。从校内示范课到送课下乡，从全县展示课到代表固始县在信阳市千人观摩的礼堂参加优质课评比，课堂教学技能得到了磨炼与提升，先后获省、市优质课一等奖，在专业成长上一路繁花。

长期以来，语文教学的低效率为社会所诟病，如何从根本上改变这一现状呢？我想，唯有改革，通过优化课堂教学过程，激发学生学习的积极性和主动性，才能让语文教育重焕生机。

2002 年我走上学校行政管理岗位后，负责学校的语文教学，便积极组织老师聚焦新课堂，更新教育理念，探索教育教学新路，结合学生实际，研讨出"低年级快乐识字教学""凸显语文要素的阅读教学"和"活动化作文教学"三种课型的教学模式，提高了全校语文教育教学质量，带动了青年教师的迅速成长。工作之余，我还努力挤出时间写教学随笔、教育心得等，一系列文章先后被省、市、县教育媒体转发和发表，小学语文教学研究渐入佳境。

热爱，让人的生命更加精彩。

只有热爱，才能让我们的生命更加精彩，让我们的心灵更加自由和愉悦，让每一个平淡的日子变得美好可期。

作为一名从语文教师成长起来的校长，我把语文情怀厚植在教学思想和办学理念中。我深知，语文教材只是一个例子，就语文学科而言，学生得法于课内、收益于课外，因此仅仅满足于教材显然不可取，必须有计划地向课外延伸，让学生通过阅读积累，切实培养语文能力。我校把读书作为学生学习语文的重要过程，举办了"百花园读书节"系列活动，分别从读整本书、讲好故事、写日记的视角，将读书节活动日常化、规范化、系列化，营造了师生共同读书的良好氛围。学校还立足文化积淀，开发了国学校本课程，厚植优秀传统文化基因，培养学生多元发展。在此基础上，我们带领学生积极参加各类社会实践活动，同时要求学生把看到的、听到的、想到的、感受到的表达出来，在学校宣传栏进行粘贴，在校刊上发表，表达自己对自然、社会、人生的认识。语文教育的天地一下子开阔起来，孩子们听说读写能力有了质的飞跃，为进一步学习深造打下了坚实的基础，此举受到教研部门的关注，并向全县城乡小学推介。

热爱，才能够遇见诗和远方。

"经师易遇，人师难求。"在教育教学实践中，我深刻认识到，要成长为名师，是一个厚积薄发的过程，也是一次次挑战自我的过程。

作为一名教师，要谋划自己的整个教师生涯，心里不能只想着教好书，更要着眼于怎样育好人。我校秉承"以爱育爱、以德培德"的教育理念，引导全体老师关爱每一名学生，努力成为学生健康成长的指导者和引路人。此外，我和我的团队努力以自己高尚的思想情操和良好的道德风范教育和感染学生，以自身的人格魅力和卓有成效的工作赢得社会的尊重，短短几年，固始县第十四小学已然成为县域小学教育窗口学校之一，为新时代固始教育高质量发展提供了有益的借鉴。

从教36年来，我先后获得河南省优秀教师、教师教育专家、省级名师、优秀教育管理人才、学术技术带头人，信阳市优秀社科专家、名校长、县十佳校长、专业技术拔尖人才等荣誉称号，并最终成为全县第一位省教育厅命名的中原名师。

过去的日子，早已被初阳蒸融，被微风吹散，也留下了许多美好的回忆，于是几番回望与梳理，便有了这本《唯有热爱——一位小学校长的教育情怀与追求》。本书辑录了我从教数十年的教育思考和感悟、实践与探索，涵盖教育、教学、专业成长、学校管理、教育培训等多方面的内容，阐述了对教育本质特别是小学语文教育的认识。选文努力去除理论的艰涩，通过富于人生感悟的文字，传达心灵深处的教育体悟。热诚希望广大读者给予批评指正。

人生就是一场向前的旅程，因为热爱，春夏秋冬，风雨彩虹，只要学会用心欣赏，皆是触手可及的美景。

往后的日子，心中有爱，眼中有光，寻梦人永远在路上！

汪静

写于 2023 年 5 月 1 日

目　录
CONTENTS

第一辑 01

杏坛论道

　　"一辈子做教师，一辈子学做教师。"我对笔耕情有独钟，无论是初登杏坛时做一名小学语文教师，还是后来成为一所小学的校长，教学和工作之余，总喜欢把有趣的经历和由此引发的思考随时记录下来，久而久之便形成了习惯。本辑精选的十二篇文章，就是从这些长期积累下来的众多随笔中分析综合而成的。其中多篇已公开发表在诸如《教育时报》《河南教育》《中国基础教育》《小学教学参考》《小学作文辅导》等全国公开发行的教育类报刊中。《你若盛开清风自来——回顾我作为中原名师培育对象的成长历程》《改变——从阅读开始》《行走在语文课堂教学改革的路上——如何实现从"教课文"到"教语文"的美丽转变》等，或感悟个人成长过程中的机遇与准备，或论述阅读所具有的不可低估的力量，或阐释从"教课文"到"教语文"这一转变的必要性……每一篇文章都是从教学实践中得来的，又经过了教学实践的检验。

你若盛开　清风自来

——回顾我作为中原名师培育对象的成长历程

题目出自三毛的随笔，原句是："岁月极美，在于它必然的流逝。春花，秋月，夏日，冬雪。你若盛开，清风自来。"今天的模样，是昨天的伏笔；当下的付出，是明日的花开。人生中没有假设，没有如果，很多时候，需要提醒自己你是谁，你想要成为谁。

——题记

我的母亲是一位教师，20世纪70年代初，没有幼儿园，母亲常常带着我进教室开始一天的早读，在母亲的教诲下，幼小的我便也安静地乖坐在教室的角落里看母亲悉心教学的情景，听那悦耳的读书声。儿时的印象刻骨铭心，加上对母亲无比的敬爱，15岁初中毕业可选择上师范时，我便毫不犹豫选择了择业的方向。18岁师范毕业后，我终于如愿以偿成为一名像母亲一样的人民教师。

时光荏苒，弹指一挥间，35年转瞬即逝，这些年来我沿着母亲的足迹，始终手捧一颗爱心，怀揣对教育事业的追求，不断探索和实践，爱岗敬业，无私奉献，尊师爱生，为人师表，从一名普通的教师成长为中原名师培育对象，从一线教师进步为一所学校的掌舵人。回望来时路，点点滴滴历历在目。

一、孕育——含苞待放

教师成长固然有赖于环境的熏陶，但更重要的还是取决于自己的心态和作为。20世纪80年代的师资培训还未像如今这般重视，但母亲已经走上了全县示范课的讲台，那时她虽然还只是一名民办教师，但却以高尚的职业操守和认真敬业的教学态度赢得了学生的喜爱、家长的尊重和学校的认可。也正是从母亲那儿我深切感受到：只要务实肯干、积极进取、开拓创新，就会在现实生活的土壤中汲取养分，并以自己的成长影响着身边人。也正是从那时起，母亲把执着追求和脚踏实地的精神植入我的生命里，我在从教路上全力以赴、全心投入、全面成长，不为花开，只愿孕育含苞，不断充实丰富自己。

1988年7月我师范毕业，从未远离住家县城的我被分配到了郭陆滩乡直小学，虽有很多的不适应，但一干接近4年。那时学校领导把我们城关分来的叫"飞鸽牌"，由于担心我们随时会调回城关，所以分配给我的大都是音乐、美术、自然常识、思想品德几门课程。但无论代什么课，我都全力以赴。代音乐课时，我学会了那时最流行和通用的脚踏琴。1992年2月，我调到城关镇东店小学当上了数学老师，教学成绩也是名列前茅。由于母亲教语文的影响太深，加之我小学语文老师李有玉深情诵读《十里长街送总理》让我们泪流不止的场景太难忘，我对语文有着挥之不去的情结。1993年9月，我调到了城关五小，终于如愿以偿地教上了最喜欢的语文，从那以后，开启了漫长的语文教育之旅。之前的5年，我开阔了眼界，积累了经验，综合素质得以全面提升，我也会有意识地把音乐、美术、多媒体、信息技术等形式整合到语文教学中，增强教学效果。

（一）学习中积累

工资再低也要买书，屋子再小也要藏书，工作再忙也要读书。读书是教师成长最直接、最简便、最有效的方法途径之一。

我的成长过程是一个不断学习的过程。中师毕业后，以两年最快的速度，以每门80分以上的优异成绩完成了汉语言文学专业的专科自学考试，后又以进修学习的方式取得本科文凭。在教学业务上，我积极参加各种培训为自己"充电"，无论工作怎么忙，我都挤出时间学习。教育名著、文学经典等各类书籍占据了书房所有的空间，《人民教育》《中国教育报》《教育时报》《小学语文教学》《小学语文教师》等报纸杂志也成了我生活的伴侣，把书籍作为自己成长的土壤孜孜以学，为全面提高业务素质从未放松。后来，上网阅读也成了我学习的一部分。多年来，做了100多万字的文摘卡片，记了3万多字的读书笔记。

（二）实践中提升

提升课堂教学艺术。书读得多了，课听得多了，日积月累，我越来越感悟到：课堂教学真是一门艺术，有领导、专家指导的公开课更是提高教学水平的快车道。于是年级组的教研活动，我都积极参加。除了年级组内老师的帮助，我还特别邀请当时县语文教研员陈祥英老师听我的课。无论校内校外，每一次评课我都认真记录缺憾的地方，进一步完善教学过程，把发现的问题记在心里，争取在下堂课改进。日常教学中，我努力把每一节课都当公开课来要求自己，一次次教学设计，一次次试教，推翻了，重来，再推翻，再重来，直到满意为止。久而久之，课堂教学水平明显提高，我渐渐在全县小学语文圈里有了知名度，也有了更多机会在市级、省级公开课中得到历练。从24岁到31岁，在作为居家女人最为辛劳的时期，我克服一切困难，始终在追梦路上砥砺前行，从校内示范课到送课下乡，从全县展示课到代表固始县在信阳市千人观摩的礼堂参加优质课评比，课堂教学技能在各级赛课中得到了磨炼提升。执教《翠鸟》时随手板画翠鸟的外形和美丽的颜色，执教《丰碑》时声情并茂地示范朗读，执教《一个中国孩子的呼声》时创设入情入境的场景氛围，执教作文课《我印象最深的一个人》时利用很多课余时间观察学校校工王师傅……，一节节真实的公开课，生动的语言感染，真诚的师生交流，打动了学生和听课教师，赢得了专家领导的认可。30岁，我主讲的《我爱家乡》获市优质课一等奖；35岁，我主讲的《凡卡》荣获河南省优秀观摩课；39岁，我主讲《一个中国孩子的呼声》荣获河南省优质课一等奖……

提升教学管理能力。从2002年开始，我走上了学校行政管理岗位，从教导主任、副校长到校长，工作单位从城关六小、三小到百年老校县直一小再到如今年轻的新建校第十四小学。管理岗位让我深切体会到，师资水平的整体提升才是学校发展的不竭动力。我负责学校的语文教学，潜心学习，勇于创新，积极参加新课程改革，更新教育理念，探索教育教学新路，根据语文学科板块的特点，和老师们一道先后进行了识字教学、阅读教学、作文教学的研讨，开展了数轮语文课堂达标活动，通过跟踪"随堂课""提高课""展示课"，每一次听课后评课时，我努力做到优点说透、缺点不漏、策略给够。在新课程改革中，我们改革阅读教学，为了培养学生具有自读、自学的能力，分别研讨出"低年级快乐识字教学""凸显语文要素的阅读教学"和"活动化作文教学"三种课型的教学模式；改革作文教学，摸索出既要大面积提高学生的作文水平，又要培养"尖子人才"的有效途径。作为每一次活动的组织者，从构思整体安排到筹划具体实施，我都认真思考，积极落实。

在我和老师们的共同努力下，既大幅度提高了学校语文整体教育教学质量，又大面积带动了青年教师的迅速成长，多名教师分别在省、市语文观摩课大赛中获奖；学校作为固始县语文教学实验基地，多次接受城乡兄弟学校的观摩学习；我多次带领老师们参与"送课下乡"活动。作为主要组织者，我和代表队师生一起，在2010年、2011年分赴秦皇岛和西安参加全国语文风采大赛，学校分别荣获团体银奖和团体金奖，2011年总成绩位于全国小学组第二名，我光荣地代表团体金奖获得者上台领奖。学校在语文教学方面取得的丰硕成果，得到河南省教育厅的充分肯定，把学校确立为信阳市唯一"河南省语文实验基地"。2015 年和 2016 年，我带领的汉字学习团队在河南省汉字大赛中连续两年斩获亚军，2015 年，省前 20 名我校有 4 个；2016 年，我校还拿下季军，省前 10 名我校有 3 个。《中国教育报》以《用文字书写生命的厚度》一文，对我校连续两年的辉煌成绩进行了专题报道。

（三）写作中思考

写作是一种中介、一个平台，写能把读书与思考、读书与实践、读书与写作结合起来，相得益彰。写又是记录读书和研究成果的最好方式，在写作中沉淀生命。工作之余，我努力挤出时间写教学随笔、教育心得，写原汁原味的教育案例，让自己的教育故事保留鲜活的气息，让心灵的泉水自然流淌，哪怕是几十个字也赶紧记在手机备忘录里，不断积累已经成为我的自觉行为。

在全县教学管理会上，我代表学校先后所做的发言《落实大语文观，为学生成长奠基》《作文教学模式的探讨》《走近新课改，聚焦新课堂》《作文与生活，教学与课程》等受到与会领导和同行们的一致好评。我写的数篇文章刊登在《固始教育报》《固始教育在线》上，其中以"感受名师课堂，沐浴春风春雨"为题写的名师高效课堂观摩会印象记及《行走在语文课堂教学改革的路上》《向着教育理想一路前行》等文章得到业内同行的广为关注，"国学经典伴我成长"的校本课程设计被县教研室印发推荐给城乡各所学校。2006 年，河南省《教育时报》发表了我写的《多元解读：源于文本，超越文本》；2008—2009 年，我写的《激发作文兴趣，提高学生写作能力》和《小学语文课程标准实施过程中的问题和对策》两篇文章先后刊登在《中国基础教育研究》一书中；2012 年，独著论文《浅谈小学作文教学》被中国教育学会、小学语文教学研究会评为一等奖。

通过教育教学实践，我认为教师的专业发展首要的是教师要知道我是谁，我应该在哪里，哪里是我人生最佳的坐标，哪里是我能够最大限度发挥自己的地方，要规划成长目标，有自己的专业追求，走出一条最适合自己发展的道路。作为一名教师，一旦把自我专业追求内化为信念，就不会被消解，从而形成坚毅、持恒的行动，拥有它，生命的种子就会迸发出无限潜能，生根、发芽、开花，结出丰硕的果实。

二、超越——悄然绽放

好教师仅有专业追求和一般实践是不够的，还要具有探索和创新精神。

作为语文教师，要冲破以教材为中心、以课堂为中心、以教师为中心的樊篱，超越教材，超越课堂，超越教师，引导学生进行语言的积累、生活的积累、情感的积累，为学生的生命成长奠基，为中华民族的文化复兴奠基，是语文教师的历史使命。我作为一名从语文教师成长起来的校长，更是把语文情怀厚植在教学思想和办学理念中，在前行的道路上静静地努力绽放，不断超越自己。

（一）超越教材

以往的语文学习，大多数教师只守着一本教材教学。然而，在教学实践中我发现，"钻入教材"是基础，"跳出教材"是拓展与深化，前者重认同与理解，后者重"反刍"与应用，也就是要自觉做到"用教材教而不是教教材"。

语文学习更重要的在于高品位的阅读和积累，于是我和我的团队一起有意识地扩展阅读内容，在让教材成为学生发展的重要策源地的同时，再通过准确的自选读物来扩大篇章的积累量，将读书的视野从课文引发开去，走向文学的视野、人文的视野、文化的视野，把读书作为学生学习语文的重要过程。

小学六年，推荐给每个学生的必读书目每学期不少于 6 本。为了激发学生的阅读兴趣，我们开展"百花园读书节"系列活动，分为百花采撷、百花之声和百花微刊，分别从读整本书、讲好故事、写日记的视角，将读书节活动日常化、规范化、系列化，百花园读书系列活动形成了师生共同读书的良好氛围。老师们以读书为支撑，立足课堂，从容传道，已经将博览群书、读自然万物、读社会人情当作日常生活的一部分，从而努力使自己成为一个有爱心、有诗意、有内涵的老师。在写作上，教师亲自去体察，写下水文与学生同尝写作的甘苦，共同提高写作素养。定期召开读书分享会，师生分别分享读整本书后的感受，同时养成了不动笔墨不读书的习惯，或摘抄，或批注，师生读书的身影、讲故事的精彩场景和摘抄本、日记本已经成为学校一道美丽的文化风景。

学校立足文化积淀，探索"国学课程"顶层设计，开发了国学校本课程，编写了具有十四小特色的校本教材，积极推广国学经典进校园，厚植优秀传统文化基因，培养学生多元发展。根据不同年级的学生特点，把《三字经》《弟子规》《千字文》《声律启蒙》《增广贤文》《孟子》《论语》《道德经》等分别作为一到六年级国学课的教学内容，每年级还穿插 15 首古诗词和 100 条名言警句，专职教师专授国学教材，通过读、背、吟、唱，旨在引导学生走近传统文化，感受国学的博大精深。在学习内容的纵深递进中，学生不但积累了大量语文知识，而且融会在书籍中的智慧、风骨、人生态度以及表达方式等都成为学生建立人生终极关怀的永恒资源。

超越教材的过程中，我们很自豪，自豪的是中华民族文化资源的丰厚，可我们却痛惜地看到一代又一代人人文素养越来越单薄。作为从事"人之初"教育的语文教师，我们要在孩子们阅读背诵的"童子功"季节引导他们走进阅读的广阔天空，让他们在书中与历史对话，与高尚交流，与智慧撞击，从而打下沉实、厚重的文学素养、人文素养。"书是人类进步的阶梯"，这个阶梯的第一个平台首先应由我们小学语文教师来搭建。

《教育时报》在2005年第二期发表了我写的《书声琅琅，情意浓浓》一文，文中讲了如何利用教材和读物提升学生读书能力和诵读水平的鲜活事例。2016—2017年，我主持河南省基础教研室立项课题"经典阅读对小学生心理健康的影响"顺利结题。《河南教育》在2021年第四期发表了我写的《经典阅读浸润学子心灵》一文，文中阐述了经典阅读为学生的成长奠基。

（二）超越课堂

陶行知老先生主张：生活即教育、社会即学校、教学做合一。因此，我将语文课引向自然、引进社会、引入生活、引进时代，着眼语文与生活的密切联系，从而拓展学生的生活领域，扩大学生的视野。多年来，我带领学生听学者教授专家的讲座和答疑，参加主题综合性学习和社会服务劳动，参加上级和社会团体举办的科技大赛、演讲比赛、课本剧表演、合唱、舞蹈、韵律操等各种活动，参观根亲园、博物馆、科技馆、烈士陵园，制作手抄报、剪贴画、灯笼和风筝，学校一年一度的灯笼展和风筝节让孩子们兴趣盎然、乐此不疲。

超越课堂，不仅要把语文从课堂延伸到学生的生活中，还要触及他们的心灵，让学生把看到的、听到的、想到的、感受到的表达出来，每一篇心得感言或习作表达的佳作，学校都在《妙笔生花》橱窗进行展示，在学校宣传栏进行粘贴，在校刊上发表，从中我们可以看出学生亲近大自然、触及社会热点所表达的对自然、社会、人生的认识。这些将成为他们人生历程中难忘的记忆。

"真教育是心心相印的活动。唯独从心里发出来，才能打动心灵的深处。"我在教育教学实践中感受到了这句名言的真实内涵。多年来，无数次的师生交往，使我学会了"一把钥匙开一把锁"，把温暖与关怀送给所有学生。每个学生，不论贫富，不论优劣，都引导他们积极向上，攀到各自所能达到的最高峰。无数次这样的交往，我也享受到学生随时随地对自己的关心。时至今日，我的很多学生都已长大成人成才，一则手机问候短信，一束祝福节日的鲜花，常常不期而至，让我收获一个又一个突然的"惊喜"，这些祝福都化作了爱的翅膀让我的心伴着幸福的泪飞翔！

2007年至2012年，我负责的国家级课题"信息技术环境下小学语文综合实践课的研究"历经5年的探索和实践，荣获全国信息技术优秀研究成果奖，当年，河南省仅7个课题获得该成果奖。2009年，我撰写的《综合实践活动指导课教学例谈》在全国核心中文期刊《小学语文教学参考》一书中发表。2016至2017年，我主持河南省教育科学研究所立项课题"新课程标准下小学语文综合性学习活动策略的研究"，结题荣获优秀等级。2016至2018年，我主持河南省教育科学规划一般课题"信息技术环境下小学活动化作文的研究"，于2019年荣获河南省优秀成果一等奖；2018年，我主持综合实践活动课《走进中秋》荣获河南省中小学综合实践活动课程优秀成果二等奖。

（三）超越自己

超越自己，首先要自己调整好心态。当教师很忙，因为你要对班里的孩子负责，所以年轻的时候，常常忘了要去幼儿园接自己的孩子；当老师也苦，备课、批改作业、辅导学生，想要精益求精，也需常常废寝忘食，挑灯夜战；当老师尤其想要当个好老师，更需常学常新，与时俱进。女儿刚上一年级时，我却到了商丘师院参加为期三个月的首批河南省骨干教师培训，女儿一年级下学期，我又到了北师大接受为期两个月的首批信阳市小学语文学科带头人的培训，所以学习的路上有收获的喜悦也有很多对孩子的愧疚。人生就是这样有得有失，关键看你怎么取舍，怎么超越自己。特级教师张波说：如果问我，为什么总是微笑面对大家，面对工作，面对困难？那是因为我把委屈留在家门外，把劳累看作必然，把付出看作我选择的这份工作的要求。一位哲人说："每一张笑脸背后都有一张咬紧牙关的灵魂。"确实如此，正是因为有如此的坚持，才有破茧成蝶的华丽转身。

超越自己，还要善于反思。有人当了十年的老师，仍然停留在只当了一年老师的水平，而有人只当了一年的老师，却具有别人当十年老师的水平。这是为什么呢？一个走的是磨道式循环的成长道路，一个走的是螺旋式上升发展的道路。其间的差别就在于反思。反思是一种追问，教师的成长＝经验＋反思。一个教师仅仅满足于获得经验而不对经验进行深入思考，那么即使有10年的教学经验，也只是一年工作的10次重复。否定自己是痛苦的，但是，有时只有敢于否定自己，才有可能超越自己，创造一个崭新的自己。每一次错误，对所有具备真诚反思精神的教育者来说，都是一个进步的台阶，可以沿着这个台阶一步一步实现人生价值。

三、抬头———树繁花

教师关乎国家未来，一个好老师，胜过万卷书，正所谓"经师易遇，人师难求"。教师的职业崇高而伟大，因此，做教师就要做好教师，做名教师，做真正对社会有意义的教师。名师，应是"师德的表率、育人的模范、教学的专家、科研的能手"，是"学生最喜爱、家长最放心、同行最佩服、社会最敬重"的教师。若要成长为名师，是一个厚积薄发的过程，也是一次次挑战自我的过程。回顾33年的教育教学历程，我深深体会到，方向比努力更重要、爱心比理念更重要、身教比言传更重要，这也是我一路走来一直坚守的工作准则。希望我的经历和体会能与同行共勉，也希望名师的队伍越来越壮大，如簇簇繁花点缀中原教育大地，芳香四溢。

（一）方向比努力更重要

温家宝于2009年教师节在北京35中学听课后指出："教学中要注重启发式教育，激发学生的学习兴趣，创造自由的环境，培养学生创新的思维，教会学生如何学习，不仅学会书本的东西，特别要学会书本以外的知识。要做到学思的联系、知行的统一，使学生不仅学到知识，还要学会动手，学会动脑，学会做事，学会思考，学会生存，学会做人。"他要求每一位教师要树立大教育观。作为一名教师，眼里不能只盯着一学期、一学年的教学，要谋划自己的整个教师生涯；心里不能只想着教好书，更要着眼于怎样育好人。心中有方向，努力的着力点就会更清晰，工作起来甚至会事半功倍。

（二）爱心比理念更重要

"没有爱就没有教育"，好教师应该是挚爱的化身。当一名教师，首先要做一个充满爱心的人，把追求理想、塑造心灵、传承知识当成人生的最大追求。要关爱每一名学生，努力成为学生的良师益友，成为学生健康成长的指导者和引路人。在我的教育教学中始终坚持尊重每一个学生，平等善待每一个学生。

（三）身教比言传更重要

习近平总书记2014年5月4日在北京大学师生座谈会上的讲话中强调："教师要时刻铭记教书育人的使命，甘当人梯，甘当铺路石，以人格魅力引导学生心灵，以学术造诣开启学生的智慧之门。"教育是心灵与心灵的沟通，灵魂与灵魂的交融，人格与人格的对话，唯有教师人格的高尚，才可能有学生心灵的纯洁。教书者必先强己，育人者必先律己。我们不仅要注重教书，更要注重育人；不仅要注重言传，更要注重身教。自觉加强师德修养，坚持以德立身、自尊自律，以自己高尚的思想情操和良好的道德风范去感染学生，以自身的人格魅力和卓有成效的工作赢得社会的尊重。

33 年来，"捧着一颗心来，不带半根草去"，满怀对教育的热爱，辛勤付出，收获了累累硕果，正是"你若盛开，清风自来"。我先后荣获了河南省优秀教师、教师教育专家、省级名师、优秀教育管理人才、学术技术带头人、美德教师，信阳市优秀社科专家、名校长，固始县十佳校长、专业技术拔尖人才等荣誉称号，2020 年 10 月，被河南省教育厅确定为中原名师培育对象。

"一辈子做教师，一辈子学做教师。"这是人民教育家于漪老师的名言，也是我至今奋斗在教育战线上的座右铭。在未来的日子里，我依然怀揣着梦想与教育教学为伍，与专业书籍为伴，与反思研究为友，走好脚下的每一步，期待春天的那场邀约，期待那一场美丽的花开。

本文写于 2021 年 10 月

改变——从阅读开始

金秋十月，相聚在古色古香的北师大辅仁校园。厚重雅致的园林风光，让滚烫的激情变得瞬间安详；大器深邃的课堂，在青砖红窗的教室里折射睿智的光芒；灵动的读书沙龙，展现出星星之火燎原之势，彰显名师们朝气蓬勃气势轩昂……与我，撷取的是阅读与人生的最美碰撞。

阅读丰盈教师生活

阅读，它是通过视觉认识书写的文字符号，从中获取思想的程序，即借助视觉感官，通过思考来理解文字、文章所表达的内容和意义的一种智力活动。

"多家教育媒体专栏作者，发表文章 1000 余篇，出版教育专著 9 部"，看到这些简介，没有想到他居然是一位数学老师，面对 40 余位语文老师，这位数学老师侃侃而谈，真诚质朴又不失幽默风趣，这一切源于阅读！性格内向，经历坎坷，屡遭逆境，却未能阻挡他前行的脚步，这一切依然源于阅读！是阅读让这位"草根教师"发出"是根，就有青草漫坡的心"的呐喊。

这位"草根教师"就是"叙事教育"倡导者《中国教育报》2019 年度推动读书十大人物、山东省心理健康教育研究会理事王维审教授及他带来的主题报告《共读的秘密——意义、路径与探索》。

王老师的分享是从自己的经历和李老师的故事开始的。

李老师是他的同事。他工作努力，为自己班级的成绩名列前茅而愉悦不已。这份成绩是靠勤奋换取来的。等到换了一所学校，他所带班级的成绩仅在中等，为此他焦虑不已，加倍努力，但是并没有达到心中的期望。后来，患上了抑郁症，最终不能胜任班主任的工作，教其他学科去了。

敬业向上的李老师，为什么会走到这一步？究其原因是教师精神生活的困顿与窘迫。

人应该同时存在于两个世界，一个是现实生活世界，一个是精神生活世界。现实生活世界具体而繁杂，通常会有数不尽的对比、牵拽、争夺和不能自己；精神生活世界则是超越现实世俗的一种自我建构，追求的是一份"不以物喜，不以己悲"的深远与豁达。也许李老师的问题就在于，他打破了人类现实与精神的统一性，失去了精神世界的建设与跟进。

王维审老师的观点是：当一个人把某件事情当成生命的全部，并极力想要获得这个领域的唯一成就感时，这件事情就会成为遏制其生命自由和精神明亮的工具。而一旦这份追求无法落地，没有达成自己想要的目标，人的精神世界就会崩溃和坍塌，从而陷入无休止的失望、倦怠甚至是麻木。所以，活在尘世里的每个人都需要一个干净的、精神上的世外桃源，可以让疲惫的自己在另一处寻得希望和证明。这个世外桃源，可以在阅读中获得。王老师呼吁，当阅读成为你的生活方式，在哪里都有诗和远方！

今春，在中原名师培育对象开启《星空阅读》共读一本书活动中，我们走近了一位卓越的教育家，他被人们尊称为"教育思想泰斗"，他的书被称为"活的教育学""学校生活的百科全书"。在教育实践中，他既当校长，又当普通教师；既教课，又当班主任；既做具体工作，又搞科学研究——他就是苏霍姆林斯基。

时至今日，他智慧的言语、深邃的思想，仍能穿越时空，为今天的我们答疑解惑、排忧解难。苏霍姆林斯基说："应当尽可能给教师留出更多的时间用于自学，让他们从书籍这个最重要的文化源泉中尽量地充实自己。这是全体教师精神生活基础的基础。"

"摆桨迎风成公去，渡尽汹涌上岸来。"如果说教育是一场摆渡，那么教师就是学生的摆渡人，将学生从此岸渡向拥有更广阔天地的彼岸。在这个过程中，教师亦应是自己的摆渡人。无论是教育家苏霍姆林斯基的教育箴言还是王维审教授的主题报告，都开启了我们对教师自身精神世界的另一种思考：教师如何能够更加丰盈精神生活，那便是要不断阅读，时时思考，在阅读中增加多彩的生活空间，在阅读中拥有支撑生活的力量，在阅读中拥有行动的信心和勇气。我们照亮学生前行的路，同时也要点燃自己的生命之光，在教育学生的同时也把自己渡向幸福的彼岸。

阅读浸润书香校园

苏霍姆林斯基在《帕什雷夫学校》中提出："如果大家不喜欢书籍，对书籍冷淡，那么，这不能称其为学校。"一所没有阅读的学校永远不可能有真正的教育，一名不读书的教师也很难培养出爱读书的学生，教师的读书不仅是学生读书的前提，而且是整个教育的前提。

（一）创设阅读条件

做好书香校园建设工作，第一，要有一个真正爱读书、懂好书，能够及时为全校师生推荐好书，带领大家共读的校长；第二，应该营造良好的阅读氛围，在一所充满书香的校园里，通常在醒目处可以看到有关阅读的名言警句；第三，打造良好的阅读环境，有一个藏书丰富而科学合理的图书馆；第四，有丰富多彩的阅读活动，对中小学生而言，生动有趣的阅读活动是必要的；第五，应该有精彩纷呈的学科阅读，阅读是走进学科本质的主要途径之一，所有学科都有阅读任务，所有教师都应该热爱阅读；第六，应发挥学校的文化中心功能，通过开展亲子共读、组织读书会等，带动全校阅读，促进书香校园的建设。

（二）让教师爱上阅读

阅读是教师专业成长的支撑点，苏霍姆林斯基说："只有把自己知识的1%用于课堂讲授就够了的教师，才是真正热爱自己学科的人。"要做到这一点，需要教师孜孜不倦地成为终身学习者，需要学校全力推进阅读工程。

1. 领导规划阅读。学校领导要形成合力，把建构学习型学校列入学校管理工作中，不仅要舍得花时间、花财力、花人力让老师有好书读，有时间读，更要建立干预和激励机制，把教师从烦琐的劳动中解放出来，帮助教师实现从事务型到学习型的转变。只有老师有了属于自己的时间深入阅读，专业发展才有可能。校长有责任帮助、鼓励教师阅读，与教师一起提升学校的办学理念和教育信念，并且一贯到底把专业素养阅读纳入教师评价考核中，建立多元化、发展性专业评价体系。

2. 专家指导阅读。教师一直被定位在传播者、推荐者、教育者的角度上，很少有针对提高教师阅读素养的培训，这是许多教师读书盲目、茫然的原因之一。教师是一个不断成长的生命个体，这是所有教育工作者的共识，但他们在成长过程中得到的有效的、科学的、精细的专业阅读指导却很少，甚至不如学生在这方面得到的关注和指导多。因此针对教师职业特点、成人学习特征，一方面引导教师读教育理论的书、读教育专家的书、读专业之外的书的阅读培训和指导是十分必要的；另一方面请当代教育名师以身说法，阐述读书对专业发展的带动作用，树立教师终身学习的理念更是迫切所需。同时，迫切需要教育专家从我国教育现状、教育本质以及新课程、教师专业发展方面需要出发，搜集、整理出几套较系统完备的教师必读或推荐书目，使教师能够快速有效有计划地阅读，及早站在成功者的肩膀上。

3. 教师自主阅读。无论是名家讲座或指定阅读书目，仅仅是抛砖引玉，关键是真正静下心来、沉下心来、专心读下去，掌握专家学者教育教学思想，在实践中尝试应用，与日常工作形成良性互动，真正起到促进专业成长的作用。

（1）选择阅读书目。教育教学的理论书籍很多，经典不少，但教师的时间和精力有限，因此可以自读和共读结合进行。自读可以根据自己的教育角色、所任学科、兴趣爱好来确定阅读书目。共读是确定阅读主题，学校统一指定书目或划出阅读范围，一段时间只读一两本，精研专家著作精髓。

（2）定期读书分享。每两周集中交流一次，以指定书目为交流话题，探讨该著作或该阅读篇章主题，畅谈读书心得，分享学者生动鲜活充满个性的教育案例，这个过程既是启发过程也是教师成长过程。教师们也可将优秀的自读书目推荐给其他老师，为其他教师的阅读提供借鉴，提高读书质量。在这个空间资源共享、好书大家读。为了使老师们看到自己进步的脚印，可将教师们的读书笔记结集成册，刊登在校刊、网站。

（3）拓展延伸阅读。规划专业发展目标，制定1—3年专业素质阅读计划，探讨读书与教师职业的深层联系，记录自己成长轨迹。通过阅读名家著作深入探讨读书与职业、读书与专业发展、读书与学生成长的关系等命题，促使教师意识到教育的过程是培养学生成人的过程，也是实现自我生命价值、成就自我职业幸福的过程。

（4）研究成功案例。树立专业成功案例，在借鉴他人经验中提高自身能力，从他人的视角思考，及时自省、矫正和完善，缩短成长的周期。可让教师尝试着在自己的身边或涉猎过的案例中，还原名家著作中提及的核心观点，同时自己在专业素养阅读过程中构建出新的知识、信念及价值系统，以启发带动其他老师共同成长。

阅读是一个漫长的内化过程，是不断修正教育观、教学观、学生观，甚至价值观的过程，读书改善我们的专业结构，生成我们的专业智慧，构建我们的专业精神，是发展自我、完善自我、超越自我的过程。作为人类文化的传播者，教师阅读提升的不仅是课堂教学的深度和广度，更重要的是在实现教师专业成长的同时，成就了自己的教育事业。

苏霍姆林斯基曾指出："读书，读书，再读书，教师的教育素养正是取决于此。要把读书当作第一精神需要，当作饥饿者的食物。"

4. 阅读与思考关联

孔子说"学而不思则罔，思而不学则殆"。教师如果只是阅读，而不能结合自己的实际加入思考或者实践，那么阅读并不能对教师专业能力的增长起到有益的影响。阅读是一种输入，要让阅读的知识产生输出的动能，那就必须对它进行加工。很多人阅读时做读书笔记，或者写书评，这样的阅读会收到更好的效果。动笔读书是更高层次的阅读，它需要有一定的毅力才可以实现。教师阅读的价值主要在于对教学的贡献，而阅读对于教学的贡献主要体现在对教材的补充甚至改造。广博的知识与灵活的组织运用，能使一位教师成为课程的参与者，这样就不只是常说的"一桶水"，而是成为知识的溪流，源源不断地重组和更新教材中有限的知识。

固始县第十四小学自建校以来，开展了百花园读书节系列活动，读书，读教育理论的书、读教育专家的书、读专业之外的书。写，摘抄好文好段，记录心得感言，分享读书故事，进行阅读推介，我们十四小的老师以读书为支撑，立足课堂，从容传道，他们已经将博览群书、读自然万物、读社会人情当作日常生活的一部分，从而努力使自己成为一个有爱心、有诗意、有内涵的老师。

（三）让学生喜欢阅读

1. 参与读书讨论

基于前面对教师阅读的探究和思考，我们首先在教师的思想层面上扫除了障碍，再通过师生大讨论进一步探讨学生阅读的好处，让学生体会到读书是全世界都关注的话题，读书是人类进步的阶梯。

通过讨论，孩子们知道："秀才不出门，便知天下事。"凭的是读书，阅读好书，就如同为自己打开了一扇通往古今中外的大门。通过讨论，孩子们了解到，汉朝孙敬头悬梁，成为一名通晓古今的大学问家；战国苏秦锥刺股，成为一名政治家；西汉匡衡凿壁借光，成就著名经学大师；毛泽东嗜书如命，每到一处，书籍随行，甚至兵马未动，书籍先行，成就一代伟人。这些名人读书的故事和取得的成就极大地激发孩子们读书的热情，从而主动加入读书的行列。

2. 制订读书方案

持续开展第十四小学百花园读书节系列活动，该读书节系列活动分为百花采撷、百花之声和百花微刊，分别从读整本书、讲好故事、写日记的视角，将读书节活动日常化、规范化、系列化，温润每一个孩子的心灵，为孩子的人生打造温暖的底色！百花园读书系列活动形成了师生共同读书的良好氛围。具体做法如下：

（1）开发从无序到有序的阅读内容

1931 年，陶行知在《儿童用书的选择标准》中指出，儿童用书要符合能"引导人动作的力量""引导人思想的力量""引导人产生新价值的力量"三个标准。小学阶段是培养阅读兴趣和习惯的关键时期，所选图书要符合身心发展规律，通过阅读能感受阅读的快乐，自然养成阅读习惯，成为终身阅读者。

①自编校本阅读教材

去年开学前，根据政教处积累的资料和经验，结合近年来国家正式发布的"中国学生发展核心素养"的 18 个基本要点，组织编写了固始县第十四小学学生核心素养教育系列校本课程《国学经典》一至三年级、四至六年级两个版本教材，下发给每位老师和学生，旨在弥补现行教育资源的不足，为师生和家长提供优质的学习材料。

②确定系列化阅读方向

一年级、二年级：绘本读物、童话；

三年级：童话寓言、神话故事；

四年级：科幻故事、科普读物；

五年级：四大名著、动物小说、诗歌散文；

六年级：四大名著、专题阅读（如诗歌月、小说月、散文月等）。

③出台小学生阅读书目

在推荐整本书阅读时，我们在关注学生的年龄特点和心理特点的基础上，结合语文新课程标准对每个阶段阅读总量的要求及县教研室推荐的书目，出炉了《固始十四小阅读推荐书目》。

④依托语文教材推荐阅读书目

A. "1+X"式——同主题辐射式阅读推荐

关于"X"的解读：一课带一本、多本。

例如：四年级学习《卡罗纳》一课，推荐《爱的教育》。五年级学习《金色的鱼钩》，推荐罗广斌、杨益言的《红岩》。六年级学习《怀念母亲》，推荐《母与子》《重返哥廷根》。

B. "X+1"式——主题拓展前置阅读推荐

围绕教材单元主题，先选择、推荐学生读一本书或多本书，再让学生学习教材中的一篇文章。

五年级上册第八单元教材以"走近毛泽东"为专题安排了四篇文章，在学习第一篇《七律·长征》之前，向学生推荐选读下列书目，李锐的《毛泽东传·峥嵘岁月》、魏巍的《地球的红飘带》、赵蔚的《长征风云》，在学生走近毛泽东、了解长征的基础上，再学习这首诗，领略到这是一首中国革命的不朽史诗，革命乐观主义的不朽之作，深刻表现了毛泽东的艺术风格和高昂气概。

C. X+Y式——回顾拓展阅读推荐

学完语文教材一个单元的几篇文章（X）后，再整体回顾领悟写作方法，然后补充推荐一本或多本书目（Y）。

如：五年级上册第六单元《慈母情深》《父爱之舟》《"精彩极了"和"糟糕透了"》。写作方法：于细微处见精彩。推荐阅读：《城南旧事》《背影》《草房子》等。

在做主题阅读时，阅读者会读很多书，或许能列举出这些书之间的相关之处，提出一个所有的书都谈到的主题。但只是书本字里行间的比较还不够，主题阅读者要能够架构出一个可能在哪一本书里都没提过的主题分析。因此，很显然，主题阅读是最主动、最花力气的一种阅读。不过，鉴于小学生的年龄特点和知识水平，他们还上升不到这个层面，只是让他们在老师有意识地引导下，潜意识地进行主题阅读以培养更理性的阅读兴趣。

从语文学科性质和从文学作品等拥有的数量来看，整本书阅读都更多行走在语文学科的道路上。我校也是语文老师"勇挑大任"。几位国学老师也是曾经教语文的老师。

（2）制定从松散到规范的阅读制度

首先，保证诵读时间。我校已将"阅读"设为课程，并开展晨读、午诵、暮写活动，每天早上7：30—7：50早到校的学生及家长在值班校领导的引导下开展亲子共读，每周一、三、五7：50—8：10是语文早读，每天中午12：40—13：10，是学生在课后服务老师指导下进行阅读的时间。每周一节固定的国学课，由专职国学教师上国学校本教材。每天放学后要求学生在家有半小时的阅读时间，同时让孩子们养成"不动笔墨不读书"的良好习惯，重视"美文摘抄本"的积累作用。本学期，我们对二至六年级学生的好文摘抄本、手抄报进行了展览，并在各班交流，取得了良好的效果。

（3）体现从推介到交流的阅读指导

①教师要有危机意识，用整本书的阅读，抢占阅读时空，减少学生碎片化的阅读，提升阅读能力。百花园读书节系列活动的公众号展示中，我校已经进行了 21 期语文教师的新书推荐，4 期的优秀日记展和 3 期讲故事分享。

②对整本书的阅读指导，可以是阅读前，可以是阅读时，也可以是阅读后。我校要求每位语文老师上阅读指导课时，要有详细备课，如刘韵歌老师针对童话这一体裁，设计了《安徒生童话》的指导阅读教案，胡明文老师针对小说这一体裁，就《狼王梦》设计了流程性的阅读指导方案，陈欣月老师近两年来对绘本阅读一直在潜心钻研，难能可贵的是，这些老师的指导教案体现了不同体裁的指导区别，也给其他老师开展"阅读整本书"的活动提供了指向性较强的参考案例。

阅读之前重推介，重在激发兴趣，教给方法；

阅读之初重指导，重在讨论读法，运用方法；

阅读之中重汇报，重在对比感悟，领会方法；

阅读之后重交流，重在提升认识，积淀方法。

达成一种共识：开展阅读和交流，要保护学生的阅读兴趣，激发学生的读书热情，教给学生读书方法，培养学生阅读能力，让阅读成为习惯。

③指导读整本书的层次性。整本书的阅读在于一个整体，不同于一篇课文的教学。学生阅读了一本书，留下些什么印象，感受到什么，是非常重要的。在现实生活中，一些学生口口声声说已读完某本书，待询问一些问题，让其说说感受或对书中人物的印象时，却是一问三不知。这样的读书显然是无效的。而开展全班共读活动，可以有效避免这些问题的出现。同学间的互相监督、交流分享，老师指导的及时跟进，帮助学生由"他制"到"自制"，促使其能实实在在读完一本书。

④分享读书收获。学校每学期举办讲故事活动，让学生有机会将已读的书进行分享、呈现、创造和升华。

成果体现：就在刚刚结束的 2021 河南省诗词大赛中，十四小师生一展风采，勇创辉煌。胡志远同学进入全省前 20 强，喜获省级一等奖；罗诗雨、易欣妍喜获省级二等奖；胡沐阳亦表现不俗，获省三等奖。十四小教师丁明英在社会组更是以全省第 18 名的好成绩晋级第二轮竞技，喜获省级二等奖。2021 年 10 月底，胡志远、罗诗雨、易欣妍三位同学将和丁明英老师一道，参加了"央视百人团"的选拔。

"读万卷书，行万里路。"用祖国优秀文化熏陶孩子，使他们变得聪慧、礼仪、仁爱、守信、博学……培养孩子良好的修养和习惯，开发孩子的记忆潜能和智力等，让他们厚积薄发，为一生打下"精神的底子"，从而受益无穷。

阅读氤氲书香家庭

在韩国李宗哲的《最好的教育是信任》一书中，他在致世上所有的父母中提道："人的一生中，会有三个非常重要的相遇，分别是与父母的相遇，与爱人的相遇以及与子女的相遇。这三大相遇会决定我们的人生，即我们常说的命运。"通过阅读此书，作为一名家长，我解决了在教育孩子过程中的一些困惑，明确了父母、爱人、孩子在家庭幸福中的角色地位；作为一名教育工作者，我更深刻地了解到家庭教育的重要性；而作为一名学校的管理者，我更加明确如何把这种理念传递给更多的家长。

华南师范大学教育科学学院博士、教授刘良华说："中国教育最紧要的问题，不是教育孩子，而是教育家长。"只有家长好好学习，孩子才能天天向上。因此，家长要把主动学习作为自己教育好孩子的重要保证。家长要创建学习型家庭、书香家庭。

首先是家庭藏书。要专门制作两个以上的书架，有父母用的，有孩子用的，以便于孩子翻阅。要注意妥善保管旧书，并不断购置新书。购买孩子用书时最好让孩子同去，让孩子直接挑选自己所喜欢的书籍。

其次是家庭读书气氛。有了藏书，不能当作摆设，要充分利用时间翻翻看看，读到精彩之处，不妨给孩子讲讲，使孩子能从父母的言行中悟出读书的好处，从而变得喜欢读书，还能增进亲子感情。童话大师安徒生是鞋匠和洗衣工的儿子，家境贫寒。他父亲虽然是个鞋匠，但是酷爱文学，经常读书给儿子听，全家人专门有朗读时间，安徒生总是听得如醉如痴。那时候上学不那么正规，父亲就教他做木偶玩，安徒生就迷上了玩木偶，经常一个人玩木偶戏、编故事。所以他文学的种子就是在这样自由而温馨的环境里生长的。14岁时安徒生有了强烈的写作欲望，几年之后开始发表作品，后来写了大量的作品，最终成为举世闻名的童话大师。

在柔和的灯光下，一家人静静地读书，没有电视机的喧嚣，没有呵斥训骂，让家静静流淌着书香。什么样的家庭氛围培养什么样的孩子，成功的亲子阅读是家长与孩子一起分享阅读快乐的过程。通过爱的传导，让孩子培养快乐阅读的好习惯，终将使他们终身受益。

阅读构建书香城市

为奋力谱写固始现代化建设新篇章，不断提高公民道德素质和社会文明程度，不断满足人民日益增长的美好生活需要，奠定实现共同富裕的坚实基础，固始县委、县政府决定在全县范围内开展"书香固始、健康固始、诚信固始、明理固始"创建工作。

书香固始，即广泛发动群众，充分利用图书馆、博物馆、科技馆等公益场馆，彰显文化底蕴，营造读书氛围，弘扬社会主义核心价值观，用书香氤氲城市底蕴。到 2025 年，建立健全现代公共阅读服务体系，在全县形成"我读书，我快乐"的浓厚氛围。

一个民族的精神境界取决于这个民族的阅读水平，一座书香充盈的城市才能成为美丽的精神家园。共读、共写、共同生活才能拥有共同的愿景、共同的语言、共同的密码和共同的价值。阅读是推进社会公平、加强民族凝聚力、提高国民素质最有效、最直接、最便捷的路径。

一个国家、一个民族的竞争力不是取决于人口的数量，而是取决于人口的质量，而人口的质量取决于精神力量。精神的力量对于一个国家的软实力、对于一个国家最终的竞争力起着关键的作用。

现在我们学生读书的现状是很可怜的，数据显示，我国每年出版的图书不下 30 万种，但是户均消费图书只有 175 本，作为世界上最大的图书生产国，我们却又是人均阅读量最少的国家之一。不仅仅是普通民众，大学生也没有阅读习惯。据复旦大学的一个调查，大学生阅读本专业经典著作的只有 15.2%，阅读人文社会科学经典著作的只有 22.8%，阅读专业期刊的只有 9.3%，阅读外文文献的只有 5.2%。从我的感觉，可能这些数据还有水分。美国的大学生平均每周阅读量至少是 500 页，美国大学是怎么上的呢？不是满堂灌，不是学生"课堂上记笔记、考前背笔记、考后全忘记"，美国大学首先是阅读，在有共同语言的前提下进行接下来的课程，而我们有的老师甚至 10 年、20 年都拿着几乎相同的备课稿，是"拿着教育的旧船票每天重复昨天的故事"，所以我们所处的时代和几乎所有快速成长的时代一样，存在很多问题。

在问题面前，我们的专家，我们的领导感受到了要解决问题的紧迫感，因此建设书香城市的方案应运而生。一个书香充盈的城市必然是美丽的城市，城市的美丽固然需要靠它的外表、建筑、规划，但是一座城市的真正的美丽，还是靠这座城市的人的品位和气质。人的品位和气质靠什么？最重要的就是阅读。阅读恰恰是能够形成我们这个民族共同语言的一个很重要的关键，我们这个时代非常迫切需要通过共同的阅读，形成这个民族的共同核心价值体系。

书香城市就应该拥有最善于阅读的市民。在建设书香城市的过程中，父母、教师、领导干部起着关键性作用。教师在阅读中的重要性不待言说。父母是家庭中孩子成长的摇篮，是孩子最重要的首任和终身老师，亲子共读是点燃孩子阅读兴趣与热情最有效的方法。领导干部的视野与胸怀直接影响到全社会所有工作的推进，而他们的视野、胸怀与阅读有直接关联。因此，教育不是一座孤岛，而是一个彼此影响、相辅相成的生态圈。任何一项教育改革和实验，如果没有学校、家庭、社会的配合与协调，很难取得真正的成功。

以阅读浸润书香校园、氤氲书香家庭、构建书香城市，以阅读进行知行合一的自我教育，以阅读创造完整幸福的人生。完整幸福的人生，既需要脚踏实地，也需要仰望星空。2021年10月16日，神舟十三号载人飞船成功发射，中国航天员再一次进入中国自己的天宫空间站。一代又一代中国人，以脚踏实地的耕耘，进入了物理世界的星空。

我们作为教育工作者，正在以阅读搭建一架精神的天梯，去近距离领略精神星空之美。那些伟大的经典名著，就是人类最杰出的群星。我们推动阅读，就是在擦亮群星，让今天的人们再一次被星光照亮心空。改变，从阅读开始——我们共同努力！

本文写于 2022 年 1 月 12 日

"素·养"课堂促进学生核心素养提升

摘要：《义务教育语文课程标准（2022 年版）》中明确提出，学生核心素养的形成与发展是语文课程要落实立德树人根本任务的重点。鉴于部编小学教材按照"双线"组织单元教学内容，那么一线小学教师在语文阅读教学实践中，应当如何准确把握语文要素，科学处理"双线"关系，以提高学生的核心素养呢？对此，笔者不揣浅陋，结合自己的教学实践，谈一些体会以供相关同仁借鉴或参考。

关键词：语文要素；核心素养；阅读教学

2018 年 9 月 10 日，习近平总书记在全国教育大会上的重要讲话中多次强调"立德树人"这一根本任务，明确要求把立德树人融入教育各环节，贯穿教育各领域，学科体系、教学体系、教材体系、管理体系要围绕这个目标来设计，教师要围绕这个目标来教，学生要围绕这个目标来学。

《义务教育语文课程标准（2022 年版）》中明确提出，学生核心素养的形成与发展是语文课程落实立德树人根本任务的重点。鉴于部编小学教材是按照"双线"组织单元教学内容的，小学语文教师在阅读教学实践中，应当如何准确把握语文要素，科学处理"双线"关系，以提高学生的核心素养呢？

通过对我校语文课堂教学的调查分析，我们发现：尽管已使用新教材教学，但因受传统教育理念、有限教学资源等因素的影响，教学过程中仍存在"穿新鞋、走老路"等现象，即用传统教学方法讲授新教材内容，难以很好地促进学生的有效学习，无法有效实现提升学生核心素养的目的。语文课堂教学中存在的这些问题，如果得不到及时、有效的解决，那无疑会严重影响对语文要素的充分利用，进而影响学生语文综合素养的提升。鉴于此，我提出了语文教学应践行"素·养"课堂的教学理念。所谓"素"是指统编教材中的单元语文要素，而"养"指的是语文课程要培养的核心素养。

一、聚焦语文要素，落实核心素养

（一）聚焦要素重积累，增强语用意识

语用，指的是语言文字的运用。统编教材每一个单元都给出了语文要素，对学生学什么、怎样学提出了明确的要求。在小学语文教学中组织语用训练，要求教师从学生的身心发展特点出发，关注学生的情感需求，切实提高学生的语言表达能力。

比如，六年级上册第一单元的语文要素之一是"阅读时能从所读的内容想开去"。这一要素的安排，目的是引导学生阅读时不仅要把握文章的内容，体会作者的思想感情，还要由课文展开联想，发散思维，培养语言表达能力。

以《草原》一课为例，在写景叙事时就充分融入了作者的感受和想象。针对第一自然段，教师可以在学生基本理解该段内容的基础上分步进行引导和教学。首先，让学生寻找这一自然段中那些直接写草原景色的内容，以引导学生思考作者处在这样的环境中会产生什么样的感受；然后，引导学生找出描写作者感受的句子，反复朗读，以体会作者的情感；最后，列举课后的第二题，删去描写作者感受的部分，再将之与原句进行对比，以使学生能够感悟到语言表达的妙处。如此便能够使学生明白：平时的写景不仅需描写所见所闻，还要抒发内心感受。至此，教师可指导学生仿照课文的写法进行小练笔，以锻炼和提高其语言运用能力。

（二）聚焦要素寻路径，发展思维表达

文化自信、语言运用、思维能力、审美创造是语文核心素养的四个维度。这四个维度中，思维能力是智力活动的核心。在语文学习中，学生需要用思维去支撑对语言文字的理解和运用。因此，我们要聚焦语文要素，发展学生思维能力，那样学生语文素养的提升也就会水到渠成。

例如，四年级下册中《飞向蓝天的恐龙》一文，是一篇讲述"鸟类起源于恐龙"假说的文章，介绍了恐龙的一支向鸟类演化的过程。单元语文要素之一是"阅读时能够提出不懂的问题，并试着解决"。因此，在讲授这一课时，教师既要让学生了解恐龙演变的过程，又要让学生在阅读过程中不断思考，提出自己不懂的问题，并试着解决。

教师可如此设计预学内容，即：（1）认识本课的生字词；（2）给图和句子排序，练习解说，将恐龙飞向蓝天的演化过程介绍清楚；（3）提出自己不懂的问题，并试着解决，体会课文语言表达的精准；（4）品读课文中对比表达的语段，并尝试运用到自己的表达中。这样的教学设计，能够使学生从课文中寻找解决问题的方法，个个化身为小小讲解员，并在解决问题的过程中关注课文的表达，也能够锻炼学生的思维和表达能力。

（三）聚焦要素探意境，培养审美情趣

小学语文教材中的很多文章都是选自古今中外的名家名作，这些文章有关环境的描写、修辞手法的运用、鲜明人物形象的塑造等内容无不体现了作者对现实生活的感悟。在教学过程中，教师要引导学生走进作者笔下的世界，通过语言文字的学习发现生活中的美，进而去感知美、鉴赏美、创造美，增强语言能力，提高语文素养。

例如，《金色的草地》是三年级上册第五单元的一篇课文，单元导语是"生活中不缺少美，只是缺少发现美的眼睛"。该单元注重培养学生留心观察事物和发现乐趣的审美情趣。文中描写了两处有趣的场景：一是"我"和弟弟在金色的草地上玩耍，互相吹蒲公英的绒毛；二是"我"发现草地会变颜色，还知道了变化的原因。课文语言优美，再现的景色奇特、美丽，是激发学生观察自然、了解自然、热爱自然、体验美的好素材。

另外，小学语文教材中的古诗词主要是用来提升学生鉴赏水平的。教师要帮助学生感受、想象、领悟诗词的意象和意境，其感觉越鲜活越好，想象越丰富越好，领悟越真实越好，这有利于提升他们的审美创造能力。

（四）聚焦要素找支架，促进文化自信

在语文教学中，教师要有意识地探索使用更有效的教学手段，为学生创设优秀传统文化浸润的学习环境，增加学生文化积淀，拓展文化视野，提升综合素养。

以一年级上册《江南》一课为例，《江南》是一首汉乐府，属古体诗，与我们常见的近体诗、格律诗有很大差别。"鱼戏莲叶东，鱼戏莲叶西，鱼戏莲叶南，鱼戏莲叶北。"这几句其实是"复沓"，尽管暂无必要告诉一年级学生这个术语，但应该以更感性的方式，让学生对古体诗的特殊形式和语言有所领悟。

在教学过程中，教师可通过下面的设计给学生提供不同的学习支架：（1）让学生思考鱼儿戏耍时都到过哪里；（2）引导孩子想象鱼儿在莲叶间怎么嬉戏；（3）大家平时都习惯说"东南西北"，按这个习惯来读一读，再和原文对比就会发现，原文中鱼儿玩耍得更加自由自在，从而感受"复沓"的自由美。像这样用感性的方式为学生搭建认知的脚手架，让学生能够真切感受这首汉乐府当中"复沓"的语言形式。

在文化自信方面，统编版小学语文教材除增加大量的古诗词内容外，还编排了如《北京的春节》等既有地方特色、时代色彩又有传统文化精神的优秀文章。例如，五年级上册设置了民间故事单元，五年级下册设置了中国古典四大名著单元。在具体教学中，教师还可以在课后适当补充同步阅读，让学生品读名著，感受中华优秀传统文化的魅力，增强文化自信，培植爱国情怀。

二、围绕语文要素，融合核心素养

核心素养具有整体性、情境性、反思性等特点，教师要站在语文核心素养的角度来审视和把握每个单元的语文要素。其实，语文要素就是语文学科核心素养在每一个单元中的具体体现。对于语文要素，我们不能简单地把它理解为语言的建构和运用，因为它同时也与思维有关，与审美有关，与文化有关。因此，只有全面地、系统地、辩证地理解和把握语文学科核心素养，才能更有效、更扎实、更全面地落实每一个单元的语文要素。

比如，一年级下册《池上》这首小诗，让我们感受到夏天的美好。单元语文要素是"联系生活实际了解词语的意思"。在教学中，教师可在导入环节以"诗词大赛"的方式激发学生学习古诗的兴趣，让学生感悟诗词文化的博大精深，在学习中继承和弘扬中华优秀传统文化，增强文化自信；设置"故事大王"环节，引导学生用自己的话语把这首诗改编成一个有趣的故事，让学生能够准确、熟练地表达自己的思考与想法，以提升其语言运用能力；在对诗句的理解过程中，引导学生联系生活实际，结合图片寻找诗中描绘的景物，并根据图片背诵古诗，锻炼学生的形象思维；在多层次朗读过程中，采用结合插图朗读、配乐朗读、唱古诗等方式，使学生感受古诗的韵律美、意境美，培养学生健康向上的审美情趣。

三、整合语文要素，提升核心素养

通过对统编教材小学高年级精读课文所在单元语文要素的分析，可将语文要素归纳总结为四类，即侧重于阅读理解的语文要素、侧重于阅读策略的语文要素、侧重于习作方法的语文要素，以及侧重于不同文体的语文要素。围绕语文要素，构建并实施"素·养"课堂教学，力争使其具有创新性、可持续性及较大的推广价值，以整体推进学生核心素养的提升。

核心素养具有课程在落实立德树人根本任务中的独特价值，是学生在接受相应学段教育过程中，逐步形成的适应个人终身发展和社会发展需要的价值观念、必备品格和关键能力。教师通过践行落实"聚焦语文要素、提升核心素养"这一教学理念，构建并实施"素·养"课堂教学，以实现"基于语文要素的教学过程优化和核心素养提升"的高品质课堂教学目的。

"素·养"课堂教学理念的广泛应用，有利于促进学生增强语言文字运用能力，吸收古今中外优秀的文化成果，提升其个人思想文化修养，树立文化自信，从而实现个人的全面发展。不仅如此，它也有利于教师全面了解教材的编排特点，准确把握语文核心素养的内涵和语文教学的育人价值，进一步提高自身的专业素质和教学水平。

本文系河南省基础教育教学 2021 年研究项目《基于语文要素的小学高年级精读课文教学模式的案例研究》的研究成果，立项编号：JCJYC2102zy032。此文发表在 2023 年 10 月《河南教育》。

小学活动化作文教学之我见

活动化作文教学模式，是指教师有计划有目的地组织开展与学生生活、学习密切相关的活动，在学生具备了鲜活真实活动体验的基础上，轻松愉快地进行专项习作训练的一种教学模式。教师通过建立"现场活动、现场体验—现场观察、现场指导—现场交流、及时习作"这一活动化作文的模式平台，利用儿童爱玩的年龄特点，在高高兴兴玩的过程中解决习作动机和习作素材问题，在具体观察、交流过程中解决习作表达和习作方法问题。

活动化作文的课堂教学模式是按三大环节、七个步骤设计一次活动作文的教学过程。三大环节包括：活动准备阶段、活动实施阶段、写作评讲阶段。具体分为七个操作步骤：例文引路，写法点拨；创设情境，激发兴趣；明确要求，准备活动；活动体验，引导观察；活动交流，指导习作；自主写作，展示评鉴；修改习作，定稿成文。整个过程体现了以教师为主导、以学生为主体、以活动为主要形式、注重学生内心独特体验的作文教学策略，促进学生写作素养的提高。

下面以一节"信息技术环境下小学活动化作文教学模式研究"的省级课题汇报课上的几个小镜头为例，来具体呈现活动化作文教学的效果和特色。这节课的教学对象是四年级学生，主要训练目标是抓住人物的语言、动作、神态，点面结合，写一个活动片段。让学生在比赛过程中有快乐的体验，领悟合作精神和团队荣誉感。

【镜头一】

师：（出示一篇比赛类作文范文，将学生带入比赛情境）看老师手里拿的是什么？谁来帮助老师把它吹起来？

师：（拿出一个红色的气球，请一名学生上台将这只气球吹起来，然后用线扎紧，举起气球，用手掌摩擦气球，用手指敲敲气球）请大家说一说，你观察到气球有什么特点？你是通过什么方式观察到的？

师：刚才，我们通过用眼看、用耳听、用手摸，发现了气球的特点。这说明，观察不仅仅是看，还可以用听一听、摸一摸、闻一闻和尝一尝的方式去观察事物。

【镜头二】

师：老师这儿有三个大气球，很难吹的，谁想来试试把它吹起来？我们请三位同学来比赛，看谁吹得又大又快，老师会把气球送给优胜者。其他同学注意观察他们吹的过程。请留心观察：1. 同学吹气球时的动作、神态；2. 气球的颜色、形状、大小的变化；3. 观众的神态、语言及心理活动等。

在这节课中，对学生观察及写作的要求非常符合四年级学生特点。首先在观察要求上：教师指导学生进行多角度观察及重点观察。其次在写作要求上：四年级的习作要求是注意把自己觉得新奇有趣或印象最深、感受最深的内容写清楚。所以，课堂上要求学生把比赛的过程写清楚，并提醒学生抓住比赛选手的动作、神态及现场气氛写具体。另外，有场面描写及交叉描写的方法指导，渗透了点面结合的写作方法。

【镜头三】

师：吹气球好玩儿吗？请根据观察要求，有重点地选择一个最感兴趣的话题组内交流，如同学是怎样吹的？吹出的气球有什么特点？观众同学的表现等，尽量抓住特点说具体。（组内交流，全班交流）

对四年级学生来说，写作还比较有难度。一方面不知道如何选取典型人物和场面，抓不住写作重点；另一方面也不善于将内容写具体，往往流于空泛，像记流水账。针对这样的问题，教师不仅关注活动过程，更关注方法指导。赛前先用例文引路，进行写法的点拨渗透，指导观察方法，出示观察要求，在活动过程的每一步结束后，都会以不同形式引导学生说，说观察到的，说体验、说感受，这样由说到写的过程，能帮助学生及时捕捉写作灵感，抓住活动中的精彩场面，使学生能够互相启发，对写作重点的把握更明晰，从而大大降低了写作的难度。

【镜头四】

师：同学们，还想再吹吗？其实刚才只是热身赛，现在我宣布：吹气球比赛正式开始。比赛规则是：每组选两名同学参加比赛，相互配合吹气球并把它系到绳子上，气球不得小于示范气球；一个气球得 2 分，吹爆一个气球得 1 分，两分钟之内，得分最多的小组为优胜组，所有成员都有奖品。各小组可为代表鼓掌加油，看哪组吹得最大最快，配合最默契。（小组推荐两名选手和一名裁判，给自己的参赛队取个响亮的队名，喊句口号，比赛开始。）

形式多样的吹气球比赛为孩子们提供了丰富多彩的写作内容，如个人吹、男女生合作吹等形式，强烈吸引了学生的注意力，使之产生专注的观察力、欢乐积极的心情，导致学生大脑思维的兴奋。学生在情绪高昂的参与过程中，忘却了作文的动机，产生了直接表达的需求，从而流淌出充满童真童趣的个性化语言。在这样情境化、生活化的现场演示过程中，能够有利于更好地实现课标提出的为学生的自主写作提供有利的条件和广阔的空间，有利于学生说真话、说实话、说心里话。

以上是"信息技术环境下小学活动化作文教学模式研究"的省级课题汇报课上的几个小镜头。通过以上几个小镜头，我们已经能够初步领略到活动化作文教学带给学生的新奇、活泼、愉悦、紧张、刺激等一系列丰富美妙的心理体验，这些正是活动化作文教学带给习作课堂"动"感的美。

一、创设情境，活动化作文教学让课堂"活动"起来

李吉林老师曾说："言语的发源地是具体的情境，在一定的情境中产生语言的动机，提供语言的材料，从而促进语言的发展。"活动化作文教学一改传统课堂的严肃气氛，让课堂充分"活动"起来。活动开展前，教师先出示精心挑选的例文，通过例文的研读、思考、交流以及教师的点拨，学习写法。这一环节的安排，有助于学生在理解与表达、学习与运用之间架设起一座桥梁，从而降低作文的难度。情境具有推动、暗示、移情作用，能使学生活动达到最佳状态。因此，在这一阶段，教师要结合每单元作文训练重点，精心设计活动情境，引领学生入情入境，让学生对写作活动产生浓厚的兴趣，以兴趣为动力，促进活动的顺利开展，为学生的自主活动奠定基础。

在这一过程中，教师的角色，由演员变成幕后的导演，教师在课前设计好一段微"电影"，主要演员是学生，"电影"的内容就是一个游戏活动。它以活动为载体，以轻松愉悦的活动情境激发学生的参与兴趣和表达动机，达到人人参与和人人表达，在活动过程中无痕完成观察、体验与表达等多项能力的训练与指导。

二、体验观察，活动化作文教学让思维"跃动"起来

在学生进入活动情境的基础上，教师作为学生活动的指导者、参与者、促进者，让学生在自主合作的氛围中明确活动目标，出示活动要求，指导学生注意观察，做到活动的开展有的放矢。

活动教学理论指出：小学生活泼好动，"做中学""学中做"，教、学、做合一，符合小学生的身心发展特点。

通过活动体验，引导学生观察，这是活动教学模式的关键阶段，教师要精心组织、恰当引导，组织学生开展集体、小组或个人活动。活动开始前，先提出本节课的"行为目标"——认真观察、用心体验。其出发点不再是学生的学习结果，而更加侧重于学生的学习过程，这样，学生会充分关注游戏中不同角色的语言、动作、表情及心理活动。在写法点拨环节，让学生逐步知道要把游戏过程写清楚，描写还需有顺序、有重点、点面结合。

三、充分交流，活动化作文教学让学生"激动"起来

这一环节中，学生是真正的主角。此时，教师再引导学生自主拟定恰当新颖的题目，思考如何巧妙地布局谋篇，运用形象生动的表达方式，然后限定时间自主习作。

活动化作文课注重通过活动建设开放的课堂，激发学生的习作兴趣和习作动机，让所有的学生在这样的课堂上都能兴奋和激动。它抓住孩子爱玩的天性，精心设计有益有趣的活动，舍得给学生玩的时间，让学生尽情地玩个痛快。学生有了丰富而深刻的活动体验，习作素材随手拈来，自然乐写、爱写。

四、真情流露，活动化作文教学让语言"灵动"起来

活动化作文教学通过开展丰富多彩的活动，给学生创造体验生活的机会，培养学生的观察意识，让学生捕捉到更多的写作素材。学生在活动中有真实体验可以交流，有真情实感需要表达，这样表达出的文字必然是个性的、真实的、灵动的，有效避免了传统作文课堂上因苦于"无米之炊"而不得不写空话、套话、假话的现象。

总之，我们有理由相信，活动化作文教学模式的运用定会让我们的作文园地万紫千红，生机盎然，朝气蓬勃。

本文系教育科学"十三五"规划 2017 年度一般课题"信息技术环境下小学活动化作文的研究"的阶段性研究成果，课题号：【2017】—JKGHYB—1120。发表在 2022 年 8 月《小学语文教学》。

激发作文兴趣，提高学生写作能力

每个人的心灵深处都有一种根深蒂固的情结，都想把积淀在自己心中对生活的观察、认识和感悟表达出来。于是，便有了作文。所以说，作文是一种想倾诉、想表白的表达冲动，作文是点亮学生心灵繁星的智慧工程！我国明代学者、教育学家王阳明曾说过"今教童子必使其趋向鼓舞，心中喜悦，则其进自不能已"。如何培养他们的作文兴趣呢？我采取了以下做法。

一、培养语感，增强学生对语言文字的感受能力

语感，就是一个人对语言文字的感受能力。我所教的学生大多来自乡村，语言感受能力基础较差。为此必须让他们先练朗读，在朗读中逐步培养语感。语文书中，无论是优美的散文，还是富有情趣的说明文，都包含着作者深厚的情感，体现了作者对客观世界和社会生活的某种认识和态度。所以在课堂上我尽量让学生在读中理解语言文字，在读中体会思想感情，在读中培养良好的语感。如林海音写的《冬阳·童年·骆驼队》一文，意境很美。讲课时，我先出示这篇文章的几个场景，让学生找出描写的景物及人物动作和神态的词语，然后再让他们反复诵读，细细回味。感受到了作者淡淡的感伤和深深的怀念，体会到作者遣词造句、谋篇布局的巧妙，提高了对描写景物和人物动作等的语汇的感悟力，并逐步学会在以后作文中如何运用这些优美的语汇。

除了讲解、朗读课本中的语段外，我还经常找一些贴近学生生活的名家散文小品，让他们进行赏析性朗读。今年春天来临时，我就带着学生在校园漫步，感受拂面春风、青青小草，然后赏析朱自清散文《春》，当同学们陶醉于作品的意境时，他们对生活的感悟能力增强了，对语言文字的美感体会也加深了。

就在这种经常性的训练与熏陶中，通过以读促写，渐渐地，他们增强了对语言文字的感悟能力，为语言文字的应用——作文打下了基础。

二、扩大阅读量，培养他们良好的课外阅读习惯

"为学之道在于厚积而薄发。"语言文字的学习更注重积累内化，而仅靠课本中课文的阅读量是远远不够的，还要引导他们在大量的课外阅读中，丰富知识，开阔眼界，增强语文的综合功底，真正做到得益于课外。

学期初，为打造"书香校园"，我们进行了一次"课外读书情况调查"，调查中，我发觉大部分学生对课外阅读不感兴趣，课余时间很少读课外读物，经过与老师们探讨、研究，结合我班学生的实际状况，我决定依照以下步骤激发与培养我校学生的阅读习惯。

第一步，听写优美语段，指导朗读赏析。利用课堂时间，老师把一些适合学生阅读的优美语段让学生听写，并指导他们有感情朗读，这样的听写朗读坚持每天进行，时间由老师灵活掌握，日积月累，学生不仅语感增强，而且积累增多。

第二步，摘抄赏析并背诵优美语段。在第一阶段的基础上，我们还适时介绍一些适合学生阅读的散文、诗歌、童话、优秀作文，让学生主动阅读，并摘抄赏析其中优美片段，进行欣赏性评析、背诵，渐渐养成良好的阅读习惯。

第三步，向中高年级学生介绍一些适合学生阅读的中外名作的内容梗概，激起学生欣赏名作的愿望。

在这种经常性的训练与熏陶中，培养阅读兴趣，积累写作的语言。

三、开设语文活动课，让学生在有趣的游戏中积累知识，开拓视野

俗话说得好："巧妇难为无米之炊。"学生词汇量贫乏，知识面狭窄，是无论如何也写不出优美生动的文章来的。所以在指导学生进行文章朗读、加强语感培养和扩大阅读量的同时，我每天还开设了 30 分钟时间的语文活动课，让学生在轻松有趣的活动中进行听说读写的训练，拓宽知识面，积累词汇及基础知识。

语文活动课设这样几个栏目：成语小故事、成语接龙、佳句听写赏析、诗歌朗诵、童话剧（课本剧）表演、小小导游、小练笔。每天 30 分钟的活动课可随教学内容的不同灵活确定。"成语小故事"让讲述的同学锻炼了语言表达能力，让听的同学积累了知识，开阔了视野；"童话剧（课本剧）表演"满足了学生创作与表演的欲望；"小小导游"让"导游"提高了驾驭语言文字

的能力，让小"游客"开阔了眼界，增长了见识；"小练笔"紧扣住自己生活的变化，在练笔的过程中积累了作文的素材。除此之外，我还开设了"主题式班会"活动，老师们提前几天布置班会内容，让同学们着手准备。比如，聂海胜、费俊龙驾驶的神舟六号凯旋时，我们的主题班会是"遨游神舟、举国欢腾"；春天来临时，我们以"献给春天的礼物"为中心的主题班会，孩子们更是精彩纷呈，有的班献给春天的礼物是诗歌朗诵会；有的班是"花仙子"自述的百花盛会；有的班是"留住春天"的摄影展或手抄报展；有的班是"我为春天"做的"公益广告"……

语文活动课因为内容丰富，形式新颖，活泼有趣，所以很受同学的欢迎。在一次次轻松的活动中，学生的语文综合能力逐步提高，学生也越发爱听、爱说、爱读、爱写。

四、培养学生敏锐的观察力，抓住每一个作文训练契机，激发学生倾吐的愿望

观察是作文的源头，生活是创作的源泉。孩子们的生活虽然较为丰富，但不会观察与发现，依然没有用。叶圣陶曾说："我们要经验丰富，应该有意地接应外物，常常持一种观察态度。这样，将见环绕于四周的外物非常多，都足以使我们认识，思索，增加我们的财富。"

学生敏锐的观察力来自何方？当然是老师的引导。因此我们要经常引导学生留意周围的环境、人物、事情等，并及时抓住契机，激发学生倾吐的愿望。如自然环境的变化：起雾了，下阵雨，小草发芽，菊花开放；身边的小事：包馄饨、放风筝、打针；身边的人：好友、同学、老师、父母。通过引导，这些生活小事都成为学生作文中生动、有趣、真实的题材；我们还经常组织同学开展一些活泼、有趣的体育活动，如拔河比赛、跳绳、打乒乓球、放风筝等，在活动中增强学生对生活的感悟能力，并在作文中加深学生的生活感受。可喜的是，在这种经常性的有意注意的强化训练之下，学生们的有意注意提高了，对生活的感受领悟能力也加强了，作文的素材也增多了。

五、改变老师评改作文的单一方式，激发学生评改热情，进一步提高学生作文水平

学生习作完成后，写出的作文肯定还会有一些不足之处，一般由教师在批改中指出。然而对于老师认真批阅的习作，仔细揣摩的学生并不多，大多数学生只是改正老师所圈出的错字而已。如何激发学生的评改热情，让其在评改中继续完善、提高？我采取了"互评互改"和"个别当面评改"两种方法。

"互评互改"的方法是由作文优秀者评改较差者，而较差者则评改优秀者，中等水平的放在一起互改。在互评互改前，老师引导学生重温习作要求，并提出评改要求：（1）以习作的具体要求来衡量所评改的作文；（2）要发现别人的长处，努力保持作者原意；（3）分别写出文章的点评和总评。

"个别当面评改"是针对班内个别的优秀生和作文能力极差的学生，老师当面评改，优秀生的作文由老师指出不足之处，让其自己进行趋向与完美性修改；对于较差的学生由老师执笔，学生一边看一边听老师评讲，在评讲后再进行一定的修改，从而提高其作文水平。

作文互评互改和个别当面评改，看似占用了学生的时间，其实这不仅激发了学生评改作文的兴趣，加强了师生、同学之间的思想和情感交流，而且让学生在反复的文字应用实践中，找到了自己作文的不足之处，相互取长补短，学到了新的写作技巧，提高了作文质量。

一年来，我通过激发学生作文兴趣的做法，并遵循学生认知规律，充分发挥学生主观能动性，从而促进学生作文能力的逐步提高。

本文发表在 2009 年 2 月《中国基础教育研究》第 1—2 期。

用经典阅读浸润学童心灵

对小学生进行心理健康教育，是小学语文教学的任务之一。小学生在进行经典阅读的过程中能够受到潜移默化的影响，陶冶情操，浸润心灵。

一、激发经典阅读兴趣，促进学生智力发展

研究表明，一个人的智力水平与他的阅读量在一定程度上呈正相关关系。固始县第十四小学根据年级段及小学生个体特质的实际，合理制订具有阶梯化培养目标的阅读方案，对小学生加强阅读指导，让他们体会阅读乐趣。

以童话故事启迪小学生心灵。小学语文课本中有很多像《卖火柴的小女孩》这样的童话故事。教师在完成基础教学任务之后，可以引导小学生积极寻找童话故事去读。如学校每年举行"百花园读书节"活动，各年级教师定期向小学生推介经典阅读篇目，不仅有经典童话书籍，还有中外名著，这些书读起来有趣，又不乏深度。

二、开展经典阅读探讨，培养学生健康心态

现在的小学生往往被家长过度关爱，致使他们一旦遭遇挫折，往往会采取一些过激行为：或强烈地自我攻击，或冷漠地做出退让，或不屑地轻言放弃，有的甚至一蹶不振。针对这些问题，我校提出了让小学生阅读经典著作的策略。

以经典著作化育童心。如小学生在阅读《鲁滨孙漂流记》时，教师有意识地在阅读前设置问题，让小学生归纳主人公遇到了哪些艰难挫折，对自己产生了怎样的影响。阅读后，教师引导小学生以自悟、自说为主进行探讨交流。小学生在畅谈个人见解的同时，找到战胜困难的途径，在对主人公性格特征的逐渐认识中，情感得以升华，在内心深处激发逆境奋起的人生态度。

教师可通过阅读类似的经典名著，逐渐培养小学生勇于迎接挑战、主动

战胜困难的乐观心态，在经典阅读的浸润中逐步形成正确的世界观、人生观、价值观。

三、分享经典阅读收获，提高学生交流能力

小学阶段是小学生学会交流沟通的起始阶段。当前，优越的家庭环境、良好的社会条件使得许多孩子以自我为主，不会分享，缺乏人际交往能力。学校利用经典阅读活动逐步培养小学生学会交往、学会分享。

每学期举行"名著阅读分享会"，学生用多种方式呈现阅读收获。教师利用语文自习课组织"课外阅读小书屋""阅读推荐大赛"等活动，让每个小学生向班级推荐自己喜欢的经典读物。通过阅读分享，学生不仅重温了经典，还锻炼了交流能力。

经典阅读开阔了小学生的思维视野，陶冶了小学生的道德情操，浸润了小学生的思想心灵，是小学生健康心理养成、人文素养提升的重要途径。

本文系 2016 年度河南省基础教育课程与教学研究专项"经典阅读对小学生心理健康影响的研究"的阶段性研究成果。课题编号：jcjyc 16022207。发表在 2021 年 4 月《河南教育》第 11 期。

上好语文综合实践活动的指导课

《语文课程标准》阶段目标从"识字与写字""阅读""写作""口语交际"四方面提出了要求以外，还提出了"综合实践活动"的要求，以加强语文课程与其他课程以及与生活的联系，促使学生语文素养的整体推进和协调发展。虽然广大老师都认识到语文综合实践活动在语文课程中的重要性，但因为语文综合实践活动没有相对固定的教材和内容，学习过程突出学生的自主性，很多时候在课外进行，所以很少把综合实践活动的指导作为很正规的课比较系统地展开。综合实践活动主要由学生自行设计和组织，但是学生知识技能方法的获得、策划组织协调能力的发展、探索研究习惯的养成，没有老师有意识地引导培养，是无论如何都实现不了的，教师必须根据综合实践活动的内容，根据学生的需要，认真扎实地上好综合实践活动的指导课。

根据综合实践活动的特点以及每次学习内容的不同，我觉得至少要上好三堂课：第一堂课是在学习活动开展之前，主要是激发学生的兴趣，提出一些要求；第二堂课是在活动中期，针对学生在活动过程中存在的问题组织学生进行一定的探讨，给以方法或者技术上的指导；第三堂课主要在活动后期，组织学生对综合实践活动中所取得的一些成果进行交流和汇报。除了这三堂主要的课外，对学生整个学习活动的过程要关注，一般综合实践活动是极其个性化的，是以活动小组为组织形式的，因此老师的指导也可以是个别化的，根据需要随机进行。

下面我就以六年级"做一回小记者"这一语文综合实践活动为例，谈谈语文综合实践活动指导课的具体操作。我根据学生的已有学力，进行一定的拓展提升，拟订了一个综合实践活动方案，制定了活动流程。

附活动流程：

一、确定采访对象。（要求：可行、有价值、有创意）

二、讨论、交流采访主题。（要求：为大家所关注的，目前大家都有疑惑的，自己感兴趣的）

三、通过网络或者其他途径获取有关采访对象和采访主题的背景资料。

四、拟订采访提纲。

五、与一位同学合作进行一次模拟采访。

六、与采访对象进行预约，准备采访工具（录音机、相机、摄像机等）。

七、制作自己的人物专访。

1. 封面；2. 目录；3. 采访实录；4. 采访日记；5. 采访人物小传；6. 采访花絮（照片配简单的文字）。

八、交流展示。

第一堂课，我只是用了半小时，主要是以老师介绍为主，目的是让学生了解整个活动方案，确定采访对象与采访主题，成立采访小组，最后学生根据自己的人物采访计划课后去查阅采访所需的资料。第二堂课是在学生获得一部分资料后，在正式采访前的一次有关采访方法、技巧的指导课，对于采访是否成功可以说是至关重要。

附教案：

做一回小记者

教学目标：初步感受记者这个职业的特点，了解人物采访的一般要求，确定自己的采访目标、采访主题，拟订采访问题，并进行模拟采访。

教学流程：

一、一分钟演讲——我心中的偶像（王红）。

二、老师当记者，采访王红。（1. 你感觉自己今天的表现如何？2. 根据今天演讲的经历，你对下面同学的演讲有何建议？）

三、谈话导入：刚刚汪老师做了一回记者，虽然采访内容很简单，但感觉还是挺不容易的，你们觉得作为一名记者应该具有哪些素质？

四、学生自由交流，老师根据学生的回答进行总结。（极强的捕捉信息的能力、社会责任感、职业操守、交际沟通能力、语言表达能力等。）

五、如何做人物采访，结合材料，形成自己的看法。（材料包括两份，一份是教材中的口语交际内容，一份是有关做好人物专访的介绍资料。）

六、交流自己的收获。

七、交流你准备采访的人物、主题。（确定主题应该是大家关注的、事实扑朔迷离的、有一定争议的。）

八、各采访小组草拟采访提纲，老师提出注意点：层层递进，逐渐引入主题。

九、交流采访提纲。

十、对照今天学习所得，分析在正式采访之前还需要的准备工作。

教学反思：

这一堂课主要有三个环节：首先，通过交流了解记者应该具备的素质；其次，根据所提供的资料获取做好人物采访的方法技巧的信息；最后，拟订采访提纲、模拟采访，为正式采访做好最后的准备。拿上照相机、摄像机或者录音机真的像一位记者去采访，对每一位学生来说是极具挑战性、充满刺激的事，但是他们对做好人物采访所应该付出的努力还没有正确的估计，光凭着满腔的热情也许会面临失败，假如失败，后面的活动就无法有效进行，所以这堂课引导学生去了解进入，去获取方法技能，并进行模拟练习，引起学生心理上的重视。

当学生进入独立或者合作的学习状态，老师应该做好过程中的指导，主要作用是引导学生如何选择学习方向、筛选信息、判断信息，在解决问题的过程中获得体验、实践，引导学生在学习过程中不断丰富自己的学习内容、开发新的课程资源。

当学生的采访活动结束后，组织学生按照计划做好资料的整理工作。

最后一堂课是进行学习成果的交流，教学形式是各小组在多媒体教室进行汇报，老师、同学听完后提出一些问题，小组成员就这些问题进行解释、答辩。汇报结束后老师和同学对每一组同学完成的《人物专访》进行评比。

本文发表在 2009 年 1 月《小学教学参考》第一期。

小学语文课程标准实施过程中的问题与对策

新世纪迎来了新的机遇和新的挑战，我们也似乎一脚跨入了一个全新的基础教育课程改革的时代。这次的课程改革，其内涵十分丰富，洋溢着时代气息，充满了创新精神。在这次城关镇举行的"十佳教学能手"观摩课中，我们欣喜地看到许多教师的课堂体现了新的教学理念：教学结构、教学过程、问题设计注重了整合，目标简明了，内容简约了；把课堂和生活、课外相融合，全面提高了学生的学习素养等。但是新的基础教育课程改革不是一蹴而就的，其中最关键、难度最大的改变，就是教师教学方式和学生学习方式的转变以及师生交流和合作机制的建立。由于我们课程理论落后，缺乏前瞻性的研究，而且在推行新课程实践中缺乏课程改革的专业人才，因此课改虽然取得了一些显著的成绩，但还有许多没有触及的根本性问题，旧的思想也尚未彻底改变。借此机会，结合本次评选"十佳教学能手"的观摩课及我校的教学实践，仅就小学语文课堂中出现的一些问题及我的点滴思考来和大家做一汇报和交流。

一、如何让"学生、教师、文本之间的对话"更有价值

"阅读教学是学生、教师、文本之间对话的过程"，在阅读教学实施过程中，许多老师都很重视这种对话过程，然而仔细回味这些对话，却会发现这样的问题：学生和文本之间的对话很热烈，但都停留在表层；老师在与学生对话时，拿不出高于学生一筹的见解，致使学生的认识仍在原有的知识层次上徘徊；因为老师自己对教材钻研不够，对文本的把握有所偏颇，在对话时反而被学生牵着鼻子走。这样的对话，形式上似乎不错，但却忽视了内容的优化。

在一次阅读教学观摩活动中，一位老师执教苏教版《最大的麦穗》。他在教学过程中的对话，也许能给我们一些启迪。

一位男同学在认真地朗读第6自然段苏格拉底的一段话，他读得铿锵有

力、掷地有声，神情特别专注。朗读结束后，老师与学生这样对话：刚刚大家都听到了这位同学如洪钟般能促动人灵魂的话语，可却没注意到他投入、专注的神情，让我们再一次聆听他的声音，欣赏他专注的神情。这位男同学在老师的鼓励下，读得更好。读完后，老师与这位同学进行第二次对话：如果我是你的一位学生，听到你这样严肃而又充满哲思的话语，我一定有所悟，你是一位严厉派的苏格拉底。接着，老师又请一位女同学读苏格拉底的话，读完后，老师说：随风潜入夜，润物细无声。你如春雨般滋润人心的话语，渗入我的心田，你是一位温和派的苏格拉底。

对于课文中苏格拉底的一段话，老师与学生有三次对话。第一次从朗读过程和朗读方法入手，"洪钟般响亮的声音""专注投入的神情"，从语音语调、感情方面进行阅读评价。老师让全班同学再次聆听那位男生的朗读，欣赏他专注的神情，不仅巧妙地告诉其他同学朗读的显性要求——投入专注、以情动人，还给了朗读者最高的隐性评价——为同学做示范，使他扬起自信的风帆。第二、三次对话，把自己当作一位普通听众，尊重学生独特的体验和感悟，对学生各具风格的朗读都予以肯定，不经意的话语中，就向学生传递这样的理念：阅读是个性化的行为，阅读要有自己独特的情感体验。老师与学生的三次对话，角度各不相同，却环环相扣，层层递进，把阅读的技巧、阅读中的情感表现，都一一传递给了学生。

要使阅读教学中的对话有价值，教师要起到桥梁与阶梯的作用。作为教师，除了要深刻理解教材，具有一定的教学机智之外，更需要老师具有丰厚的文化积淀，只有自己懂得更多、看得更远、想得更深，才能在对话中为学生打开一扇通往更广阔天地的窗口。在对话中教师的责任在于以自己的人生体验，焕发学生的生命体验，用饱含情感和富有启发性的语言，沟通两条渠道：一条通向文本，一条通向心灵。

二、走出合作学习的误区

"课标"与以往大纲的区别之一就是提倡学习方式的改变。"课标"积极倡导自主、合作、探究的学习方式，强调"教学内容的确定，教学方法的选择，评价方式的设计，都应有助于这种学习方式的形成"。于是，我们不少语文老师心领神会，为了体现学生的主体性，想着法儿追求课堂教学小组合作学习感官上的活跃生动，绞尽脑汁在教学的环节上加上一个自学或讨论，有时我们看到这样的情景：老师装模作样地来回走动，心不在焉地点头赞许、夸奖，学生热热闹闹的无聊回答，左顾右盼地等待老师叫停，不是问题的问题讨论，等等。

现在，语文教学很忌讳老师的"讲"。如今已到了谈"讲"色变的程度了，不少老师把"少讲"或"不讲"作为语文教学的一个创新。他们明白，讲多了就会有"满堂灌"之嫌，讲多了就是"填鸭式"，讲多了就是"越俎代庖"。至于评课老师，更是把老师"讲"的多少作为评判一堂课优劣的标准之一，作为老师教学观念是否更新的标准之一。难道这就是语文教学？难道这就是"课标"追求的效果？这样的语文教学，老师当讲的没讲，教材该挖掘的没有挖掘，学生该掌握的没有掌握，缺少了深度，缺少了厚重，缺少了语文教师激情感染给学生的，那份应该有的文化底蕴和人文内涵。因此，只让学生自学而没有老师充满激情的精当的讲授和适时的点拨，不可能把学生的学习引向深入；只让学生想象而没有老师缜密的思维和亮丽的思想、方法的引导，很难把学生的思考引向深入；只让学生读书而没有老师充满激情的优美的语言渲染在课堂上的闪光，学生的心灵阳台就缺少了一缕明媚的阳光！

因此，关于课堂教学，我认为，教师该讲的时候就要讲——用精当的讲演和恰当的点拨，把学生的学习引向深入。教师要勇敢地拒绝各种"看起来美丽"的形式上的技巧，多多考虑怎样实现教与学的有机融合，多多思考语文的工具性与人文性的有效统一，以此来增值我们教学的生命、学养和智慧。只有这样，教师才能找到自己，课堂才能呈现动态生成的勃勃生机，自己的教育生命也才会总处于上升鲜活的状态。

三、如何真正处理好"尊重文本"与"尊重学生的阅读体验"之间的关系

现象：

1. 对于学生的任何阅读体验都予以承认，而忽视了文本的价值取向，甚至把文本抛向一边；

2. 教师对文本缺乏正确的把握，有时甚至被学生牵着鼻子走。

案例：

一位老师在教学《春到梅花山时》，曾经就"为什么一到春天，四面八方的人就涌向梅花山"让学生展开对话，许多学生都立足文本，谈到春天到了，梅花山漫山遍野的梅花竞相开放，大家都来欣赏梅花山的美景。有一位同学站起来却说："因为去梅花山不要门票。"这样的回答一下子令老师无所适从，只是说了一句"你的想法也很有道理"。就匆匆进入教学的下一个环节。

其实仔细分析案例中学生的观点，已完全游离在文本之外，而老师却未

能做出引导，只是在情感态度上予以肯定，而未能从文本的价值观上进一步帮助其认识，很容易让学生在以后的阅读中偏离正轨。其实真理与谬误往往只有一步之遥，这时老师如果引导学生再次感受文本，让同学们一起讨论，不仅尊重了这位学生的体验，而且让学生能更深入地与文本对话，更正确地感受文本。

《语文课程标准》指出："语文课程丰富的人文内涵对学生的精神领域的影响是深广的，学生对语文材料的反应往往是多元的。因此，应该重视语文的熏陶感染作用，注意教学内容的价值取向，同时也应尊重学生在学习过程中的独特体验。"我们固然要尊重学生的独特体验，但不可忘记，尊重绝不意味着肯定错误的或者有较大偏差的理解和感受，我们首先应该尊重文本，在尊重文本的价值取向的同时尊重学生的独特体验，因为"求真"永远是"求新"的基础。教学形式可以千差万别，教学中的创新可以无处不在，但根不能变。

四、我们的语文课堂如何真正体现"书声琅琅，情意浓浓"

作为市学科带头人培训时，北师大实验小学胡先璞老师说的这样一段话给我留下了深刻的印象，她说：书声琅琅、情意浓浓，是学校生活的重要内容，如果公园里只有玫瑰的芬芳，而没有情侣的流连，那么，它还是公园吗？如果，一个广场，尽管海阔天空，但是如果没有母亲和孩子的嬉笑，那么，这还是广场吗？如果，一个学校没有读书声，那么，它还是学校吗？从这次镇举行的观摩课上，我们欣喜地看到了许多语文老师注重了朗读的训练，应该说烦琐的分析少了一些，而增加了更多的读书时间，书声琅琅了，可真正体现情意浓浓首先要在"思""品"和"悟"上下功夫。

在当前的教学中，"感悟"的地位空前提高，似乎理解分析又成了忌讳，生怕因为"咬文嚼字"而背上"分析训练"的嫌疑，更有甚者，我看到有的课堂上，教师引领学生一个劲儿地"朗读"——"泛读"——"没层次没提高地傻读"，难道这就是"感悟"的真正面孔吗？我想不是，有些词句也是要好好推敲。但如果没有品读交流环节，没有引导学生在情感和文字里走个来回，仅仅有从文字到情感的"读懂了什么"就引发开去，就永远谈不上真正的感悟。如《秋天的怀念》一文中，陈老师把含有"悄悄地"这个词语的三个句子组合在一起，让学生读了以后再与去掉这个词语的句子进行比较，体验这三个"悄悄地"蕴含的母亲对儿子的关心、细心和耐心，然后又让学生抓住"扑""忍"等词语，体验母亲对儿子深深的爱。老师没有明示学生要通过语言文字去理解课文的思想感情，可是，学生的情感正是沿着这些词语铺设的心路一步步走向一位母亲博大的情感世界，老师也没有刻意让学生推敲品味词语，学生却潜移默化而又深刻地感受到词语表达情感的准确性和丰富性。朱光潜说："在文字上推敲，骨子里实际是在思想情感上'推敲'。"

其次，要想体现情意浓浓，调动学生的情感参与至关重要。首先，教师必须先"动情"，要用自己的激情来感染学生，调动学生，要善于通过自身丰富的富于变化的表情和情真意切的语言等，将自己的内心真情向每一个学生进行"辐射"，以情激情。如果教师本身无动于衷或无病呻吟，以其昏昏，使人昭昭，是达不到理想的教学效果的。

要调动学生的情感参与，还必须千方百计地创设情境，让学生很自然地进入情境。除了利用情感语言等"煽情"之外，还可以通过多媒体课件（图片、录像等）、讲激情故事、设置悬念、安排表演等，尽快让学生入文入画，入情入境。调动情感参与最关键的还是学生的角色移位，即采用多种方式和手段，激活学生的思维，引发学生的想象，让学生在不知不觉中将自己当成课文中的主人公或课文所描述的对象去感受事物，体悟情感，体验生活。

教学探索永无止境，问题反思会层出不穷。随着课程改革不断深化，肯定会遇到许多新情况、新问题，出现许多新矛盾，在前进中还会碰到许多新困难。唐代大诗人李白诗云："行路难，行路难。多歧路，今安在。长风破浪会有时，直挂云帆济沧海。"教学永远是一门遗憾的艺术，只有不断学习，不断实践，才能接近它的真谛。各位领导、各位老师，我们要加倍努力，用努力来创造新课程改革中一个又一个惊喜，我们也满怀期待，期待着春天的播种和耕耘会迎来一个灿烂的丰收的金秋。

本文发表在 2018 年 12 月《中国基础教育研究》12 期。

新课程标准下小学语文综合性学习
活动策略的研究

摘要：小学语文的综合性学习主要体现在对语文知识的综合运用以及听说读写能力的综合发展。教师教学中实施综合性学习活动策略要考虑到小学生的实际学习特征，通过寓教于乐、鼓励创新、开展实践等多种方式推动综合性学习活动策略的有效落地。

关键词：小学语文；综合性学习；活动策略

前言：综合性学习是新课程标准下小学语文教学的重要内容，是课程改革的重要方向。教师要了解综合性学习的特点，将教材、学生学习与综合性活动紧密联系在一起，最大限度提升学生语文学习兴趣，体现综合性活动策略的价值。

一、寓教于乐，实现情景再现

情景再现是综合性学习活动设计的一种有效形式，符合寓教于乐的指导思路。情景再现的活动有很多种，既可以是信息技术的应用，通过视频资料展示具体场景，也可以是组织学生演一演，让学生通过分角色表演等方式将活动内容再现，无论哪种方式其目的就是让学生在具体情景中加深对内容的理解。

以《西门豹治邺》为例，在教学过程中教师可以先将课文内容以视频资料的方式进行呈现，通过视频帮助学生理解课文内容，在观看视频的过程中了解课文表现的整个过程，实现情景的再现。视频学习以后，教师可以组织学生以小组为单位的方式自由选择一部分进行表演，如选择西门豹与巫婆、官绅头子、官绅们的对话场景，有学生以小组的方式进行表演，在表演时既要突出人物形象也要突出周围人的神情，在表演西门豹与巫婆对话场景时，其他人扮演官绅们和官绅头子也应进行一定的动作和神态表演，让这个表演形成话剧式,实现情景再现,让学生在表演过程中对不同人物的形象有充分的认识。此外,在《将相和》和《示儿》中也可以用情景再现的方式实现,特别是在《示儿》古文中,其只有短短几句话,但需要学生通过想象、联想、设计、情感体验的方式创造出情景剧,分析主要人物和人物的特点,对学生情境表演和活动设计的要求比较高,可以有效提升学生对古诗文内容的理解,帮助学生更好地融入课文内容当中。

二、鼓励创新,做好活动设计

创新活动设计的关键在于引导学生将所学内容与自身实际联系在一起,通过创新的方式实现学生对内容的诠释和理解。创新活动设计过程中,教师应了解学生的实际学习需求,引导学生以自己的方式将对内容的理解表现出来,实现对内容的深度学习。

以《女娲补天》为例,这一神话故事很多学生在以往的学习过程中已经有所涉猎,无论是绘本还是课文、故事都有这一方面的内容,学生学习兴趣不高。基于综合性活动学习特点,在学习课文时教师可以创新活动设计内容,组织"写一写,画一画"活动,即教师组织学生以小组为单位,根据文章内容的理解画出具体的画面,可以根据课文内容准备多幅图片,如画一幅"女娲找纯青石图""女娲补天图"等,在画画的过程中每一组学生都可以将自己的理解融入其中,选择合适的创作和人物形象,在设计过程中还可以将图片设计成剪切画,还可以在图片完成以后由书法好的学生进行文字描述,让学生在写画中加深对内容的理解,提升对知识的学习能力,让学生在学习过程中加深对内容的理解,在活动中感受创新的乐趣,以自己喜欢的方式进行活动组织与设计,体现综合性活动的价值和优势,让学生更好地融入课程内容和活动当中。

三、开展实践,体现活动价值

小学语文综合性实践活动过程中教师应坚持课后延伸、课外实践、体验的原则,鼓励学生将所学内容进行实践,在实践中提升对内容的理解和感知,体现综合性活动对学生语文学习兴趣、情感培养方面的优势。

如学习了《观潮》,教师就可以引导学生尝试到海边去看看汹涌的潮水是什么样的,也可以到河边感受一下水面波光粼粼的感觉,让学生在具体的课外活动中感受到水的特殊魅力、潮的特征,让学生在课外体验中想象一下钱塘江大潮是什么样的，通过水景感受出潮水的特殊魅力。学习了《落花生》，教师就可以引导学生参与到劳动收获之中，既可以是观摩学校劳动课中耕种与收获的过程，也可以组织学生到课外，走到乡村进行采摘，包括水果采摘、花生收获等，让学生在具体的劳动中感受到劳动的快乐。最好是组织学生去摘花生，体验作者对花生的特殊情感。此外，根据课文内容，教师还可以进一步做好活动拓展工作，丰富学生对农家收获的体验。总之，开展实践活动就是让学生将所学知识与课外实践、课堂体验结合在一起，通过体验与实践的方式让学生将课文内容转化为实际行动，通过实际行动感受课文的内容，提升学生对文章的理解。

总结：小学语文综合性学习活动实施过程中，教师应了解学生的实际情况，根据学生的表现和课程内容合理进行指导，注重寓教于乐、创新与实践，还应根据学生的实际情况创新综合性活动内容，体现综合性活动的价值。

本文发表在 2021 年 5 月《小学作文辅导》。

行走在语文课堂教学改革的路上

——如何实现从"教课文"到"教语文"的美丽转变

关于语文课程改革的讨论，2010年12月《课程·教材·教法》认为，社会各界人士对语文教学的意见是学生的表达能力不过关，具体表现为"话说不好""文章写不通"；而我们语文课程却始终坚持"文本解读"式的语文教学，始终没有将提高学生表达能力作为语文课程的重点。如果语文课不改变以"讲课文"为主的语文课程形态，那么可以预见，再过30年我们的学生语言能力还可能过不了关。

针对这一现状，近两年，我校紧紧围绕"推进内涵发展，创建特色学校，全面提升办学影响力"的工作目标，把"进一步深化语文课堂教学改革"作为开展语文教研工作的出发点，以"语文课程改革的方向"为先导来促进教师提高课堂教学效率，以促进学生提升学会学习的能力为重点，坚持教学教研一齐抓，充分发挥教研工作在教育改革中的重要作用，取得初步成效。

一、重理论学习，促观念更新

进行新的课程改革，观念的转变是先导。本学期开学伊始，我带领语文老师们开展了专题系列学习，重点向老师们转达了上海师范大学吴忠豪教授的专题讲座《语文课程改革的方向》，其中吴教授主要的观点是，语文课程改革应从以下六方面进行：1.从"教课文"到"教语文"；2.从"非本体"到"本体"；3.从"理解语言"到"运用语言"；4.从"分析内容"到"学习方法"；5.从"教过"到"学会"；6.从"课内"到"课外"。叶圣陶先生说，课文只是"例子"，语文课应该是用课文教学生如何阅读，如何写作。但是现代白话文教学从其诞生之日起就没有把课文当作"例子"，而是将学习课文内容当成语文课的主要目标，语文课就是"教课文"。围绕上述课堂教学改革方向，我通过具体的教学案例和老师们共同探讨了"教课文""教语文""本体性教学内容""非本体性教学"的主要特征及在教学中不同的呈现形式，然后各教研组利用下午放学后一小时集体备课的时间，进行研讨交流，让新的课堂教学理念在每个老师心中扎根、开花、结果。

二、构高效课堂，促质量提高

在课堂改革方向下，语文阅读课该怎么上才能提高效率，该选择什么作为教学内容才能让学生学到知识，掌握方法，形成能力，这对语文老师是一个极大的挑战。这一学年，我们语文教研工作的重点就是尝试走进以"本体教学"为主要内容、以"教语文"为课堂形态的语文教学新天地中。学校倡导并务实开展了"探路课"以及"展示课"两种教研课形式，通过听课、评课让老师们真切地感受到，教课文主要特征：1. 以课文思想内容为主要目标；2. 以文本解读组织教学过程；3. 语文教学内容呈碎片状态。教语文主要特征：1. 以本体性教学内容为主要目标；2. 围绕本体性教学内容组织教学过程；3. 在语文学习过程中渗透思想和情感教育。那么，什么叫本体性教学内容呢？本体性教学内容是语文课程独有的，反映课程本质特征的教学内容，是语文知识、语文方法、语文技能；非本体性教学内容：非语文课程本质特征的各科共同承担的教学内容——情感态度价值观、审美教育、多元文化。"教课文"就是以非本体性教学内容为目标，深入挖掘课文内容，对知识、技能和方法是零散、无序、经验化的；"教语文"是以知识、技能和方法为主要教学目标，通过认知—实践—迁移达成目标，思维、文化、情感、价值观、审美等非本体性内容在教学过程中渗透进去。让老师们努力告别文本分析的教学形态，在阅读教学中，阅读要与表达紧密结合，阅读教学是为表达服务的。

在近一年教学研讨活动中，无论是授课教师的说课、上课、反思，还是评课教师的发言，以及其他教师的个人体会，他们都自觉地在用一些课堂改革的教学思想、观念来审视教学实践活动。在本期的校本教研活动中，三年级周玲玲老师执教的《盘古开天地》一课，给大家提供了一个很好的"教语文"的教学范例，这节课的最大亮点是精心选取了语言训练点，提升学生语文能力。1. "感情朗读"这一块是本文的人文目标，周玲玲老师抓住了第二自然段的对偶句让学生感知语言特点并积累语言，教师不仅通过示范，直接指导朗读，还让学生思考、总结、归纳如何读出感情，除了音律的美感，文字还是在写天地分开的状态；再让学生从课文中找出类似的句子，进一步朗读并积累语言。一种语言文字的范式能让学生记住，就有可能促进学生语言的发展，这样的朗读、背诵、积累是非常有价值的。2. "发挥想象进行仿说仿写"是本节课的语言表达目标，从文中盘古身体的变化去感受、体会、积累再到相似情境的迁移表达，符合三年级学生学习规律，这部分的训练也比较清晰、有序，产生了较好的教学效果。

这节课正是因为工具性与人文性目标定位的准确而给大家留下了深刻的印象。吴忠豪教授说：教学必须有一个取舍的过程，目标定得太多，反而完成不好，如果我们能处理好一个问题，就是一课也值得。

陈龙海老师以名言为话题上了一节作文指导课。这节课让人听着很轻松，老师的语言诙谐、幽默、热情，活跃了气氛，激发了兴趣，无形中消除了学生一上习作课"横眉冷对习作纸，低头苦啃铅笔头"的困境。这节课先从"辨别名言和谚语的异同"着手，让学生清晰地知道什么是名言，突破了第一个关键词——名言，然后，在选题与习作指导上分四步进行：第一，指导学生确定名言与事例；第二，运用例文指导学生写具体；第三，突出例文中关键语句的作用，指导学生要运用关键语句写出难忘的原因；第四，列写提纲，梳理重点；第五，指导学生根据内容自拟题目，突出新意。总体设计很好，习作要求明确，教学目标清晰，每一个指导环节落在实处，没有走过场，指导性很强。因为时间关系，美中不足的是，学生仅有提纲式的练习，没有具体片段的描写，没能完整看到学生能否会像例文那样用关键语句写出难忘的原因这一效果，没能更好看到老师结合学生习作的具体评价及指导，如果前面"讲"的部分收一些，"写"的时间留充裕些，"评"的时间有体现，可能习作指导效果会更好。

王灿老师主讲的《校园里的花》是一篇观察作文。王老师先从已经学过的课文入手，总结出观察作文的习作方法，再迁移运用到本篇作文中。通过图片的播放→学生当导游介绍各种花→个别花的定格→学生具体描述→老师随机点评，既渗透了写作结构（总写→分述）（概括→具体）的引领，也有对学生语言表达不恰当时的一个修正，更有对学生精彩语言的肯定与强调，其中"穿插的游戏活动"也达到了训练语言表达的目的，这是一节很平实也很有实效性的从习作内容入手的作文指导课。此外，多余的 5 分钟应充分利用起来写一片段，介绍一种自己喜欢的花，老师再进行指导评讲。另外，教室摆放的花有好几种，老师也可以充分发挥自己下水文的作用，说一说自己喜欢的花，打出投影当作例文进行赏析，从中再进一步让学生体会"从哪儿可以看出老师观察很细致""老师是按什么顺序来写的"，片段不用太长，主要是起到示范引领作用。

对于习作课，以下几点很重要。一、习作教学一定要做到目标明确。（它有别于习作要求，习作要求是让学生做到的；而教学目标的设计是老师要从

51

哪几方面着手来促成学生达成习作要求。）二、习作教学要结合学生认知特点，进行切实可行指导。三、习作教学中，要求学生所描述的事例应该做到与课堂教学目标吻合，结构严谨，语言表达简明。四、习作教学中，评价、修改与指导同样重要。

吴忠豪教授说"语言教育重在应用，重在表达，故语言教育注重训练"。学生的习作不是靠几节习作课就可以训练好的，阅读课上找到读与写的"桥"很重要，如果每篇课文都能找到与这个单元习作有关的一个训练点对学生进行训练，那么习作之时，也会毫不费力了。同时，注意小练笔，小练笔作为零部件是为大习作做准备的，唯有将习作与阅读、生活整合起来循序渐进，习作教学才能落到实处。这两节作文课也给了我们很好的借鉴。

庞凌云老师执教的《连续关系的句群》，也就是按先后顺序把句子写连贯，为什么要推出这节课，原因：语文教学中存在一种奇特的现象，那就是许多语文知识与技能，虽然教师反复地教，学生反复地学，但就是教不会，学不好。如教朗读，从小学一年级教到六年级，许多学生的朗读水平仍然过不了关。其他的字词句篇、听说读写及修辞表达等的教学都普遍存在这样的情况。究其根源，就是在语文教学中缺少一个将知识转化为技能的环节，缺少语文技能训练的科学方法和程序。解决这一难题的有效途径就是增加语文单项技能的训练环节，遵循学生学习语文的规律，选择适当的训练方法，设计科学的操作程序，以最少的时间取得最大的教学效果。

语文单项技能训练大致有两种实施途径：一种是在单篇课文教学中增加将知识转化为技能的训练环节，另一种是专门设置单项技能训练课。如何借助文本发展学生的语言表达能力，本节课就提供了很好的教学范例。虽是一节语文单项技能训练，但并不枯燥单一，有依托文本的朗读与角色表演，有创设情境的说话练习，特别是设计了以游戏的方式摆句卡，老师给每个小组准备一个信封，里面有不同颜色的句卡，让学生根据老师要求，将散乱句子排成具有连续关系的句群，摆好后上去再读读，让学生在游戏中体验成功的乐趣，让学生动手操作与动脑思考相结合，也符合二年级学生年龄及心理特征。

三、抓常规教研，保有序开展

每周三以"理论学习、常规教研、主题研学、反思交流"等为语文教研的基本形式，各教研组紧紧围绕校本教研基本形式积极开展活动，真正落实了在"班班通"下的集体备课、反思交流、主题教研、理论学习等教研活动，在集体备课中努力做到"三个结合"：个体备课与集体备课结合，个体实践与集体评课结合，个体反思与集体研讨结合。努力提高教学研讨的针对性和实效性。

苏霍姆林斯基说，"如果学生在掌握知识的道路上，没有迈出哪怕是小小的一步，那对他来说，这是一堂无益的课、无效的劳动，是每个教师和学生都面临的最大的潜在危险"。课堂教学是一门艺术，是一种需要教师与学生共同参与的复杂性活动，需要所有教育者有静下心来办教育的淡定与执着，并化为大家共同的追求。当前，固始一小语文课堂教学改革正在向纵深进行，必将为全县小学新课改提供有益的借鉴，为固始教育发展做出新贡献。

本文为 2013 年春季语文校本教研月活动的总结。

一个好校长就是一所好学校

——鲁家宝校长印象记

最美人间三月天，春花烂漫展笑颜！在这美好的初春时节，我们走进了美丽的十三小，真切感受到了一所理想的学校所呈现出的美好姿态，感受到了学校鲜明的办学理念和独特的校园文化。走进一所学校，首先要走进学校的灵魂人物——校长。

2004年8月，随着鲁校长从七小调到了六小当校长，我也从听闻教育界的传说到近距离走近了鲁校长，非常荣幸地和鲁校长共事了一年，学习了一年。鲁校长的名字，单从字面意思来看，顾名思义，就是家中的宝贝，可见鲁校的父辈对其无比的疼爱。在我认识鲁校长这20多年间，耳濡目染很多，尤其今天，当我走进十三小，所见所闻之后，更是深深感受到，鲁校长不仅是家中的宝，他也是我们教育大军中的宝，是校长团队的宝，这个宝，是宝藏，是值得我们去深入挖掘并潜心学习的宝藏。

深入挖掘一："让每个学生都能够成为最好的自己。"首先，鲁校长做到了更好的自己。从事教育行业39年，鲁校长能静得下心、沉得住气、耐得住寂寞、坚守住本心，默默耕耘，无私奉献，爱读书、勤思考、善写作，学识扎实、敬业精进，在全国中文核心期刊发表多篇论文，出版了《向着理想那方》一书，在职校长中他更是第一位正高级教师。

深入挖掘二："一位好校长就是一所好学校。"苏霍姆林斯基说，"校长领导学校，首先是教育思想的领导，其次才是行政上的领导"。鲁校长就是一位有教育思想和教育情怀的学者型优秀校长。首先，让我印象深刻的是鲁校长还在七小工作期间，他率领团队建立的十星级学生评价体系，让每一个孩子过年回家时都能有一份奖状，都能够欢欢喜喜过大年，星级评价关注了每一个学生，更关爱了每一个留守儿童，可见他的教育情怀；鲁校长在六小工作时，率先在宏远生态园开辟研学基地，开创了全县综合实践活动的先河，鲁校对陶行知先生"社会即课堂，生活即教育"的践行也引领了各校对综合实践活动的认识，以及武术进校园等都可见他的独特思维；在均衡创建校园文化建设中，鲁校因地制宜，走内涵式发展的道路，依靠多项创新举措，把六小教学用地不到六亩的老校区，改造成有徽派建筑风格的特色鲜明的学校，可见他的独具匠心；今天，我们走进十三小，多彩的社团活动，目不暇接的各类课堂，大胆的课程改革，多种形式的经典诵读等，在双减落地的今天，一切为了孩子，为了孩子更好的明天，鲁校长带领的十三小再一次发挥了积极的示范作用，足可见他的教育智慧；在开展家庭教育方面，鲁校长的"家长好好学习 孩子天天向上"的教育观走在了全县乃至全省的前列。

北京十一学校校长李希贵曾在《人民教育》上写过一篇文章《改造我们的学校》，他说所谓理想学校，"第一，就是学生在这样的学校里能够幸福成长，能够自由呼吸，能够舒展心灵；第二，老师不管辛苦不辛苦，他在这样的学校里工作是幸福的，情感是愉悦的，心态是积极的；第三，它必然带来和一般优质学校不一样的结果，家长和社会能够从心里真正感到满意"。对照这三条标准，鲁校长曾说自己多年来孜孜以求、苦苦追寻的目标就是——办一所这样的理想学校。实践证明，鲁校长在哪个学校，哪个学校就变成了相对理想的学校，鲁校长也始终成为全县中小学校长的一面旗帜。

深入挖掘三：从一个人的行走到引领一群人的成长再到引领一所学校的蓬勃发展，是命题也是课题，是机遇也是挑战。很有幸在学习的过程中遇到了鲁校长，很荣幸在成长的阶段得到鲁校长的很多帮助和鼓励。作为有 25 年校长管理经验的资深小学校长，鲁校长在教育管理工作中的深入思考、具体实践乃至诗人般的浪漫情怀，都表现出一名优秀的校长对教育事业的用心坚守和执着追求。他既能仰望星空又可脚踏实地的科学精神和教育情怀，都值得我好好学习和借鉴，力争像鲁校长那样为把固始从教育大县提升成为教育名县、教育强县做出应有的贡献。

本文写于 2023 年 3 月 19 日

不辜负每一个孩子的潜能

——重庆谢家湾学校教育的启示

带着求知若渴的热情和期待，2023 年 10 月，在中原名师培育基地北京师范大学的精心安排下，我们小学语文一组的 7 位伙伴走进了景仰已久的重庆谢家湾学校，开启了为期一周的跟岗学习。

金秋时节，谢家湾学校校园内树木依然挺拔茂盛，处处绿意盎然，小花园里摆放的桌凳及遮阴伞，更让我们感受到独具匠心的设计和浓厚情怀，印象最深的是教学楼的外墙、操场上的围墙、教学楼的走廊、会议室里悬挂的都是孩子们可爱的笑脸照，开心的表情，无不展示着生活的美好和学习的愉快。弧形的课桌椅设计，玻璃通透的教室，随处可见的社团功能室，开放的阅读区，没有上下课铃声的课堂……这样一所处处弥漫着传奇色彩的学校到处散发着独特的魅力。

一周时间，我们初识了这个开放、包容、快乐又让生命得到极大舒展的学校。重庆谢家湾学校是一所九年一贯制公办学校，践行"六年影响一生"的办学理念，实施"红梅花儿开，朵朵放光彩"的校园文化，落实"天天快乐，健康飞翔"的行为追求。

中央教科所田慧生副所长评价说："谢家湾小学从孩子终身发展的高度去思考和鞭策办学，是对小学教育在基础教育工作中的地位和作用的深刻认识。"

这所时时处处"把学生的立场、体验、收获作为一切工作出发点和落脚点"的学校，随着跟岗学习，让我们有了深度解读的机会。

构建多元课程体系　支持孩子们差异化需求

在努力实现从知识育人到文化育人的教育愿景实践探索中，谢家湾学校始终坚持"孩子是学校的灵魂",把孩子的立场、体验、收获作为一切工作的出发点和归宿,秉承"凡是对孩子有积极影响的元素都是课程"的课程视野,最大限度地彰显课程的个性化与人性化特质,充分体现课程的生命性与生活性和谐统一。

谢家湾学校潜心课程的开发,提出了科学正确的教材观,即从"教材是我们的世界"走向"世界是我们的教材",教材只是参考,课程才是学校的主干,是学校的纲领。

谢家湾学校回应现实中国家、地方、学校三级课程体系存在的问题,根据学生未来发展需要的关键能力和核心素养,建构了学科课程、社团课程、环境课程三类一体的"小梅花"学校课程体系。遵循国家课程标准,学校优化课程内容,将原有的语文、数学、英语、体育等十余门学科整合为语文漫道、数学乐园、英语交流、科学探秘、艺术生活、体育世界和品性修养"6+1"门学科课程,对学科内部知识进行纵向整合,对学科之间的知识进行横向整合。社团课程,让每个孩子按自己的优势去发展,是学校教育的选择和补充。学科整合为学生发展赢得了更多的时间,社团课程设置灵活多样,5大类100余个社团,最大限度地满足了孩子们自主性的选择与学习需求,旨在让每个孩子按照自己的优势去发展。通过"走班选课"的举措,打破班级年级界限,让学生和有共同兴趣特长的伙伴聚在一起对话研讨、操作分享、共同提高。

认知心理学认为,学习只有与孩子熟悉的生活经验发生关联,学生才有更深刻的体悟,学习才是主动的行为。小梅花课程系列丛书注重生活化,大量教学材料来自学生的学习、生活场景,选择了学生喜闻乐见的内容,编排方式重视学生的主观感受,更能让学生对教材产生亲近感,让学生将学习作为一种生活常态。

辩证唯物主义认为,在实践中取得直接经验和学习间接经验是一致的,二者是缺一不可的共同体。直接经验为间接经验的获得提供支撑和生长点,而间接经验又为直接经验提供事实和价值的解释。在"一切有积极影响的元素都是课程"的大课程观引领下,突破学科中心、教材中心、教师中心,重探究和体验,回归现实生活,各学科专题活动编进"小梅花"课程系列丛书中,与主题知识相对应,形成了一个有机体。专题活动内容丰富,综合性、实践性、操作性强,各学科专题活动每周一次,每次两小时或一小时,同时根据小学生学习的特点和身心发展的规律性,专题活动统一安排在下午,约占教学总时间的40%。

在课程学习中，学校始终关注孩子们的差异性、选择性、主体性，想尽办法整合所有资源去增强、激发孩子们的内在动机，让他们的自主性、胜任感更强，使其生活经验和个体差异与学习内容、学习任务、学习方式的关联度增强，让他们爱上学习，让他们喜欢学校，同时又能很好地完成学习内容和任务，从而发展他们的成就感、愉悦感、意义感。

改革教育评价方式　树立正确学生观人才观

以人为本的教育呼唤科学的学生评价办法，谢家湾学校让每个孩子按照自己的优势去发展。

霍华德·加得纳——美国哈佛大学教育学教授，研究人类认知能力的著名学者，《纽约时报》称他为美国当今最有影响力的发展心理学家和教育学家。1983年，他在其著作《智力的框架：多元智能理论》中第一次提出了比传统的智力概念更宽泛的智能体系。他认为在多元智能框架中，相对独立地存在着8种智能，它们分别是 p18 语言智能、数理逻辑智能、音乐智能、视觉空间智能、身体运动智能、自省智能、人际交流智能和自然观察智能。多元智能理论突破了传统的智力观念，从新的角度阐释和分析了智力在个体身上的存在方式及发展潜力，对认识学生、评价学生产生了巨大影响。

谢家湾学校在"以孩子为中心"的价值取向下，孩子发展得好不好，有利于孩子成长的项目参与度高不高，成为评价教师的重要依据。

教育部在《基础教育课程改革纲要（试行）》中提出：要"建立促进学生全面发展的评价体系。评价不仅要关注学生的学业成绩，而且要发现和发展学生多方面的潜能，了解学生发展中的需要，帮助学生认识自我，建立自信。发挥评价的教育功能，促进学生在原有水平上的发展"。

《教育部关于推进中小学教育质量综合评价改革的意见》提出：基本建立体现素质教育要求、以学生发展为核心、科学多元的中小学教育质量评价制度，切实扭转单纯以学生学业考试成绩和学校升学率评价中小学教育质量的倾向，促进学生全面发展、健康成长。教育就是帮助每个人得到最适合他的天性和意愿的发展和成长，就是让他在发展和成长中体验到人性的尊严和学习的快乐。

有了以学生发展为核心、科学多元的中小学教育质量评价制度，才能使因材施教落到实处，否则只能成为一句口号。教育的根本目的在于培养有人文精神的、有人性的人。教师评价过程中的公平性和激励性，评价标准的导向性，都影响着孩子们的全面发展。

开展深度教研　更新教师教育教学观念

孩子是校园里活的灵魂。任何一项工作，都应把"孩子的立场是什么？孩子的体验是什么？孩子的收获是什么"作为工作的出发点和评价的根本标准。

影响学生，关键在教师，关键在提高教师的素养。在提高教师素养方面，谢家湾和众多学校的成功经验证明：办好一所学校，先进的教学设施固不可少，但相比之下，一支师德高尚、理念先进、教学功底扎实的教师队伍，才是一所学校最宝贵的资源。特别是新课程的广泛实施，素质教育的深入开展，社会对教育越来越高的期望，都向教育者提出了更新更高的要求。

认识是行动的先导。在长期工作实践中我们认识到"学校不仅是培育学生成才的摇篮，也是造就教师成长的沃土"。教师只有树立了正确的职业信念，才能"静下心来教书，潜下心来育人"。

（一）注重价值管理，培育积极的动力文化

在教师队伍建设中，注重教师的培训，始终把教师培训作为学校最优先、最有价值投入的工作。尤其注意引领教师把自己的工作价值与生命价值结合起来，在工作中实现生命的增值。鼓励老师读书自修，请专家驻校指导，请名师来校上课交流；每周一小时的集中学习或每学期各种教师集会，都要精心组织讨论活动，让老师体会"享受工作，品味生活"的乐趣；常常以别具一格的形式和教职员工们进行心灵的碰撞与沟通，精选一些老师对教育教学生活的感悟，以分享育人工作的幸福，如何在工作中实现生命的增值，如何欣赏我们的孩子，怎样尽可能避免职业倦怠……引领教师如何把自己的工作价值与生命价值融为一体。打开了老师的视野，放开了老师的胸襟，调整好老师们的思想情感状态，老师有了正确的价值观，就有了对教育的真情投入，就有了对学生深刻而积极的影响。

（二）明确培养目标，形成多元的课程文化

教育需要目标引领，目标需要课程引导，而课程的实施则主要在校园，在三尺讲台。因此，要尤其重视引导老师重建教学价值取向和开放的课堂教学观念。在课堂中，教师要充分关注孩子的习惯、知识、技能、品格的综合发展，大力倡导教学的知识性和趣味性，倡导传授知识的学科性与方法性，以促进孩子运用知识的能力和思维能力的发展，以提高孩子的学习能力与分析、解决问题的能力。

（三）推行生态科研，倡导务实的研究文化

教师的观念、专业素养以及教学方式方法的改变，都直接关系到课程实施的水平与成效。校本教研成为教师提升专业素养、应对新课程挑战的必然选择。学校要充分发挥团队的研究力量，教师间取长补短、互帮互助，跨学科听课研讨、互相启发、共建共享，形成伙伴式互助型的常态教研氛围，促进教师专业成长。每期根据教学时间，可以适时开展小型化教学技能比赛和课题研究，如板书设计、教案设计、作业设计、下水文写作、教后记、读书笔记比赛等，将校本教研与教学技能紧密结合，有力促进教师教学水平的提高。开展专题教学研究月活动（提高数学计算能力，作文教学指导等）。

（四）实施课堂改革，提升教师专业能力

课堂教学是教学工作的基本形式，课堂是教师教书育人的主阵地。清华附小校长窦桂梅曾说："课堂是值得我们好好经营的地方，是我们人生修炼的道场。"优化课堂教学过程，打造高效、生态课堂，是新一轮课程改革的重要指导思想。因此，课堂教学改革成功与否，是新课程改革成败的关键所在。

马克思曾说："时间实际上是人的积极存在，它不仅是人的生命的尺度，而且是人的发展的空间。"人的童年和青少年都是在课堂里度过的，在每一节课的40分钟里，师生是"积极存在"还是"消极存在"，学生是主动学习还是被动学习，决定了学生的成长和发展的方向。因此，开展课堂教学改革，不仅是时代的要求，也是每位教育工作者义不容辞的历史责任。

针对长期存在的学科本位淡化、学科界限模糊化的状况，教学需要从以教材为中心走向以学生为中心，教师也从"学科人"实现"教育人"的转变。课堂上，以"因材施教、分层教学"为核心目标，结合多年来学习方式转变的大量课堂教学经验，分组策略、分类作业、分层评价等个性化要素需要充分考虑，布鲁姆认知目标、低阶高阶思维、学习金字塔、最近发展区等理论知识需要被充分运用。立足于上好每一节课的深入研究，能极大地提升教师理论结合实践的能力，教师们更加懂学生、懂学习，成为学生学习的有力支持者，逐步实现从教书匠到研究型教师的转变。教师对学生的关注由原来单一的关注学科学习转变为关注学生作为人的综合成长。

在学校管理工作中，我始终在为自己的教育追求寻找一个清晰而正确的方向。我曾在《人民教育》上读到了北京十一学校校长李希贵的文章《改造我们的学校》，终于清楚了自己孜孜以求、苦苦追寻的目标就是——办一所理想学校。李希贵在这篇文章中提出，所谓理想学校，"第一，就是学生在这样的学校里能够幸福成长，能够自由呼吸，能够舒展心灵，他向往这样的学校，希望到这样的学校去学习和生活；第二，老师不管辛苦不辛苦，他在这样的学校里工作是幸福的，情感是愉悦的，心态是积极的；第三，它必然带来和一般优质学校不一样的结果，家长和社会能够从心里真正感到满意"。在重庆谢家湾学校的跟岗学习中，我真切感受到谢家湾学校就是我心目中的理想学校。

教育即影响，六年影响一生，教育改革不需要轰轰烈烈，但教育要无愧于孩子；学校改革的方向要有利于孩子发展的立场，有利于孩子学习成长的体验，有利于孩子终身发展现阶段的收获；让自主探索、合作交流、操作实践成为学生最主要、最常态的学习方式。真正的素质教育应关注一节最普通的课上孩子学习方式的转变，要由过去学生被动接受式的学习变为真正地把孩子个体的观点、情感个体的经验、知识储备和当前的学习发生连接、升华，生成一种新的样态、新的认知、新的技能、新的价值观以及新的思想。如何培养学生的创新能力是今天教育工作者的重任，发展学生的终极目标要通过发展学校和发展教师来实现。课程改革的道路是艰辛而漫长的，作为一个有情怀的教育人，我们一定要在改革的道路上不断探索和发掘，教育要无愧于孩子，要不辜负每一个孩子的潜能，要让孩子享受学习、快乐成长！

本文写于 2023 年 10 月 16 日

第二辑

02

培训感言

"问渠那得清如许，为有源头活水来。"对教师而言，谁不曾有过外出参加各种培训的经历？只不过有的可能会把这种培训视为短暂的休息和放松，没有予以足够的重视，从而失去了一次次学习和成长的机会。我珍惜每一次的学习培训，努力从这些专家、学者、教授、名师那里获得教益和灵感。本辑精选的九篇文章，是我参加各种培训后所记录下的心得感悟中的极少的一部分，其中《感受名师课堂 沐浴春风春雨——固始县小学语文全国名师高效课堂观摩会印象记》一文，写的是外地名师送教到固始，我参与观摩学习时的感悟。其余八篇所记情景与感悟，都是去外地培训后所写。希望这辑选文能给大家有所启示。

感受名师课堂　沐浴春风春雨

——固始县小学语文全国名师高效课堂观摩会印象记

2021 年 4 月 6 日，春风拂面、阳光明媚，固始县 2013 年小学语文全国名师高效课堂观摩课暨报告会在县外国语中学举行。本次活动的名师团队由全国著名特级教师贾志敏，合肥市优秀教师薛瑞萍老师、钱娟老师，河南省《小学教学》杂志主编樊学兵组成。虽是清明节的假期，但来自城乡各小学 700 多名语文教师和教学管理人员济济一堂，难掩兴奋和期待之情，固始一小有 100 余名师生参与了本次听课活动。

上午第一节，钱娟老师主讲《北大荒的秋天》一课，我校三（1）班 42 名同学配合；第二、三节贾志敏老师执教《卖鱼的人》一课，我校五（4）班 42 名同学配合。

拨云见日：语文教材只是一个例子

本次观摩，我们得以亲身感受"名师课堂，大师风范"，看到了语文课堂"书声琅琅，议论纷纷"的浓厚氛围以及学生"读书、写字、思考、质疑"扎扎实实的教学过程，明白了教材只是一个例子，而语文教师的任务是要用这个例子达到"教语习文之目的"。同时深刻认识到，课堂教学不是教师自我精彩的展示，学生的学习状况才是老师最应该关注的地方。

课堂撷英：关注学生精神生命成长

贾志敏老师的课，从解题开始，到初读感悟，到披文入情，再从文本里走出来，回归课题，沉淀出"诚信"二字，前前后后在课文里走了好几个来回。整节课环环相连、丝丝入扣、行云流水、滴水不漏。于听、说、读、写过程中，发展了学生的语言和思维能力，更实现了精神生命的成长。我们进一步领悟到，语文就是母语教育，而母语教育的重要使命就是习得祖国的语言文字，在练语习文中获得语言承载的民族文化、精神生命、道德文明等人文内涵的熏陶感染，实现言语生命和精神生命的共同成长。

有人说："当贾老师的学生是一种福气，听贾老师上课是一种享受。"笔者深有同感，我们更有感贾老师的课堂评价语言：准确得体，生动丰富，机智巧妙，诙谐幽默，独特创新，以其精湛的语言艺术，创设出一种温馨美好的教育教学氛围，展现了鲜明、独特的语言风格和人格魅力。是啊，一位名师就是一个精神富翁，有无限的资源，供我们去撷取。贾老师的语文教学艺术，像一座宝藏，走进他的课堂，便会领略到那里的无限风光。

雏鹰展翅：学子课堂表现精彩迭出

观摩活动中，最快乐、最抢眼、表现最突出、受益最大的还是两节课上的小主人——活泼可爱、热爱学习的三（1）班、五（4）班的孩子们。在名师的课堂上，孩子们的潜能得到了激活，他们或读或说或写，或游戏或对话，或独立思考，或合作完成，读书能力渐进提高，口语交际依次递进，孩子们的语言功底、表现力，也让课堂增添了更多的灵动和生机！

贾志敏老师会后不止一次夸奖这群孩子有着丰富课外阅读的积淀，有着很好的语言表达能力。甚至说：你们改变了我对河南人的看法！爱生之情溢于言表！

专家指津：语文之道在于源头活水

下午，薛瑞萍老师以"日有所诵"为主题做了专题报告，她认为"一日不读书，则语言无味，面目可憎"。因此，读书要从娃娃抓起。当孩子们刚学习完拼音，薛老师就开始了对学生课外阅读的训练和督促，增加阅读量，提高阅读水平，让他们尽早培养起良好的阅读习惯。语文的学习在于阅读，正所谓"读书百遍，其义自见"。多读书、读好书，阅读能力、理解能力、写作水平也能随之提高。薛老师指出：语文老师要指导、督促学生大量阅读课外书籍，把孩子从教材这一方小得可怜的"水池"引到广阔的大海里，让他们在那里见识知识天地的美丽开阔，滋生领略无限风光的强烈愿望，以达到举一反三、自求博取的目的。苏联教育家苏霍姆林斯基曾说过："三十年的经验使我深信：学生的智力发展取决于良好的阅读能力，阅读的技能就是掌握知识的技能。"我们也将像薛瑞萍老师一样，向着推行真正的阅读教学而努力！

观摩感悟：春风化红雨，点滴在心头

走近名师、体会名师，可以享受思维释放的畅快和欣喜，可以获得理解的启迪和升华，可以探及语文及语文教学的本质。名师课堂与讲座也如同春风春雨，润物无声，点点滴滴在心头。在感动感慨之余，我们也充满了信心和力量，决心踏着名师的足迹，继续前行，不断探索，书写固始教育明天新的传奇。

后记

后来听说贾志敏老师是位身患绝症、做过两次大手术的病人，更让我增添几多感慨和感动！有位哲人说过，生命的旅程，目标并不重要，重要的是在生命的旅程中与谁为伴。在贾老的生命旅程中，与他相伴的是倾注了刻骨铭心之爱的语文教育事业！正是这事业与生命的结合，使贾老的语文教育事业如春潮一般壮阔，也使贾老生命如歌！

本文写于 2013 年 5 月 6 日

做一个有教育思想的校长

——参加上海老教授协会校长培训有感

尊敬的各位领导、各位同人：

大家好！

首先感谢固始县教体局给我们提供了这次宝贵的培训机会，现在正值义务教育均衡验收的创建时期，无论是教体局还是学校，事务都比较多，但局领导班子却舍得拿出时间、拿出资金给我们25位校长远赴上海培训，让我们身体放松、让我们灵魂充电，这充分体现了局领导对校长培训的重视，真的很好，特别感谢！我们基层忙，局领导更忙，但百忙之中，杨培军委员、张登蕴科长、张西鑫校长专程送我们到上海，给予了我们很多亲切的人文关怀，还有高昌文校长自始至终的陪伴，给了大家无微不至的帮助，也更增添了我们学习的干劲。

在局领导的高度重视下，上海老教授协会充分发挥了对固始革命老区教育发展的帮扶作用，为我们提供了较高规格的专业培训，精心安排课堂设置、活动设计、专家遴选、组织实施等一系列工作。接下来我从以下三方面向大家做一汇报。

一、学习与回顾

十二月的上海，前几天还温暖如春，是满地金黄的梧桐叶告知我们初冬的来临。杨浦区教育学院内红火的圣诞花艳丽绽放，绿草似锦。在致和楼201教室，我们时时感受"以高尚的师德立身，以精湛的业务立足，以真诚的服务立信"的学院精神，认真聆听了老教授们的精彩报告，6位老教授均70岁以上高龄，但人老心不老、精神不老、境界不老，他们先进的理念、开阔的视野、专业的精神给我们留下了深刻的印象。于我而言，结合我校的工作实际，尤其是刘定一所长的《立足于中华优秀传统文化的学校德育》和方贤忠教授的《学校规划与规划生成》的2个报告，开启了我全新的思考，也让我更加认识到"校长领导学校，首先是教育思想的领导，其次才是行政上的领导。作为校长，只有思想抢占制高点，学校的工作才能抢占制高点"这句话的真实内涵。如果说以上两项报告属于理论层面的引领，那么培训期间，当我们走进复旦五浦汇实验中学、走进打虎山路第一小学后，更从实践的层面进一步验证了校长要拥有先进的办学理念的重要性。

五浦汇实验中学秉承"博学而笃志，切问而近思"的复旦校训，融合了青浦自然生态资源和历史文化底蕴，强调回归以人为本的经典教育给我留下了难忘的印象。展示课《论语》，教学扎实、有效。其中"知、行、通"的目标定位让我找到了我校国学课堂还需努力的方向；打虎山路第一小学拓展性课程非常丰富，装点着孩子们童年时代多彩的梦想，丰盈的校园文化引领着广大师生成长的方向。校长卞松泉说：我对教育的信仰就是要回归教育的规律，慢慢地、静静地去做，不浮躁，不显摆，就一定会有我们想要的结果。他在报告《明明白白当校长、踏踏实实办学校》中呈现的理念"关于学校教育的责任与方法、责任与担当"更是大道至简、大智无言，主题教育让打虎山路第一小学成为上海优质教育的一个品牌。

二、思考与践行

学习的目的是运用，理论联系实际，我对校长教育思想的构建有了一个全新的认识，同时，我也更加认识到：一个学校的办学理念也是一个在实践中不断修订、完善、提升的过程。结合一小百年老校的历史传统，结合我校的一些品牌活动，结合引领学生成长的方向，关于教育思想的认识，我从以下三方面和各位领导做一简单交流。

（一）校长层面

要秉承"质量为根，特色为魂"，我们的教育归根结底是为孩子们的幸福生活服务，于是我觉得要把营造"负责任、有道德、有质量"的校园生活作为办学的基本宗旨，于是我召开班子会、教师会全面修订了我们一小的办学理念——"以德培德，以文化人"；育人目标为"让每一个孩子得到全面的发展，让每一个孩子拥有快乐的童年"；办学目标为"办一所让师生共同成长的幸福家园"。一小是一所百年老校，在局领导的培养下，这些年输出了很多人才，随之也新进了不少老师，为了防止年纪大的老师有"船到码头车到站的思想"，为了让新来的老师尽快有专业化的成长，于是，我在班子会、教师会上提出"以我培师、以师培生、生生不息"的校长治校理念，真正落实校长既要是思想的引领者，更要成为行为上的表率的理念。

（二）教师层面

现在都提核心素养，作为教师层面上的核心素养不仅仅是指教师的学科专业素养，还应有专业精神和专业境界，秉承"课比天大、教师第一"的理念，让我校老师看见了前进的方向，增强了前行的信心，从而加快了专业化成长的进程。

（三）学生层面

很多学生不知道要朝什么方向前进，习近平总书记的"立德树人"给我们指明了方向。上海一老教授说：学生先学做人，再学学问，先学素养，再升能力，要把"立德树人"落在实处。我们常说"高分低能"不能更好地服务社会，可"高分无德"却会极大地危害社会。培训回来后，我校在全面修订办学理念时把"以德培德"放在了首位。

三、总结与展望

短暂的学习生活洒满了金色的阳光，收获和成长、友谊和幸福编织成我们灿烂的教育梦想。我们会百倍珍惜每一位老师的悉心指导，珍惜每一份纯真的友谊，珍惜和大家在一起学习、生活的每一段时光。一周的学习虽然短暂，但收获和成长却是无尽的，于我而言，成长在百年老校，留任在百年老校，如何让百年老校依然青春、依然走在教育前列，是我们这一届班子肩负的责任，也是一小所有同人继续努力的方向，我会把这次学习的收获好好消化、吸收，为我所用，为校有用，向着自己的教育理想一路前行，让自己所挚爱的教育事业绽放出生命的光芒。

本文写于 2017 年 12 月 29 日

星光不问赶路人　时光不负有心人

——中原名师培育对象参加北师大高级研修班首次培训有感

不论我们是谁，从何处来，我们都有自己独特的历程，很荣幸能和你一起走过那些美好的时光，很荣幸能和你一起给那段岁月画上难忘的印记。

——题记

初夏时节喜逢君　培训学习共提升

四月，我们追随春天的脚步，行走在朝圣的路上，相聚在北师大，在心田播下了希望的种苗；五月，我们带着夏天的热情，再次扬帆追梦远航，集结在木铎金钟前，心中升腾着生机勃勃的渴望。

中原名师培育对象高级研修班的集中培训在北师大赵艳萍老师的系统介绍中拉开序幕。既有北师大名师大咖的高端讲座，又有专家学者一对一、面对面的悉心指导，有学员之间精彩的故事分享、讨论交流，还有课后形式多样的互动学习、体验观摩……初夏的北师大校园，绿意葱茏，微风不燥，阳光正好，丰富的课程安排让我们远离家乡的心宁静徜徉在知识的殿堂，让我们安然享受学科专业提升所带来的无穷魅力和快乐。

专业引领促成长　砥砺前行正当时

薛二勇，北师大京师特聘教授、博士生导师，一系列高光的荣誉和开挂的人生经历本身就是一个精彩的励志故事，他让我们懂得心怀目标坚持不懈地努力就一定迎来曙光的信念。薛教授就教育改革新形势、新挑战、新任务和大家做了精彩分享，他有理有据，风趣幽默、接地气的讲座让我们心中有方向，脚下有力量。

全国著名特级教师、北京师范大学第二附属中学文科实验班班主任何杰老师给我们带来了《教学研究与语文教师专业发展》的讲座报告。何老师幽默的语言、广博的知识、纯真的品质和独特的人格魅力给我们留下了深刻的印象，语文教师如何提高自身的专业水平？何杰老师从关注教师对认知心理学把握和应用的角度，认为探讨核心素养与语文教师的专业发展的目的是帮助学生发展核心素养。讲座中，何老师分享了自己对教学行为的深度思考和精彩纷呈的教学案例。他说，要把教学的事想得更明白、更透彻，不要做空头的理论家，要扎扎实实为学生做真研究；他说，教师是终身学习、终身修身养性的行业，教师要用自己生命的状态去带动学生的生命状态。何老师对师德内涵、语文教学的精彩解读，展示出精湛的知识与广阔的视野。他称自己为"杏坛赤子"，表达着资深教育工作者矢志不移的追求和探索。

张国龙，中原名师培育项目首席专家，文学博士，中国作家协会会员，北京师范大学文学院教授，博士生导师。《名著阅读的方法与路径》，一个本该充满了学术气息的讲座，却出人意料地洋溢着诗意的美。张教授开篇明义，提出"一起阅读是最诗意的陪伴""阅读是一种人生文化""阅读是一种诗意契约的方式"。在观察国人的阅读现状、关注当代阅读焦虑的基础上，他带我们一起了解了全面阅读理念、系统阅读理念以及阅读的黄金定律——分级阅读。讲座的重头戏是"如何有效阅读名著"。"文本差异"与"阅读视角"是张教授传授给我们的两大阅读利器。"教学首先要把文体吃透"，小说与散文不同，诗歌与戏剧不同。同一种文体，古与今不同，中与外同样有很大的差异。文体、人物、文化、时代语境、故事情节、审美体验——不同的视角能够带来不同的阅读体验与理解。

黄毅老师从赏析一节落实核心素养的好课开始，他精选了第二届小学青年教师语文教学观摩活动一等奖获得者骆应华老师的《穷人》一课。黄毅是北师大国培专家，海淀区小学语文教研员。课上黄老师适时暂停，分解实录，带着我们用发现的眼光、辩证的思维赏析好课，再次印证黄老师的"青年教师成长的捷径就是多看优秀的课例"的名言。紧接着，黄老师以《穷人》和《雷雨》两课为例，从瞄准与突破、文体与层次、策略与效率、整体与局部、读书与理解五方面，带领我们认识了好课的标准，把握了小学课堂教学的发展方向。黄老师的课，是视听的盛宴，更体现了理论与实践的相互结合。

课题研究有路径　学者专家指迷津

学员们认真聆听了杨润勇教授精心准备的专题讲座《中原名师课题研究有效策略与方法》。杨润勇老师，教育学博士，中国教育科学研究院研究员，中国教科院科研处原处长。杨教授的讲座针对中原名师课题研究的困境，围绕有效课题定位与认知、研究低效问题与根源、课题研究重点与解析、课题申报书案例分析等内容进行了细致、深刻的讲解。杨教授指出，发现问题、分析问题、解决问题是课题研究的本质。立项课题是好问题加好方法，问题是任何科学研究的逻辑起点。杨教授分别从选题、研究方法设计、文献综述、研究对象、研究目标、研究内容、研究创新、研究思路、研究基础等方面具体论述了课题申报中需要解决的问题、具体应对方法和策略。杨教授的讲座"基于研究，基于案例，基于问题"，准确抓住课题研究中的"关键点"，分析了问题解决的"基本点"，给予学员们精准、深刻、全面的指导。

杨润勇教授关于课题研究的观点摘要如下。

⇒ 想成为教育家必须通过科研。

⇒ 热爱它——得课题者得天下，得未来，得幸福。

⇒ 好标题：高、大、新、实、亮。

⇒ 课题研究可解决所有类型的问题。

⇒ 问题是一切科学研究的逻辑起点。

⇒ 课题申报能力＝课题审计能力＝课题研究能力＝科研能力。

⇒ 科研要创新，最大的创新是观点创新。

⇒ 好选题：先举一反三，再百里挑一，再提炼成题。

⇒ 标题是问题的呈现，是课题研究的颜值所在。

进阶融合促成长 研修交流意深长

《诗经》里说："邂逅相遇，适我愿兮。"人，遇见一段缘，如赴一场花事，馨香扑面，惊艳了岁月，温柔了时光。花田百亩，我种清风，也种明月，种细雨纷纷，也种阳光明媚，种未来可期，更种一场完美的遇见。

在以"进阶·融合·成长"为主题的论坛分享活动中，既有教授专家传经送宝，又有大咖导师精准指导，更有教育同伴切磋交流、发展论坛带来的成长分享，让我们开启了一场仰望星空而又脚踏实地的深度行走，各位老师的教育情怀、教学能力、教研成果，带给我深深的敬佩和感动，带给我深深的启发和思考，我们从不同的地方汇聚一起，抱团取暖，一路同行，聚是一团火，散是满天星。和团队伙伴们的相遇，便是人生一场完美的遇见。

千里迢迢来看望　声声嘱咐展深情

六天的集训，是白加黑的六天，是精彩纷呈的六天，是激情澎湃的六天，是收获满满的六天，是茁壮成长的六天，是潜心修炼的六天，是充实幸福的六天……六天的培训转瞬即逝，中原名师培育工程项目办的戴明主任和吴玉华副主任奔波千里、不顾劳累，与北师大班全体学员亲切座谈，深入了解项目进展和学员学习生活情况。

戴主任对本次培训给予高度评价，课程高端，专家高明，组织到位，学员们收获满满。在用心听取学员们中肯的意见与建议后，戴明主任还针对老师们最关心的问题，如"课题申报""校长支持""学习方式"和"后勤服务"等方面一一进行答复和说明，赢得现场老师们热烈的掌声。座谈会上，吴玉华副主任以"我们在这里干什么"的问题启发大家的思考，呼吁学员们明确此项培训的目的、增强自身责任感和使命感，尽快树立自主发展的意识，尽快成长为"河南教育界领军人物"。吴主任的一席话，给学员们点亮了一盏前行的明灯。

纸上得来终觉浅　绝知此事要躬行

教师关乎国家未来，一个好老师，胜过万卷书，正所谓"经师易遇，人师难求"。教师的职业崇高而伟大，因此，做教师，就要做好教师，做名教师，做真正对社会有意义的教师。名师，应是"师德的表率、育人的模范、教学的专家、科研的能手"。通俗地说，名师就是"学生最喜爱、家长最放心、同行最佩服、社会最敬重"的教师。若要成长为名师，是一个厚积薄发的过程，也是一次次挑战自我的过程。

六天持续的充电，让我更加真切体会到学习让生命拥有无限的可能和更丰盈的过程，也让我更加明确今后努力的方向和前行的目标。

1. 阅读中积累。读书是教师成长最直接、最简便、最有效的方法途径之一。为人师者爱读书，努力使自己成为一个有爱心、有诗意、有内涵的老师。为人师者，应该和学生一起读书，读文学、读艺术、读科学，无形中将书籍带到他成长的生命长河之中，书籍中的智慧、风骨、人生态度以及表达方式等都成为学生建立人生终极关怀的永恒资源。

2. 写作中思考。写作是一种中介，写作是一个平台，写能把读书与思考、读书与实践、读书与写作结合起来，相得益彰。写又是记录读书和研究成果的最好方式，在写作中沉淀生命。热爱写作并因写作成就教育精彩的娜娜老师说：有这样一条路，我走得很长，长得伴随我二十多年教育生涯的每一天；有这样一条路，我走得很慢，慢得可以聆听我教育生命的每一次呼吸。因热爱阅读和写作，娜娜老师寻找到自己教育生命的一次又一次拔节。

3. 反思中提升。有人当了十年的老师，仍然停留在只当了一年老师的水平，而有人只当了一年的老师，却具有别人当十年老师的水平。这是为什么呢？一个走的是磨道式循环的成长道路，一个走的是螺旋式上升发展的道路。其间的差别就在于反思。反思是一种追问，教师的成长＝经验＋反思。一个教师仅仅满足于获得经验而不对经验进行深入思考，那么即使有十年的教学经验，也只是一年工作的十次重复。否定自己是痛苦的，但是，有时只有敢于否定自己，才有可能超越自己，创造一个崭新的自己。每一次错误，对所有具备真诚反思精神的教育者来说，都是一个进步的台阶，于是，便可以沿着这个台阶一步一步走向智慧的巅峰。

星光不问赶路人　时光不负有心人

支撑人生道路绵延展开的，是这世间赶路人共同坚定的信仰……以吾之志，逐吾之梦。被我冠以"梦想"之名的，是此生近乎虔诚追寻的存在——教师。"一辈子做教师，一辈子学做教师"，这是人民教育家于漪老师的名言，也是我至今奋斗的座右铭。在未来的日子里，我依然怀揣着梦想与教育教学为伍，与专业书籍为伴，与反思研究为友，在洒满星光的路途中，在步履匆匆的行走间，朝向自己最为向往的方向，知行合一，坚持不懈，行稳致远，到达理想那方，遇见更好的自己。

生命纵横阡陌，踽踽而行，或见落花蹁跹衰草盘桓，或经流水人家榆柳娉婷，或恍然听见悠远山谷中传来的黄鹂声声清啼，或一路尘满客袍，任一张白纸将脚印刻成了印痕，才一步，即以为走过万水千山，时光淡去了岁月的影子，却留住了美好的记忆。

本文写于 2021 年 5 月 22 日

聆听花开的声音

——中原名师培育对象参加腾讯会议接受专家指导有感

花开有声音吗？

是的，只要你用心聆听，就能听到花儿绽放的声音。

有人说，当他破译出一道难题时，那一刻的喜悦就是花开的声音；有人说，当他做出一个正确的选择时，那一份欣喜便是花开的声音；有人说，当他实现理想并且取得成功时，那一秒的成功便是花开的声音。而我想说，参加完北师大组织的我们小语一组的教学指导系列活动后，内心所产生的那种巨大震撼便是花开的声音。

2022 年 12 月 26 日下午，我们小语一组的教学指导系列活动的"专家指导"环节在腾讯会议室如期举行。会议分三个环节：一是 6 位小伙伴就各自的教学设计进行汇报交流；二是柏春庆老师围绕伙伴们的教学设计和文本解读进行指导与反馈；三是大家谈听后的体会和感受。

在热切的交流分享中，三个小时转瞬即逝，柏老师的点评一语中的、高屋建瓴。在她娓娓道来的指导中，我明晰了我的教学设计中值得肯定的地方，她说：《搭石》在五年级上册的阅读策略单元，教学设计抓住了这个单元的一个本质，就是在阅读的速度、阅读的理解、阅读应该对自己产生的一种情感激荡以及阅读的思维这四者之间建立了很好的联系，这样的学习不仅仅是单纯训练速度的学习，更是指向追求素养的学习。这也正是快速阅读的目的：更好地促进我们的理解和情感的生发，而不仅仅是追求速度。柏老师的点评解决了我之前的困惑：阅读策略单元仅仅围绕阅读策略进行教学吗？我让学生走进文本体会情感，会不会偏离新教材编写意图？会不会没有贯彻新课标理念？教学有法，教无定法，贵在得法，柏老师的指导让我真切感受到"山重水复疑无路，柳暗花明又一村"。

点评环节的最后，柏老师肯定了我们 6 位伙伴教学设计的三个共性优点：一是都能对文本进行全面细致的分析和解读；二是都能紧紧围绕语文要素有效落实单元教学重点；三是课时设计的板块都非常清晰，没有细碎的讲解和分析，都是用几个非常明确的学习板块来推进整个学习过程。柏老师在强调教学评的一致性时，告诉我们要建立三个联系：一要建立和新课标的联系；二要建立单元内部的联系；三要建立和学生之间的联系。柏老师由点到面的分析让我们进一步明确了新教材备课的思路，也更坚定了新课标下新课堂的研究方向。

接下来柏老师"实用性阅读"的案例分享更是让我受益良多，收获匪浅。她深入浅出地阐述如何更好地落实人文主题和单元语文要素以及语文要素视角下的单元整体教学思路，让我们对新课标、新教材有了更全景的认识。统整、情境、素养、导向、策略……遵循教材，发挥好单篇示例的作用；适当组合，建构单元内部的合力；巧妙整合，形成单元教学的特色；等等。这些教育热词和热句随着讲座的开展在我们耳旁徐徐响起，掀起我们头脑风暴，刺激着我们对新课标下语文教学的深度思考。

柏老师讲座内容丰富，满满的干货，驱散了天气的寒冷，缓解了身体的不适，氤氲了冬日的祥和。笔记记不过来，只好全程截图，慢慢消化，细细反刍，让以后的教学有法可循，有径可行。

最后用这样一段文字来表达对未来教学的愿景：寻求并找出一种有效的教学方法，使教师因此可以少教，但学生可以多学，使学校因此可以少些喧嚣，而更多些闲暇、快乐和坚实的进步！

本文写于 2022 年 12 月 28 日

业精于勤钻而研 师成于名持且坚

——中原名师培训对象参加北师大高级研修班第二次培训有感

这世界有那么多人，多幸运有个我们！给自己一段温软的时光，让灵魂安静地绽放！

——题记

十月的首都没有了夏天的酷暑与悸动，一切显得那么宁静而安详。相聚在古色古香的辅仁校园，在这最美季节开启了我们中原名师培育对象的第二次集中培训之旅。

科学策划眼光远　　周密组织情谊深

基于中原名师培育对象群体专业发展实际需要，本次集中研修培训课程聚焦"课题研究""教学技能"和"经典共读"，培训内容涵盖师德师风、党史学习教育、教育意涵与名师职责、课题研究指导、教学研究与能力提升、读书沙龙等模块。采用专题讲座、交流研讨、实践学习、团体研修、沙龙活动等多样化学习方式，按需设计课程，突出主题式、参与式的特色，构建中原名师培育对象学习共同体，促进学员职业素养和专业能力提升，为河南省新时代中小学教师梯队攀升体系建设培育最优"种子"教师，为河南省教育发展提供智力支持和人才保障，以期达到用高质量教育支撑高质量发展的远大目标。

启动仪式上，北师大喻主任热情洋溢的致辞，班主任赵老师做了详细的课程说明。省厅领导戢主任、吴主任千里迢迢前来慰问，从课题立项、考核安排、学习开展、任务困惑、合理建议等不同方面进行了全面部署和调研，如春风暖人心扉，如明灯指引航向。

分门别类设专题　精挑细选促成长

来自北京市顺义区教育委员会的张军堂副主任做的首场报告《"名师"养成行动——做培育学生的沃土》别具风格，诙谐幽默。其"名师养成，力在自身"的观点分别从（脑——善于学习成长；口——有学科话语权；心——坚守初心和情怀；手——能抱团合作；腿——迈出开拓和探索；躯干——热爱生活，充满正能量）六方面进行诠释，通俗易懂，印象深刻。

北京师范大学教育学部郑新蓉教授做了《教育的意涵与教师的责任》的专题报告。如果不是她亲口说出，我们很难相信她已年过古稀。然而，就是这样一位年长的学者，全程报告站立三小时，不看稿件不喝水，思路清晰、精神矍铄、声音悦耳。她的激情、她的活力，她的从容、她的笃定，她的聪慧、她的优雅，她对专业的热爱、对教育的执着，让我们由衷敬畏和崇敬。让我们真切感受到一位和蔼可亲的女教授的风采。

是啊，百年大计，教育为本；教育大计，教师为本。如果每一个教育工作者都能有郑教授这般潜心研究教育、精心置身教育、慧心奉献教育的大爱之心，祖国教育的明天定会更加美好。

针对中原名师培育对象课题中存在的问题和疑惑，课题研究问题会诊在各组课题导师的组织下如火如荼地分组进行。

满满一个下午、整整三小时的耐心倾听和认真解答，我们小语一组在易进教授丰富的专业知识和周详的悉心指导下，对课题研究茅塞顿开、受益匪浅。易教授对伙伴们在选题、研究目标、研究内容、研究方法等方面进行了详细深入的分析论证，指点迷津的同时提出了具体的修改建议，解决了我们课题研究的困惑，指明了今后研究的方向。说真的，在本次中原名师培育工程课题项目的研究过程中，无论是立项的选题还是开题后的深入思考以及文献综述的撰写，我有一个真切的感受，那就是对课题研究的认识发生了根本改变，认识到课题研究工作其实就贯穿在我们教师日常的工作中，它需要我们在总结、探讨中不断发现新问题、解决新矛盾，最终得出新结论，要让科学理论指导教学实践。作为教师，要树立问题即课题、课题即研究的思想，让我们在教学中思考，在教学中研究，在研究中成长，在成长中实现自我专业化成长的再次起航！

全国知名语文特级教师、北京师范大学基础教育研究员何杰老师《文本解读与教学设计》的专题讲座开启了我们对深度备课的另一种思考。讲座伊始，何杰老师以"课文的作用""高考的误区""高考考什么"这些语文教育教学中的重要问题为切入点，讲述了两点宝贵经验：一要靠德育让学生认识到生命价值的可贵；二要靠语文知识本身的魅力让学生自发爱上语文。

随后，何老师从文本解读的意义、思路、内容和教学价值等方面展开阐述，强调了语文教师学科专业基础和教育教学功底的重要性，语文教师在教学过程中"吃透教材、吃透学生"的重要性，以及语文课堂对培养学生传承文化、表达思想的意识和能力的重要性。何老师丰富的专业成长和教育教学经历，幽默诙谐、风趣生动的语言风格，对文本的熟悉程度、文本解读思路的独特视角以及文学理论知识的精准运用，让我们收获良多，我们从何老师"干货"满满的讲座中汲取到了能量，为语文教师的尊严而学，为语文的魅力而学，为学生的幸福而学。

"摆桨迎风成公去，渡尽汹涌上岸来。"如果说教育是一场摆渡，那么教师就是学生的摆渡人，将学生从此岸渡向拥有更广阔天地的彼岸。在这个过程中，教师亦应是自己的摆渡人。"叙事教育"倡导者、《中国教育报》2019年度推动读书十大人物、山东省心理健康教育研究会理事王维审教授带来的主题报告《共读的秘密——意义、路径与探索》，开启我们对教师自身精神世界的另一种思考。

卢梭说："人生而自由，却无所不在枷锁之中。欲打破缠绕身心的诸多枷锁，不能一味指望别人，而要看自我是否拥有足够的打破枷锁、赢得解放的力量。"

王教授的报告再次告诉我们，这股力量就是我们自己。教师如何在琐碎的教育里挣脱出来，那便是生活要丰富，内心要丰盈，不断阅读，时时思考，在阅读中增加多彩的生活空间，在阅读中拥有支撑生活的力量，在阅读中拥有行动的信心和勇气。我们照亮学生前行的路，同时也要点燃自己的生命之光，在教育学生的同时也把自己渡向幸福的彼岸。

教育科学研究发现的过程，离不开文献研究。在进行文献查阅与综述时，我们遇到的常见问题：1. 找的不是研究文献；2. 找不到所需要的研究文献；3. 找的文献不全或质量不高；4. 找到文献不知道如何分析评价；5. 不知道如何综述已有的研究文献；6. 不知道如何利用研究文献来为自己的研究服务。

带着困惑，我们聆听了北京师范大学课程与教学研究院教授、博士生导师胡定荣的专题讲座《教育科学研究的文献查阅与综述——在已知与未知之间搭建桥梁》。

胡教授告诉我们：研究文献是站在巨人的肩膀上前行，避免大家走弯路。他细致讲述了教育文献的定义与种类，查阅教育文献的目的，查阅教育文献的过程、方法与手段。查阅文献的过程也是提出问题、收集问题、整理资料、分析资料、得出结论、报告结果的研究过程。通过分析具体的案例《中国英语学习策略实证研究 20 年》，在胡教授指导下，我们明白了文献综述报告的组成，以及每部分的内容、要求和写作。

中原名师培育项目首席专家、北京师范大学文学院教授张国龙一改前两次诗意分享的风格，其《如何写论文》的专题报告给我们带来了理性的思维和规范的写作方法。

他的讲座高屋建瓴、深入浅出、风趣幽默又细致入微，我们深受启发，也倍受鼓舞，增长了克服困难的勇气，也坚定了严谨求实的治学信念。尤其在研究内容的撰写上，张教授提供的研究内容撰写模板让我们明晰了方向：

1. 选题意义——理论和实际意义——选题应具"重要性""前沿性""可操作性"和方法论意义；

2. 研究的理论和实践背景，理论基础研究及回顾等；

3. 国内外文献综述；

4. 问题的现状、根源以及成因分析；

5. 具体的问题（观点）——核心部分；

6. 案例分析或实证分析部分；

7. 结论。

☆ 重要性——指研究的问题关系到理论上和实践上的重要突破，甚至是对于国家社会经济发展和人民福祉具有推进作用；

☆ 可操作性——可以在规定的论文期限内完成，不能太简单，也不能太难；

☆ 方法论意义——研究这个问题预期会使用到一些新的研究方法，有些研究得到的结果可能是平凡的，但是运用新方法研究这些问题也是有价值的。

林长山，清华附属小学校长窦桂梅的传人，清华大学附属小学课程与教学中心研究员，目前主要从事"小学语文主题教学研究"和清华附小基于核心素养的"1+X 课程"。从他精彩纷呈、生动翔实、惟妙惟肖的具体案例分享中，我们可以窥探清华附小"立人为本，成志于学"的精神，"儿童站在学校正中央""1+X 课程"等教育实践，主题教学"语文立人"的核心理念都值得我们好好学习和借鉴。

"高山仰止，景行行止。虽不能至，心向往之。"专家教授们的专题报告为我们开启了慧眼，点燃了明灯，注入了能量，润泽了心灵。遇到良师，何其幸运！

从旁指点桃源路　引得渔郎来问津

培训结束前，伙伴们关于文本解读的案例分享也是精心设计、匠心独运，他们对文本的宏观分析、微观解读，何杰老师最后的精彩点评，给本次培训画上圆满句号。

这段日子，伙伴们在亢奋与忘我中度过。人的信念一旦被激发，他所爆发出的能量真的不可估量。大家不仅认真听讲座，记笔记，参与互动，积极交流，而且每天晚上回到宿舍，还继续讨论，交流，说体会，写心得，谈收获。

来自河南省实验中学的张志勇老师作赋《念奴娇·读书》：

皇城根下，雁飞舞，辅仁升起朝阳。中原儿女，竞诵读，校园奋发图强。京城胡同，朔风吹云，十里桂花香。残阳如血，一派北国风光。遥忆求学当年，生活多沧桑，师大难忘。斗志昂扬，齐拼搏，鬓角染霜何妨。银杏叶黄，最喜那课堂，经久弥香。人生如歌，感恩地久天长。

来自濮阳市华龙区一中的王焕银校长说：

金秋十月，带着沉甸甸的问题与北师大辅仁校园遇见。厚重雅致的园林风光，让滚烫的激情变得瞬间安静；大气深邃的课堂，在青砖红窗的教室里折射睿智的光芒；灵动的读书沙龙，展现出星星之火燎原之势，彰显名师们朝气蓬勃气势轩昂……与我，撷取的是厚德自强与科学思维的最美碰撞。

来自南阳社旗县的李健老师说：

"为学患无疑，疑则思进"，也许这就是成长，责任和使命逼我们做出选择，唯有，努力向上，深入研究，坚持不懈，脱胎换骨，才能促进自己更大的进步，才能在前进的路上遇见最好的自己！

郑州第十九中学的杨卫平老师说：

　　原来，语文教育没有那么复杂，它是如此简明澄澈，却又意蕴深厚！

　　还有很多伙伴，分别从不同层面、不同角度，表达了自己的收获、目标和打算，实现了此次省教育厅培训的初衷，彰显了此次培训的效果。

触摸经典悟真意　守正出奇发新枝

　　天地阅览室，万物皆书卷。为了让广大学员回顾读书历程，畅谈研读心得，展现名师风采，享受读书乐趣，10月14日上午，我们高研班特以"触摸经典悟真意，守正出奇发新枝"为主题举办一场别开生面、精彩纷呈的京师读书沙龙活动，活动中大家自由交流，分享读书体验，碰撞思想火花，启迪专业认知，参悟学术境界，融思想性、学术性与艺术性为一体，场面热烈，群情激昂，收到了很好的效果。

业精于勤钻而研　师成于名持且坚

　　佐藤学说，不能持续学习，就不可能完成教师的职责。

　　社会的发展在教育，教育的发展在教师，教师的成长在培训。

　　中原名师培育对象的培训从省厅方案制订到培训基地选择，从课程表安排到授课教师选聘，无不体现河南省教育厅对德艺双馨豫派实践型教育名师尽快成长的殷切期盼。

　　精于勤钻而研，师成于名持且坚。"一辈子做教师，一辈子学做教师"，这是人民教育家于漪老师的名言，在聆听中学习时，我在心中不断追问自己，作为中原名师培育对象，专业之路该如何规划？应该怎么做才能不负省厅和培育基地的期望？我想练就下面几种能力。

　　一是"能上课"。上出具有自己特色的课，体现自己研究成果的课，教师职业幸福的起点在课堂，源泉在课堂，成功也在课堂。

　　二是"能学习"。学习，是名师的专业发展之根。向书本学，向别人学，向自己学。

　　三是"能研究"。研究是教师由优秀迈向卓越的必经之路，是名师专业发展力量之源。在以后的成长过程中，作为培育对象的我，不仅自己要时常处于研究状态，而且也要引领其他教师做研究，做真研究，让老师们认识到，其实搞教学研究并不难，弄清四个问题："研什么、为什么、怎么办、是什么。"特别是研究课题的选择，要能显现出研究的方向，解决学科课程改革中遇到的问题，为提升自己的专业素养服务，为最终形成学校办学特色服务。

　　四是"能讲座"。讲座，是名师专业发展之术，会讲座的名师才是真名师，讲座的过程也是梳理教育教学思想的过程，作为未来的中原名师，在以后的工作中，还需更加提炼自己鲜明的教育教学思想。

　　学习每天都在发生，让我们牢记教育乃立国之本、强国之基，为了肩上的责任与使命，为了心灵的坚定和坦荡，让我们的脚步慢一点，让我们的灵魂跟得上。"雄关漫道真如铁，而今迈步从头越。"衷心希望我们41位语文中原名师培育对象，能够早日破茧成蝶，凤凰涅槃，鱼跃龙门。

　　师大，下次见。

　　老师，感谢您。

　　伙伴，祝福你！

　　最后，借用汪国真老师的两句话作为本次培训的心得结束语："没有比脚更远的路，没有比人更高的山！既然选择了远方，便只顾风雨兼程！"亲爱的伙伴们，为了我们的教育梦，一起出发吧！

本文写于 2021 年 10 月 16 日

深耕"素·养"课堂

——中原名师培育对象参加北师大集中培训后研修报告

本期培训中，教研员何郁老师说"名师要对时代有清醒的判断，对育人有独特的方法"，这是角色定位的提醒；"四界语文"研究者郭锋说"把已知变成未知，把未知变成已知"，这是深度思辨的引领；实践导师何杰说"教师是要把原创理论变成技术的工程师"，这是实践重心的视导；教育学者闫学说"罗马不是一天到达的，要坚持行动"，这是对成长的忠告。这些无不指向于名师的成长、名师思想的凝练，在深度思考中，我对省级课题在实践中产生的困惑及如何更好地提炼教学思想有了较为清晰的路径和方向。

一、解码课标，明晰方向

这次集训与名家面对面，与名师零距离，开启的是对语文教学的朝拜，是对专业成长的深行。

何杰老师说，新课标的颁布对名师来说更是一份使命和担当，更应率先在新课标中体现优秀教师的专业素养，体现"精准"，要精准把握学科知识，表达学科知识，把握学生认知，教授学科内容。新课标的出台，名师要在哪些方面体现精准，这的确是要反复思考的问题。教授马炎说："课标不读够五遍不敢张嘴去解读。"一个教授的学术敬畏感如此浓厚，对于一线的教师和教师引领者则更应如此。

对于新课标，我们知之愈明，行之愈笃。择高处立，向宽处行，学课标，用课标，线上聆听名师，线下深入研讨，让学习随处发生，让培训如春风化雨，滋润着语文老师们成长不息！

我们组织工作室全体伙伴认真观看了北京师范大学吴欣歆教授《义务教育语文课程标准国家 2022 版》讲座，吴教授解读了义务教育语文新课标 2022 版与以往的变化：第一，强化了课程育人导向；第二，优化了课程内容结构；第三，研制了学业质量标准；第四，增强了指导性；第五，加强了学段衔接。

还就课程性质与课程理念、核心素养与课程目标、语文课程内容、语文学业质量和教学建议五方面对 2022 版义务教育语文课程标准的主要内容进行了具体解读阐释。

新课程标准要求立足核心素养，以育人为目标，重视中华传统文化、情境式学习、培养阅读思维、跨学科学习等，对比旧课标更重视"学生之能"，体现以学生为主体。同时，新课标关于减负提质、多种方式学习、多元评价等方面都给出了更细致的建议。语文教师要深入学习，在教学中践行新课标的要求，真正做到减负提质。

总之，语文课程标准坚持以文化人、强化基础的原则，以中华优秀传统文化为核心内容，以学生生活为基础，以语文实践为主线，设计语言文字积累与梳理、实用性阅读与交流、文学阅读与创意表达、思辨性阅读与表达、整本书阅读、跨学科学习六个语文学习任务群。每个任务群融合学习主题、学习活动、学习情境和学习资源等关键要素，按学段呈现学习内容，实现语文课程内容结构化，体现语文课程内容的典型性和"少而精"。

"求木之长者，必固其根本；欲流之远者，必浚其泉源。"通过不断学习培训，我们进一步把握了新课标的新内容，感受到了新变化。借新课标的推行，我们也将顺应语文教学的发展趋势，守正创新，不断推进语文教育教学向纵深处发展，不断提升语文教学的质地与效能，携手寻觅更美的教育风景！面对 2022 版《语文课程标准》，工作室伙伴及我的语文同事们一致表示：只要我们保持学习定力，增强自身教学能力，一定可以"积跬步而至千里，汇细流始成江河"。

二、"素·养"课堂，凝练思想

赵宁宁教授在《新课标背景下的教学设计》讲座中，现场对大家提交的教案进行修改完善，赵教授对晁校长教案里教学目标的修改，从"文化、语言、思维、审美"四方面对教学目标进行了调整，进一步明晰了目标设定的源头，最终达到语文素养的综合培养。

因此，课标解读仍是当务之急，2022 版《义务教育语文课程标准》明确提出，语文课程要致力于学生核心素养的形成与发展。鉴于部编小学教材系按照"双线"组织单元教学内容，那么一线小学教师在阅读教学实践中，应当如何准确把握语文要素，科学处理"双线"关系，以提高学生核心素养呢？在大量的课堂观察中，我提出统编教材下的语文课堂应践行"素·养"课堂的教学思想。"素"即统编教材的单元语文要素，"养"即语文课程要培养的学生核心素养。在教学实践中引领老师们从聚焦语文要素、落实核心素养，围绕语文要素、融合核心素养，整合语文要素、提升核心素养三方面全面培养学生的核心素养。

语文核心素养的时代正式开启，学科为王已变为阅读为王。我们不能只在一成不变的教学上埋头走路，必须时不时抬头看看前方，教育教学的不断变革意味着我们一线语文老师需要随时随地去拥抱变化，敢于尝试未曾经历过的挑战，让"大语文、大问题、大任务、大概念"这些词汇伴随我们的学习和实践，尝试着从单篇到整体，从零碎到整合，做一名"单元整体教学的探索者""任务型教学的践行者"，相信这些探索一定会给我们带来更多别样的收获，有效课堂一定会从偶一为之的无心插柳走向高度自觉的日常必然。

三、深入研讨，行之愈笃

教科研是学校发展的基石，只有踏实、扎实地行走，才能实现高标准、高质量发展的目标。深度学习课程标准，准确把握课改方向是"双减"政策下学校全面实施素质教育的重要前提，更是实施新课程的保证。为认真贯彻落实教育部《义务教育课程标准（2022年版）》精神，准确理解和把握新修订的课程标准的新理念、新要求、新变化，提高教师们的专业素质，名师工作室及十四小学语文教研组在我的带领下，以提高每个学生的语文素养为宗旨，开展了"学习新课标 践行新课改 深化新课堂"的教学实践活动，通过不断尝试、反思、调整，从而摸索出有效的落实语文要素、提升核心素养的教学策略。

工作室成员、五（1）班刘韵歌老师作课《杨氏之子》。刘老师围绕本单元要素巧设计，潜心引导，课堂妙趣横生，学生兴致盎然，让一节本该生涩的古文学习变得乐趣无穷，学习古文的方法也润物无声地渗透孩子心间！工作室成员、五（2）班胡明文老师作课《自相矛盾》。紧抓要素，读中感悟，古文读出了古味，古味中探出古义，脉络清晰，深入浅出，胡老师扎实的语文功底，富有感染力的话语，让我们感受到原来学习古文可以变得这样有趣！工作室成员、四（3）班许静老师作课《海上日出》。许老师在教学时，指导学生体会按景物变化顺序的写法，感受海上日出的壮观景象，并以课文为例子，指导学生的写作，培养学生的习作能力。工作室成员、一（4）班马月华老师作课《池上》。整节课设计清新自然，新颖生动，教学重难点突出，抓住低年级识字的重要性，充分利用插图解疑答惑。多种形式的朗读，使孩子们感受古诗的意境与情趣。二（2）班赵莉老师作课《中国美食》。赵老师通过认识美食小菜单、美味小厨房、快乐小厨师、巧手写美食和闯关游戏，争当资深美食家等环节贯穿课堂教学，课堂上通过自主探究来归类识字、形声字识字、探究汉字源、生活中识字等多种方法来识字，课堂气氛活跃，形式多样，学生积极性高。三（3）班司俊老师作课《鹿角和鹿腿》。司老师指导学生关注课文语气描写，了解鹿的心理变化，抓住关键词讲故事，整堂课气氛活跃，孩子们学有所获。六（1）班潘瑞老师作课《那个星期天》。教学思路清晰，板块分明，紧扣单元"语文元素"——体会文章是怎样表达感情的，共设计了两个教学目标，充分挖掘了课文的写作资源，在引导学生思考与品析的过程中，梳理了文章表达感情的方法。

我们欣喜地看到十四小很多语文老师的教学设计体现了围绕单元语文要素确定教学重、难点的教学思路，同时能明确培养学生学科核心素养的清晰路径。课堂上，老师们留给学生较充分的自主学习时间和交流空间，让学生品读、感悟、表达，在语文实践中品词析句，在反复朗读中感知语言，在感悟表达中领会作者的写作方法。教学中，我们也看到不少老师由扶到放，在多板块的教学活动中，让学生习得本单元语文要素的训练重点。所以，我认为，老师们呈现给我们的是一节节基于语文要素的典型课例，呈现给我们的也是一节节真实、扎实，在思考和钻研中不断进步的新课堂，大家的学习态度和探索新教材、新课堂、新理念的精神值得肯定和赞赏。

在新课标理念的指引下，我不禁畅想我们未来的语文课堂应该是这样的：学生在老师的引领下走进文学的殿堂，静静地阅读、用心地领悟，抑或是动情地朗读、睿智地回答、精彩地表演。而老师都能静下心来，细细地聆听，在学生眼前有迷雾时，适时点拨，指点迷津；在学生有错误时，巧用鲜活的生成资源进行引导，学生的学习兴趣越来越积极主动，回答问题的声音越来越大。

听，这不就是最动听的花开的声音吗？这声音是深耕"素·养"课堂之后的美好样态，也是在经过沉淀和成长之后倾听到的生命拔节的声音。

本文写于 2023 年 9 月 20 日

中原名师，从这里出发

——中原名师培育对象参加北师大高级研修班启动仪式所感

最美人间四月天，2021 年 4 月，怀着对教育工作的热爱和对美好理想的追求，我们千里迢迢来到首都，开始了北师大·河南省中原名师培育对象高级研修班的培训。四月的首都春和景明、清丽如画，北师大昌平校园，一切都显得那么宁静而安详。高大雄伟的木铎巍然屹立，"行为世范、学为人师"八个大字熠熠生辉，几声鸟啼，一处风过，这一切让我们仿佛置身在历史雕画的长廊，贪婪地吸吮着中华文化的芳香。

走进北京师范大学的大学学堂，我们认真聆听专家学者和中原名师的精彩报告。专家们的讲座润物无声却令人深思，疾风骤雨却令人豁然开朗。

开班仪式上，北师大副校长王守军致辞，掷地有声。他说师大的使命就是为党育人、为国育才，培养出更多的四有好老师，尤其是提出的"如切如磋，切磋琢磨"指明了 167 名培育对象成长的方向。

河南省教育厅副厅长毛杰"掏心窝子"的话，振聋发聩。她说教育应当是生命对生命的尊重，人格与人格的平等，情感与情感的共鸣，此爱与彼爱的交融，智慧对智慧的点燃，文化对文化的蕴泽，这些温润而有力量的话语让我们心中有方向，脚下有力量。

张力主任带来的《"十四五"时期建设高质量教育体系的政策导向》专题讲座，全面、系统、完整地讲述了中国共产党 100 年发展历程中有关教育的政策和法规，展示了中国教育的发展之路。

黄四林教授深入浅出地解读了教育部印发的《中小学教师师德修养培训课程指导标准》，进一步诠释了为人师者要努力成为真的追寻者、善的传播者、美的创造者、爱的践行者的丰富内涵。

张国龙教授的报告令人印象深刻，其诗意的语言、生动的案例，让我们如沐春风，让我们体悟到"一枝一叶总关情"的爱生情怀，让我们知道了教育工作者必备的人文素养。

　　李琼教授和我们道出了名师成长中的几个关键词——努力、渴望、责任、特色、研究的真实含义，强调要做有思想的研究型名师，要在日常教学研究中形成自己的智慧和理论，从经验走向卓越，要打造个人所独有的名师成长路径。

　　杨润勇教授现场解析学员课题案例，就"实践中的问题""做科研如何选题"以及"研究方法、研究目标、研究内容"等向大家做了非常实用的阐述说明，让我们真切感受到教师有效科研的策略与方法。

　　先进的理念，开阔的视野，专业的精神，开启了我们全新的思考。我们思考毛厅长希望教育要回归"人之为人"教育的深刻内涵，思考张力主任解读建设高质量教育体系的政策导向，思考李吉林情境教育、于漪教文育人、李镇西专家型班主任幸福成长的教育理念，思考丁武营主任"5+5"名师专业发展框架的构成和路径，思考作为一名教育工作者应该具有执着从教的情怀和人文修身的情愫……在思维的碰撞中，我们还思考个人成长和团队行走的不同方向，思考以生为本和教师素养融合的课堂风貌，思考专业标准和师德规范助力我们成长的力量，思考的过程虽然艰难，却给我们带来了更多的自信，带来了更加绚丽多彩的梦想。从破冰活动到结业仪式，从交流汇报到专家互动，在一个个活动现场，中原名师们自信满怀，携梦飞翔，意气风发地站在北师大的讲坛上，大声发着自己的声音，展示着中原名师的风采，展示着我们单位和城市的形象。

　　在感慨"当教师难，当好教师更难"的今天，这些专家的精彩报告和中原名师们的特色分享却让我深深感受到了优秀的教育工作者对教育事业执着的追求和无悔的付出，真切体会到了教育让生命有无限的可能和丰盈的过程，更明白了作为中原名师培育对象的责任：做人格与学术双重魅力的好教师，竭尽全力提高自己，充分带动成员团队，最大限度发展学生！

　　独行快，众行远；聚是一团火，散是满天星。感谢河南省教育厅为我们提供了这次培训的机会；感谢北师大领导给我们安排了丰富的培训内容；感谢我们的班主任给予了亲切的人文关怀和无微不至的帮助；感谢培训班的各位学友，因为互动交流，从你们的身上我看到了同行的优秀。短暂的培训虽然结束了，但是专家们为我们留下的宝贵的精神财富却在我们的心中留下了深深的烙印，我相信这次北师大的培训一定会在我们这批中原名师培育对象的头脑中刮起一场头脑的风暴，掀起一场教育教学的思潮。

　　木铎金声一百年，崇德笃行首担当。教育乃立国之本、强国之基，为了肩上的责任与使命，为了心灵的坚定和坦荡，让我们的脚步慢一点，让我们的灵魂跟得上。相信,从这里出发的每一位中原名师培育对象,都会在这里迅速成长,都会向着自己的教育理想一路前行,都会让自己所挚爱的教育事业绽放出生命的光芒,都会为中原大地上的基础教育改革和发展贡献应有的力量!

本文写于 2021 年 5 月 5 日

向着教育理想一路前行

——中原名师工作室主持人参加华东师大培训有感

2022 年 11 月 12 日—11 月 21 日，河南省中原名师工作室主持人一行来到上海华东师大学习。

首先感谢河南省教育厅给我们提供了这次宝贵的学习机会，感谢华东师大为我们提供了高规格、高层次、高品质的专业培训，专家讲座、名校观摩、课程设置、活动设计等一系列的精心安排，让我们收获满满！

我们认真聆听教授们的精彩报告，同时也开启了我们全新的思考。我们思考李碧云教授的《新课程背景下的小学语文单元教学的实践与探索》，思考沈章明教授的《小学语文大单元教学的基本前提与主要原则》，思考《教研组建设报告：双减背景下的作业设计》，思考《五育融合，培育现代小公民》，我们还思考《课程教学管理报告：严以促教，谨以乐学》，我们还在思考从听课评课到观课议课的转变过程，思考本地和上海不同的课堂教学风貌……

在培训期间，我们还有幸走进上海适存小学，走进天一小学，走进嘉定新城实验小学，走进上海交通大学附属黄浦实验小学，走进静安区第一中心小学，在那里我们看到的是一番别致的教育景象：丰富的拓展性课程装点着孩子们童年时代多彩的梦想，丰盈的校园文化，引领着广大师生成长的方向。

上海交通大学附属黄浦实验小学始建于 1935 年，是心理健康示范校、家庭教育示范校、行为规范示范校，家庭教育创新实践基地，在办学中谋划以儿童为中心的"童味教育"六信条的学校。在这里童言可以无忌，童心可以飞扬，童年可以难忘，努力做一个富有童心的教师，尊重儿童的天性、差异、个性，让儿童做最好的自己。

在魔都里聆听名校的风雨历程，在雅致的校园里漫步，在三角梅和海棠花里品读这座城市的精英教育，留给我们的不仅仅是沉甸甸的思考，还有那一份被"童心"引领的办学理念，让儿童回归童真、童趣、童乐，让老师俯下身子倾听孩童，站在儿童立场去用心做教育。

带走的是记忆，内化于心的是对教育的思索，循着根本，回归儿童，结合区域优势，将家国情怀、红色传承、挑战未来的勇气注入儿童心灵深处，培养一群幸福生活、合作共享、勇于挑战、终身学习的社会人。

短暂的学习生活洒满了金色的阳光，收获和成长、友谊和幸福编织成我们灿烂的教育梦想。一次次遇见，一次次聆听，一遍遍思考，一次又一次的反复咀嚼，我们收获着最美的教育。同行的教育人不忘初心的坚守，满怀教育的热忱，在守望与创新中，我们希冀着美好，跃然着力透纸背的信心。我们会百倍珍惜每一位专家的悉心指导，珍惜每一份纯真的友谊。相信，明天走到各自工作岗位上的每一位教育同人，都会向着自己的教育理想一路前行，都会让自己所挚爱的教育事业绽放出生命的光芒。

本文写于 2021 年 11 月 25 日

学习新课标，蓄能向未来

——听郑国民教授《语文课程改革的现实与挑战》有感

南国北师不负盛名，的确配得上"亚洲最美山谷大学"的称号！学校坐落在凤凰山脚下，草木葱茏，身处其中仿佛置身于世外桃源，远离了尘世的喧嚣，坐在丽泽湖的长椅上，看着碧绿的湖面和湛蓝的天空，让人顿觉心情舒畅。在这样雅致的环境里，也更能沉浸于北师大安排的为期两周紧张而又充实的学习生活。

核心素养下的语文教学应该什么样呢？2023年3月24日晚，我们有幸聆听了教育部义务教育语文课程标准研制修订组组长、北京师范大学教授郑国民的专题报告《语文课程改革的现实与挑战》，学习机会难得，大家济济一堂，倍感珍惜。

郑教授解构了语文课堂教学的现实困境，聚焦教学改革的重难点，借助案例展现了核心素养导向下语文课堂教学的样态。与此同时，他还强调整本书阅读与研讨是破解语文教学现实困境、落实语文核心素养的重要途径。

两个多小时转瞬即逝，郑教授理论联系实践的讲座犹如高山中的清泉涤荡着我们追求新课标新理念的干渴心田。

我的感受有以下三点。

一、善于吸收——做学习型教师

"求木之长者，必固其根本；欲流之远者，必浚其泉源。"郑国民教授的讲座博大精深，无论是阐述新课程标准的主要变化，还是课程内容的探索与突破、课程内容呈现方式和设计要素、评价建议（突出过程性评价的重要价值）、义务教育与普通高中语文课程内容的对比和衔接、核心素养的变化中所蕴含的学习观等方面内容都非常丰富，他站在课标制定者的角度对新课程标准的解读，既高屋建瓴，又一语破的，给我们上了生动的一课。

对于新课标，我们知之愈明，行之愈笃。择高处立，向宽处行，聆听专家讲座，课后深入研讨，让学习随处发生。新课标呼唤新课堂，郑教授说"我们要把每节课都当成公开课"，所以，我们要做学习型的教师，不断更新教育理念，不断充实自己、超越自我，改变并完善教育教学行为，认真钻研教科书，弄清其编写意图、体系特点，弄清教科书与《新课程标准》的内在联系，找准达到《新课程标准》提出的课程目标的落脚点，有效地实施语文教学。

二、长于研究——做反思型教师

郑教授对新课标的解读，用通俗的语言，解释了很多专业术语；用图表式的概括，直观了很多课标内容；从与旧课标、高中课标的对比中，清晰阐述新课标的特征和不同侧重点。认真聆听后，真有茅塞顿开之感，但实践操作，还有很长的路要走。郑教授强调要做反思型教师，教师在教完一节课后，对教学过程的设计和实施进行回顾和总结，及时记下成功之举、失败之处、教学机智、学生见解、再教设计等，将经验和不足记录在教案上，作为完善教案、改进教学、总结经验和探索规律的依据，记录教学反思能帮助我们迅速接收反馈信息，促进教学过程的不断优化，促进教师素质、教学水平、教研能力的不断提高。

有人当了十年的教师，仍然停留在只当了一年教师的水平，而有人只当了一年的教师，却具有别人当十年教师的水平。这是为什么呢？一个走的是磨道式循环的成长道路，一个走的是螺旋式上升发展的道路。其间的差别就在于反思。反思是一种追问，教师的成长＝经验＋反思。一个教师仅仅满足于获得经验而不对经验进行深入思考，那么即使有十年的教学经验，也只是一年工作的十次重复。否定自己是痛苦的，但是，有时只有敢于否定自己，才有可能超越自己，创造一个崭新的自己。每一次错误，对所有具备真诚反思精神的教育者来说，都是一个进步的台阶，可以沿着这个台阶一步一步实现人生价值。

三、深入实践——做有担当的教师

郑教授开场时的三个追问：学生应该成为怎样的人？学生应该知道什么？学生应该做到什么？让我们一下回归到教育的初心就是教书育人、立德树人。

教师关乎国家未来，一个好老师，胜过万卷书，正所谓"经师易遇，人师难求"。教师的职业崇高而伟大，因此，做教师就要做好教师，做名教师，做真正对社会有意义的教师。名师，应是"师德的表率、育人的模范、教学的专家、科研的能手"，是"学生最喜爱、家长最放心、同行最佩服、社会最敬重"的教师。若要成长为名师，是一个厚积薄发的过程，也是一次次挑战自我的过程。回顾教育教学历程，我深深体会到，方向比努力更重要，爱心比理念更重要，身教比言传更重要，担当比学识更重要。

"一辈子做教师，一辈子学做教师"，这是人民教育家于漪老师的名言，也是我至今奋斗在教育战线上的座右铭。在未来的日子里，我依然怀揣着梦想与教育教学为伍，与专业书籍为伴，与反思研究为友，走好脚下的每一步，蓄能向未来，期待更美的教育风景，期待春天里那场美丽的花开。

本文写于 2023 年 4 月 10 日

03

| 交流分享 |

"水本无华，相荡乃成涟漪；石本无火，相击乃发灵光。"由于教师职业的特殊性，交流和分享成了我教学工作的常态。同老师们交流，分享教学过程中的发现和感悟；与孩子们交流，体悟生活中的童趣和纯真……本辑精选五篇文章，《岭上开遍映山红——固始一小开展城乡联谊活动情况介绍》记叙的是我在一小工作期间，和城乡教育同人分享我校到九华山脚下土门岭小学开展城乡联谊活动的情景；《温暖的分享——在全县作文教学观摩会上的发言》是我在全县作文教学观摩会上的交流发言，具体分享我校作文教学活动的开展情况；《落实大语文观 为学生成长奠基——在全县教育教学工作会议上的发言》是我在全县教育教学工作会议上着重分享我校"落实大语文观，为学生成长奠基"的一些做法；《向"美"而行，从"新"开始——第 39 个教师节致辞》和《校园百花盛，焉能少书香——在百花园读书活动颁奖仪式上的讲话》是我调入十四小后，同师生交流和分享我教育教学的一些理念，也是我挚爱教育和感悟教学的生动体现。

岭上开遍映山红

——固始一小开展城乡联谊活动情况介绍

2018 年 4 月 3 日，清明节前夕，四辆中巴车载着固始一小百余名师生向"手拉手"学校土门岭小学出发了，百年老校再度开启红色之旅、友谊之旅、体验之旅。

一、明确的思想教育主题

本次活动主题之一就是对学生开展爱国主义和革命传统教育。

土门岭小学地处九华山脚下，四面环山，是一所典型的山区小学。沿途中，秀美的山川尽收眼底，怡人的气息扑面而来，富金山战役纪念碑的遗址更让这里增添了它特有的风骨和魅力！春天的富金山，映山红漫山开遍，红得鲜艳。80 年前的夏天，这里发生过一场震惊世界的战役，英勇无畏的中国将士以伤亡 15000 余人的代价阻击日军整整 10 昼夜，击毙日寇 4000 余人，毙伤日寇约 10000 人，打出了中国军队的威风，在中国抗战历史上留下了可歌可泣而又浓墨重彩的一笔！

青山有幸埋忠骨，春风又至慰英灵。我们一小师生百余人来到抗日英烈纪念碑前，献上花篮，献上由衷的敬礼！孩子们聆听了这段血与火的悲壮历史，重温入队誓词，并庄严宣誓，继承先烈遗志，为祖国富强、民族腾飞而献身。

祭奠英烈活动，给师生们的心灵带来了前所未有的撞击，爱国主义和革命传统教育在孩子们心中生根发芽，让他们更加心怀梦想，随时准备着为守护和建设这和平美丽的新生活而奉献智慧和力量！党员教师也纷纷表示，这是一次灵魂的洗礼、精神的涅槃。今后将继承先烈的遗志，不忘初心，教书育人，为社会培养更多更好的人才！

从师生们庄严的神情，我们清晰感受到，尽管富金山上空的硝烟早已散尽，但那段浸满鲜血的历史，一如昨夜的星光，永远闪烁于我们头顶的夜空，一次次唤醒着我们对先烈的敬意、对和平的珍视、对未来的期许。

二、多彩的联谊活动形式

一是相约土门岭。

地处深山的土门岭小学是全县首批"最美乡村小学",校园飞花点翠,盛装迎接参加联谊活动的固始一小师生代表。团县委书记陈颜、县妇联副主席陶伟、教体局副局长夏朝阳、陈淋子镇副镇长朱泽伟、镇中心校校长赵家利等参加了活动启动仪式。

来访的103名小客人和土门岭小学的结对小伙伴互赠了纪念品。他们的小手紧紧握在一起,他们虽然来自不同的家庭,各方面都有较大差异,但彼此间一个甜甜的微笑、一声轻轻的问候、一件小小的礼物让一颗颗稚嫩的心跳在了一起。幸福的笑脸像映山红一样绽放!

爱心汇聚,点滴情浓。我代表学校向土门岭小学和后冲小学分别赠送了10000元和5000元捐款,帮助两校进一步改善办学条件和救助建档立卡贫困学生。土门岭小学校长杨喜军做了热情洋溢的发言。明媚的阳光下,我校和土门岭小学的师生现场表演了精心准备的文艺节目,校园变成了一片欢乐的海洋。

二是同上一节课。

新时期以来,作为全县小学教育的老牌学校,我校在新课程改革方面不断探索,取得了一定的成绩。为了促进城乡教育均衡发展,每次手拉手活动,应陈淋子镇中心校赵家利校长之邀,我们还分别送语、数、英三节课。县城小学的课堂教学是什么样子?在这样一个特定的机缘,两所学校的学生坐进了同一间教室,全镇小学相关学科教师都来观摩。送课老师亲切的话语,先进的教学理念,独到的课堂设计,多种教学手段的合理运用,富有成效的师生互动……让大家在分享中感动,在感动中提升。

三是同吃一锅饭。

山区孩子的生活环境如何?固始一小的学生们很想知道。中午时分,他们应邀来到结对伙伴家中,体验别样的山村生活。山民殷勤迎远客,杀鸡宰鸭情意浓。纯天然的菜肴,让孩子们食欲大增。同时,小伙伴们远离父母的坚强与进取,也给小客人们留下了深刻的印象。他们深切感受到,自己每天在快乐学习玩耍之余,回到家中还能尽情享受父母无微不至的呵护,有时还会撒撒娇、使使小性子,然而同在一片蓝天下,对偏远山区那些同龄人而言,却是可望而不可即的奢侈的幸福。我校六(4)班闫锦同学说:"亲眼看见了小伙伴的日常生活，感觉自己过去太骄纵太不懂事了。今后，我要更加珍惜优越的生活条件，好好学习，与结对伙伴一起进步，长大后共同建设好我们伟大的祖国。"

相处的时光是那么短暂，刚刚牵手的孩子们有说不完的话，道不尽的情深谊长。这温馨的一幕也将化为不凋的鲜花，开放在他们的记忆深处……未来的日子里，头顶同一片蓝天的他们将共同携手，为实现中华民族伟大复兴的中国梦奉献青春和智慧！

三、丰富的双向收获

学生层面：一天的快乐时光转瞬即逝，但它搭建起城乡孩子友谊的桥梁，培养了学生与他人交往合作的能力，并在具体的活动中，以及到小伙伴家做客的过程中，我们的少先队员学会了关心，学会了互助，学会了服务，学会了奉献，学会了负责，学会了感恩……同时，让他们打破了"家—学校"的实践圈子，扩大生活实践的窗口，也使他们在体验中更好地认识社会、了解社会、服务社会……从而培养孩子们爱国主义、集体主义精神，培养乐于助人、团结友爱的健全人格，激发学生的责任心和劳动意识，培养他们吃苦耐劳和团结协作的品质。

教师层面：我们两校的老师通过送课、听课、交流，开展学科研讨活动，相互学习先进的教育教学经验，共同提升课堂实效。

学校层面：加强了校际的交流，促进了教育均衡发展。所以手拉手活动不仅让拉手的学校有所收获，同时也让我们在经历中受益匪浅。

四、以工匠精神打造校园文化品牌

工匠精神是一种严谨认真、精益求精、追求完美的精神。多年来，我们秉承工匠精神，对一个有意义的活动坚持不懈地开展、传承、发扬和创新，从而形成了独特的校园文化品牌和特色，对提升办学品位和质量具有特别重要的意义。

大手拉小手，人生路好走！早在 2003 年，固始一小就与武庙乡锁口小学开展了手拉手活动，历时 12 年之久，每次活动组织 200 余名师生前往锁口小学，为他们捐款捐物已达 10 万余元，每年对口帮扶 80 余名留守儿童，让他们感受到学习的快乐和生活的美好。

2015 年至 2018 年，我校又与陈淋镇后冲小学、土门岭小学开展了四届

"手拉手活动"，从当年的捐款、捐物逐步扩容到现在的校校互动、生生互动、文艺节目互动、教学互动，通过互动，孩子们也懂得了"珍惜""关爱""责任"的意义和内涵。

值得一提的是，我校与武庙锁口小学和富金山下陈淋子镇后冲小学、土门岭小学成功开展的一系列手拉手联谊活动，河南省委《党的生活》杂志、《信阳日报》以及县域媒体均给予过深度报道。上级主管部门领导对我校十余年坚持同山区小学结对子开展联谊帮扶活动给予了充分肯定，希望我校继续发挥县域窗口小学的示范带动作用，为促进城乡教育均衡发展做出新贡献。

我们深信，随着城乡联谊活动的广泛开展，我们的手一定会越拉越紧，我们的心一定会越贴越近！山花烂漫，情深谊长。在固始大地上，一部部城乡师生用爱和希望共同编织的教育故事正在徐徐展开。

本文写于 2018 年 6 月 20 日

温暖的分享

——在全县作文教学观摩会上的发言

"作文难写，作文难教"是目前很多学校普遍存在的一种现象，怎样才能切实提高小学作文教学的效率，是一个值得我们探讨和深思的话题，感谢教研室多次召开小学作文教学研讨会，给大家提供了共享成功经验、提高作文教学实效的平台。下面，我以"温暖的分享"为题，就我们学校开展作文教学方面的活动和大家进行交流。

一、精心定位教学起点，有的放矢

小学生是小学作文的主体，如何看待学写作文的小学生，是提高作文教学质量的关键。我们从两个方面来了解学生，明确教学目标：（一）我们在2001年9月对部分班级的学生进行了问卷调查，了解学生在作文情感、态度、价值观方面的情况，通过对数据的分析知道他们普遍存在的问题，比如，学生虽然怕写作文，但从内心来说也很想写好作文，特别想得到老师表扬或发表等；（二）通过新学期老师接班后认真批阅学生的第一篇习作或口语交际，对小学生已有的习作基础和习作困难了解清楚，针对学生的文病来思考对策，并开出契合学生需要的新药方，在明确教学起点的基础上来设计作文教学计划，让作文教学真正做到有的放矢。

二、开展作文校本教研，研以致用

学期初，我们对三至六年级老师提出了"五个一"要求：备好每一次作文指导课，上好每一次作文指导课，批改好每一篇作文，上好每一次作文评讲课，写好每一次作文试卷分析。

由于作文教学很难在课前做精确的预测和准备，许多是课堂上动态生成的资源，这就对教师提出更高的要求，为了历练老师们执教作文课的勇气，为了逐渐解决作文课难讲的困惑，为了提高作文教学的有效性，为了充分发挥一小群体资源较为丰厚的优势，我们开展了一系列从一年级至六年级的随堂听课、评课及优秀作文课展示活动，随之进行的还有一些交流研讨活动，比如，作课教师谈反思，教研组长就本年级段作文教学的问题谈对策，作文基础较好班级的老师和大家分享成功的经验等，大家群策群力，发挥了集体的智慧。

在一轮又一轮的作课、评课与研讨交流中，我们惊喜地看到，本学期，老师们在作文课堂上，从容了许多，自信了许多，面对动态生成的资源，有了许多随机的教育智慧，这是一种历练之后的收获，今天作课的是我们学校两位教学新秀，也许她们不是一小作文教学经验最丰富的老师，但她们敢于接受作文教学的任务，勇于登上今天的讲台，已经是很大的进步，有了这种精神，相信在以后更大的舞台上，会看到她们更出色的课堂教学。

三、精心设计作文课堂，开展作文教学有效性大讨论

在随堂听课中，有一些教学现象引起了我们的思考，第一个现象：从读中总结写作方法，为习作引路，老师们讲得都较到位，学生也从读中积累了很多好词佳句，为课件做了铺垫。但怎样才能更好地加强两者的结合，实现从读到写的有效迁移？第二个现象：无论写人、记事，还是绘景、状物，生活中都有取之不尽的作文材料，但作文不是简单的流水账，既要积累材料，这是生活层面的，更要"积累体验"，这是生活向写作材料转变的关键。但从作文课堂上，我们发现，孩子们大多是"酒肉"穿肠过，"佛祖"没有心中留。如何培养孩子们体验生活的能力，也是摆在老师们面前的一个课题，针对以上现象，本学期我们开展了"如何上好每周两节作文课"的分组讨论。

这里，我们愿以争鸣的心态，抛砖引玉，向大家介绍经我们老师集思广益之后基本确定下来的"五段"作文教学基本模式。

"五段"作文教学基本模式，力图把每次习作变成一个让师生有章可依、有序可循、具体可行的教学流程，让师生有条不紊地合作完成好每个单元的习作任务。同时，能使小学生悟出写好一篇作文应付出的劳动和应做的事情，逐渐形成良好的、终身受益的写作兴趣和写作习惯。

操作过程：

第一阶段：让学生充分做好习作准备。

具体做法：每学期第一节语文课，每单元讲第一篇课文之前，用5分钟左右的时间告知学生以下几点。

1. 本单元习作内容和要求。

2. 在本周作文课之前，应做好以下习作准备：

①根据本单元习作内容和要求，有目标、有重点地去观察要写的事物；

②有目的地搜集本次习作需要的资料、知识、词语、名言佳句等写作材料；

③阅读同类作文，学习借鉴别人是怎样表达自己的见闻、思想的；

④在语文课上，留心学习课文中可借鉴的写作方法；

⑤有时间可写写草稿，无时间可打打腹稿，做到习作前心中有数。

要让学生从 3 年级开始，对上述习作准备在一次次实践中，逐步养成习惯，到高年级能达到不言而喻的程度。

第二阶段：上好第一周的两节作文课。

具体做法：在第一周的第一节作文课上，第一步：先让学生说一说对习作的准备情况，在准备中遇到了什么问题和困难……教师要在以鼓励为主的基础上，对学生的准备情况进行检查、指导。要让学生感觉到，习作前的准备很重要，老师很重视，自己也能做得到，下次还要做好。

第二步：中年级教师可组织学生练习先"说"作文——说给自己听、说给同位听、说给全班同学听，在说中进行必要的指导。高年级教师要针对学生在准备过程中遇到的问题和困难，有重点地进行习作指导。

第一周的第二节作文课，是学生完成习作的时间。让学生在校内完成作文，一是避免他们回去抄作文，二是让老师了解学生习作中的困难，同时也督促学生必须把课前的习作准备做好。

第三阶段：教师批阅习作，为第二周的作文课做准备。

具体做法：教师对学生习作进行"分项一次计分"。

根据新课程标准的精神，小学生作文最多可分为四项进行评阅：内容（含中心）、条理、语言、文面（字、点的运用和书写）。"条理"一项在中年级含在"语言"中，不做专项要求。

表 1　图示附：教师习作评改计分标准

内容	跑题	全文减 60 分
条理	无详略或详处不具体	分别减 6、12、18 分
	内容具体，详略得当	酌情加 1~5 分
	段落不清或句子不条理	分别减 4、8、12 分
	顺序清晰，构思用心	酌情加 1~5 分

续表

内容	跑题	全文减60分
语言	全文不通顺有病句	分别减6、12、18分
	语句流畅，生动形象	酌情加1~5分
文面	错别字或用错标点	分别减2、4、8分
	字体书写不工整	减5分
	文面整洁书写规范	酌情加1~5分

　　用符号性质的分数，优加病减，同时配合简短的眉批，当堂写不完的习作一律减10分，下一节课补上后，再把10分加回来。教师最主要要做好两件事：①根据习作练习的重点，选出一篇典型的评改作文或片段备用；②做点批改记录或心得，积累资料。这环节争议比较大，有的老师认为这样批改很好，让学生明确知道自己的习作哪儿写得好，哪儿写得差，差到什么程度，也有老师认为，我们学校班大学生多，这样批改太麻烦，老师时间、精力有限，坚持不下去。通过讨论，我们认为中年级段要加强运用这样的批改方式，高年级段可在开学前几周进行，也许开始老师们会辛苦些，但还有什么能比孩子们的进步更令人愉快和幸福的呢？

　　第四阶段：上好第二周的两节作文课。

　　具体做法：第一节作文课是习作评赏、评改课。（重点应放在评改指导上）先让习作中有亮点的学生读一读自己的作文，介绍一下写作经验。让其他同学谈一谈听后的想法、体会，进行评赏学习。再出示指导评改的例文或例段。（出示的方法根据条件而定：制作成电脑课件，幻灯片，利用投影仪，打印下发，写在大纸上张贴，抄在黑板上……）一次只针对一个项目或一方面进行具体的习作和评改指导，不要求全贪多。比如，指导内容"把事情的过程写具体"一项，先用写得不具体的例文或例段进行评议（为什么说不具体）、计分（不具体的程度怎样）、修改（怎样把它写具体），结合实例教给学生以上评改作文的标准和方法。最后，让学生根据学到的评改方法，举一反三修改自己习作中的文病。

　　第二节作文课是习作修改、二次计分课。让学生根据上节课学到的评改方法，继续修改分项一次计分时指出的文病。修改后，再根据学到的评改标准，和同位或四人小组互相评议修改后的习作，进行分项二次计分（也可直接找老师进行二次计分）。要鼓励学生通过反复修改的不懈努力，把减去的分数，争取都再加回来。把不合格的习作修改成合格的习作，把合格的习作修改成佳作。

第五阶段：誊清修改后的习作，回顾习作全过程。

每一个单元的习作练习都按这一写作流程循环进行，周而复始。

课件图示如下：（教师与学生）

教师：

　　　　　第一周　　　　　批阅习作　　　　第二周

告知　两节作文课　　　分项一次计分　　　两节作文课

准备→交流指导习作成文　评赏、评改指导 修改、二次计分→誊清

学生：

准备　　写作　　学习评议，反复修改　誊抄，反思。

讨论前，我们也有种担心：利用4课时时间处理一篇大作文，会不会耗时太多，影响小作文的练习？讨论中，较多的老师认为虽然会占用一些时间，但这样教作文效果会更好，这和不耗时、没效果比，哪个意义更大也就不言而喻了。

总之，上好每周两节作文课要做到以下几点。

明确目标：培养小学生的写作能力，提高习作质量，养成良好的写作习惯。

明确原则：①以鼓励为主，放手让学生参与习作的全过程；②在习作、修改的实践中，学会作文，练出能力，养成习惯，提高水平；③遵循习作规律，灵活操作，追求实际效果，不断创新。

教学有法，但无定法，贵在得法，我们会在不断实践中，力求寻找最合适的作文教学方法。

四、确立了"读写结合，提高小学生语文写作能力及教学模式的研究"这一课题

叶老曾说："语文教材无非是个例子，凭这个例子要使学生能够举一反三，练成阅读和作文的熟练技能。"因此，围绕读写结合，我们开展了如下活动。

1. 推荐阅读书目，力求开卷有益。上期末发了新教材后，我们让一至六年级每个教研组列出本期的课外阅读书目及围绕每一单元主题的课外作文篇目，然后学校统一打印，分发给每一位语文教师，学期中，我们将以问卷调查和进班抽查的方式去了解学生阅读的情况。

2. 继续重视"作文摘抄本"的积累作用，逐渐养成"不动笔墨不读书"

的良好习惯。上学期，我们对二至六年级好的摘抄本进行了展览，并在各班交流，取得了良好的效果。

3. 要在读写结合上用足心思。老师们充分发挥了小作文和日记的练笔作用，加强了读中仿的作文练习，仿写的内容：①低年级模仿句，如转折句、因果句、并列句、假设句、承接句、递进句；②中年级模仿构段，有并列段、总分段、概括具体段、问答对话段；③高年级模仿成篇，写人文（通过一件或几件事来表达人物的品质或性格）、写事文（按事情的发展顺序构篇）、写景文（按时间推移、地点转移、方位顺序等构篇）等。为了把"读写结合"落实到位，我们让老师们在两处舍得花气力：①阅读教学的深层次理解环节；②评赏、评改作文课环节。

4. 营造校园读书氛围，建构环境语文。一小学生多，教室显得小，在班内设立图书角有一定的困难，因此，我们力求发挥校园内每一处景观的宣传辐射作用，让每一面墙壁说话，让每一个栏目妙笔生花，我们学校的妙笔生花栏每学期定期展出三至六年级师生佳作，每一个孩子、学生家长、教师争先欣赏。

与老师们共勉：

> 谁能让学生喜欢读书，喜欢写作，就意味着教学的成功；谁能让学生会读，会写，并养成习惯，就是最大的成功！

——于永正

五、建议老师们多读书，做一个有语言魅力的教师

我们很难想象，一个站在讲台上语言捉襟见肘的老师会得到孩子们的喜欢，也很难想象，教学中语言单调贫乏的教师会成为学生眼中的偶像。一个合格的教师，应该时刻与文化的发展同行，能够以他渊博的学识、儒雅的谈吐来感染学生、熏陶学生。这样的教师，当他一站到讲台上，就会放射出智慧的光芒、学术的芬芳，让学生感受到文化的美丽和恒久的力量。

专业素养与阅读质效

● 教育的本质改变是人的改变和改变人。

● 您热爱阅读吗？习惯？门类？

● 您读过哪些好书可以和同人及学生分享？

● 您有哪些读书方法可与学生分享？

　　老师们，只有多读书，才能在作文教学中，从指导成文到批阅评改达到游刃有余的境界；只有自己的语文功力厚了，才会有作文教学创新的灵感。

　　在我们自己的教研活动中，我曾把《奉献》这首歌献给我们的老师，今天，我要把《奉献》这首歌献给今天到会的每一位领导、每一位老师，作为一名教育工作者，行走在教育的路上，任重而道远，大家辛苦着也幸福着，与此同时，我们也在思考着——

　　我拿什么奉献给你——我的学生；

　　我拿什么奉献给你——我的同伴；

　　我拿什么奉献给你——我的学校；

　　我拿什么奉献给我自己。

　　各位领导、各位老师，谢谢你们的倾听。我的发言到此结束，如有不当、不妥之处，欢迎批改指正！

本文写于 2002 年 5 月 10 日

落实大语文观　为学生成长奠基

——在全县教育教学工作会议上的发言

固始一小始建于 1913 年，现已有百年历史，学校现有 39 个教学班，在校学生近 4000 人，在校教职工 145 人，其中特级教师 3 名，中学高级教师 10 名，小学高级教师 91 名，省市县级学科带头人和骨干教师 61 人。由于学校位于县城中心——中山大街中段，扩大办学规模十分困难，因此我们以"确定精当的办学规模，培养精锐的师资队伍，营造精美的校园文化，实施精心的人文管理，追求精良的教育质量"为工作目标，固始一小也因此成为"百年固始名校、百年优质教育"的"精品学校"。

全校上下齐心协力贯彻落实"以人为本，张扬个性，开发潜能，全面发展"的办学理念，在学校全体教职工的共同努力下，我校已经形成了"团结、奋进、思变、创新"的校风，学校先后被评为全国少先队红旗大队、全国家教先进单位、省德育教育先进集体、省电化教育达标示范校、省语言文字规范化示范校、省师德师风先进校、省未成年人文化经典诵读示范校、省信息化试点校、省五好基层先进集体，年年被评为县教育教学质量先进单位、电化教育先进单位，2009 年更是获得"全国教育系统先进集体"的光荣称号。今年，我校又很荣幸地被省教研室确定为语文实验基地。下面，我仅就我校语文方面的工作与指导思想和各位领导、专家做一汇报。

新课程改革以来，大语文观引起了越来越多教育工作者的关注。它是一种以素质教育为核心的教育观。《语文课程标准》提出"语文学科性质决定了这门课程具有多重功能和奠基作用。语文素养是学生学好其他课程的基础，也是学会全面发展和终身发展的基础"。行走在课程变革的旅途中，怎样让大语文观真正落地生根？我们固始一小也在思考中前行，在前行中改进、提升和创新。今天，我就以"落实大语文观 为学生成长奠基"为主题，谈谈我们学校的一些做法。我们认为，大语文崇尚大阅读，阅读是语文之根，阅读是学习之母，阅读是教育之本，学会阅读才能学会生存，学会发展。因此，我们学校首先把"营造书香校园"作为落实大语文观的重点，我们希望通过阅读在加强母语教育的同时改变学生的学习习惯，提高学生的综合素质。

一、开展"周学一语、日行一善"活动

河南省文明委和省委宣传部自 2005 年起，号召在全省开展对未成年人进行伦理道德、心理健康、生理健康教育（简称"三理"教育），我校按照市、县委宣传部的安排，作为首批试点学校从 2005 年开展此项工作。

1. "周学一语"，即每周学习一条名人名言、人生格言、道德箴言等。学校橱窗和各班教室专门开辟专栏，每周更换内容，政教处定时印发名言警句活页，要求学生诵读、理解原文和释意，并要求学生讲给父母和身边的熟人听。每年 5 月下旬，各班选拔最佳选手，经过分年级预赛产生六组选手参加最后的擂台赛决赛。目前，我校已成功举办了十届"周学一语"擂台赛，此举受到了上级领导的极大关注和学生家长的一致好评。

2. "日行一善"。为了将"知"和"行"齐头并进，学校还开展了"日行一善"活动，要求每个学生每天做一件好事并记录在学校专门印发的本子上，一周一总结，一日一评比。学校定期抽查、评比，并把具有典型性的优秀文章展示在校园"爱心之窗"内，教育引导学生在日常生活中养成良好的行为习惯，让学生在点滴小事上净化心灵，陶冶情操。

每年元旦和六一学校都举办"三理"教育书画展，学生作品精彩纷呈，成为校园一道亮丽的风景线。

自开展"周学一语、日行一善"活动以来，同学们热情洋溢、踊跃参加，不仅积累了大量的名言警句，还懂得了做人的道理，为学生今后的人生指明了方向！

二、开展"经典美文诵读"活动

在我们的校园，经常可以看到这样的镜头：早晨，沐浴着清风朝露，三三两两的孩子，围在学校橱窗前观看"妙笔生花"栏目的文章；下午的阅读课上，教室里的学生们手捧着心爱的图书，正读得津津有味；傍晚，多媒体教室里，学生在老师的带领下，配着大屏幕上丰富的画面，配着或激昂或轻柔的音乐，在抑扬顿挫地诵读美文。以上是我校开展的"经典美文诵读"活

动的一部分。经过 5 年的探索实践，我校把经典美文诵读作为突破口，走出了一条开满鲜花的快乐阅读之路。在实施快乐阅读的过程中，我们主要做到以下几点。

1. 阅读内容：从无序到有序，体现丰富性。

读有所依，开发读本。读书并非越多越好，不能只求数量不谈质量，而是让各个层面的学生都找到适合自己的书去阅读，并逐步积累、层层上升。学校整合师资力量，把小学阶段应该积累的优秀篇目分年级汇编了 1~6 册，供一到六年级的学生自由选读，同时依据学生的年龄特点，对学生进行分层阅读指导。

2. 阅读制度：从松散到规范，体现常态性。

首先，保证诵读时间。（1）利用每周一、三、五语文早读时间，开展"课前一诵"活动，做到读而常诵之，采用教师带读、学生齐读、优生领读、自由对读等多种形式，让学生诵读。（2）每周一节固定的国学课，由专职国学教师授课。（3）各班每月抽出一节语文活动课，将本月所诵读的古诗文全面复习，或在班级内举行诵读表演。（4）在每周的写字课时间，将当周所诵读的古诗词，通过书写加强记忆，每周学校教导处随机抽查。（5）每天回家复习 10 分钟，和家长一起读，营造浓厚的家庭诵读氛围。同时我们要求老师们重视"美文摘抄本"的积累作用，让孩子们逐渐养成"不动笔墨不读书"的良好习惯。上学期，我们对二至六年级好的摘抄本、手抄报进行了展览，并在各班交流，取得了良好的效果。

3. 阅读方式：从简单到多样，体现趣味性。

我们以兴趣为载体，从学校、年级段、班级、个人几个层面展开，形式丰富，趣味十足。实践中，教师们主要创设了以下几种阅读类型：故事引读、儿歌趣读、情境吟诵、配乐吟唱等。为激发学生的阅读兴趣，学校注重设计多层次展示学生阅读能力的平台，如学校"红领巾"广播站开辟经典诵读栏目，校刊、橱窗发表学生习作，在每一年度的读书节上举行学生汇报演出等。目前，学校已成功举办八届"传承中华经典，构建书香校园"大型美文诵读活动，活动中，孩子们从个人诵读到组建诵读团队共同诵读，从简单背诵到艺术熏陶，耳濡目染，快乐阅读得到了体现。此举受到上级主管部门的高度关注，邀请参会的县各级领导及学生家长也是欣然前往。

"读万卷书，行万里路。"诵读经典，用祖国优秀传统文化熏陶孩子，使他们变得聪慧、礼仪、仁爱、守信、博学……培养孩子良好的修养和习惯，开发孩子的记忆潜能和智力等，让他们厚积薄发，打下一生"精神的底子"，从而受益无穷。

4. 阅读环境：创设书香校园，品味翰墨馨香。

固始一小虽然面积不大，但学校因地制宜，各个角落都被开发出育人功能，以此传递教育者的脉脉深情。

首先，让墙壁说话。在校园走廊张贴古代名人画像、经典诗文等书法作品，在校园橱窗的妙笔生花栏目定期展出师生佳作，"书韵飘香"专栏精选学生优秀书画作品，"爱心之窗"展示学生"日行一善"的记录活动；在流动橱窗上定期发出学校的各类新闻消息，如获奖喜报、年级之星、班主任感言等。其次，让花草含情。每年春秋两季学校还分年级举行优秀花卉展，并让学生自己设计亲切温馨的"花语"，如"我送你芬芳，你送我微笑"等，教室内外花团锦簇、芬芳迷人。最后，让各室增香，为了"让班级的墙壁充满书香"，各班都建立了有自己特色的黑板报，还有"小荷才露尖尖角"的学生的优秀习作展等。

快乐阅读激发了学生的阅读兴趣，提升了校园生活品质，形成了学校的文化品牌。

三、深化语文课堂教学改革

《新课程标准》要求语文应植根于现实，大语文观让我们认识到课程不只是文本课程，更是实践体验课程，它不再只是特定知识的载体，更是师生共同探求新知识的过程和平台。

从 2012 年到 2014 年我们进行了三轮语文课堂达标活动，一直行走在语文教学改革的路上。

在探讨识字教学、阅读教学、作文教学"教也有法"的课堂教学中，我们开展了摸清状况、帮扶指导、重点提高的三轮语文课堂达标活动，每轮通过跟踪听课、评课、示范课，老师自己学习、反思、再上课、再交流等方式，分别对需要达到校内和县级以上优质课标准的教师进行针对性帮扶。本次达标活动，我们共听了近 90 节课，每天上午听三节，下午评三节，劳动强度很大，却也乐在其中。老师们积极参与，使我校课堂达标活动充满了浓郁的研讨氛围。

在教学实践中，我们更多的是让老师们渗透大语文观的教育思想，如何更好地变"教教材"为"用教材教"，变"教课文"为"教语文"。我们更多的时候也在思考上海师范大学吴忠豪教授提出的从"教课文"到"教语文"，从"非本体"到"本体"，从"理解语言"到"运用语言"，从"分析内容"

到"学习方法"，从"教过"到"学会"、从"课内"到"课外"的内涵和如何指导老师们在教学中具体渗透和运用。我们给每位教师打印了"从教课文到教语文转变"的具体实施步骤，通过每人上一节探路课、各年级的展示课等具体教学案例，我和老师们共同探讨了"教课文""教语文""本体性教学内容""非本体性教学"的主要特征及在教学中不同的呈现形式，每周三分别以"理论学习、课例研讨、主题研学、反思交流"等教研形式，让新的课堂教学理念在每个老师心中扎根、开花、结果。

在新课改中，一大批教师迅速成长起来，相信随着我校新课改的深入，老师们一定会有更多历练之后的收获和成长。

四、开展语文综合实践活动

著名的教育家苏霍姆林斯基曾把课外学习比喻为课堂教学的"大后方"。这就说明了课内教学与课外指导要有机结合，变封闭式为开放式，使语文教学"得法于课内，增益于课外"，从而让学生形成良好的语文素养并得以发展，这也是大语文观的直接体现。

为此，我们开展了丰富多彩的语文综合实践活动，我校四（6）中队有个光荣传统，照顾盲人杜奶奶，为她打扫卫生，送节日礼物，至今已二十多年；连续十五年坚持开展与武庙锁口小学手拉手、献爱心活动，带领学生去少共碑前扫墓，进行革命传统教育，孩子们受益匪浅，柴光临主编写的《锁口四月花正红》的纪实报道发表在《信阳日报》上，引起广泛关注，《党的生活》杂志以"难忘的时光，深刻的启示"为题向全省中小学推荐，给予了高度评价。实行感恩教育，每年母亲节之际，学校为每个学生制作了感恩卡，由学生亲手书写"我爱妈妈"的十个理由，并送给妈妈，使学生懂得要常怀一颗感恩之心。

2007年起，我校承担了中央电教馆"十一五"国家级课题"信息技术环境下小学语文综合实践活动课的研究"，我是课题组主持人，实验教师王灿大胆尝试带领学生走出课堂，积极参与社会实践，活动主题"茶韵悠悠"中学生走进了茶艺馆，了解了茶的文化、茶的历史，学会了茶道表演，"走进中秋"中学生分成了制作月饼组、中秋贺卡组、闲话月饼组，这些实践活动让孩子们热情洋溢、受益匪浅，一个个综合实践活动作品精彩纷呈，让老师们也大饱眼福。2012年，我们的这一课题荣获了全国优秀成果奖，获此殊荣的，河南省也仅6所学校。继此之后，2011—2013年，我作为主持人，又承担了河南省电教馆"十二五"课题"信息技术环境下小学活动化作文的研究"，并荣获了河南省优秀成果一等奖。我们学校也被省教研室确定为信阳地区唯一一所河南省语文基地实验学校。

六、以人为本创佳绩，大语文观结硕果

微风送爽，硕果飘香。固始一小继 2009 年荣获"全国教育系统先进集体"后，近年来教育教学工作再上新台阶，我校师生在各级各类竞赛活动中屡屡获奖，一展风采。王雪、汪伟等多名教师在信阳市小学语文优质课评比活动中，获市一等奖；王灿老师代表全县小学语文教师参加河南省第八次优质课大赛，荣获省一等奖；在去年河南省举办的小学语文与信息技术整合的比赛活动中我校老师进行了优秀示范课展示，2009 年 6 月，我校 10 名同学组建成"豫南明珠代表队"，代表全县参加了青少年语文风采大赛河南赛区的比赛，荣获了"省团体综合一等奖"，并位居全省前五名之列，2009—2010 年，我们代表队的师生先后到秦皇岛、西安参加了全国第二届和第三届语文风采大赛，分别荣获团体银奖和团体金奖，获团体金奖时我校位居 81 个代表队的第三名。近年来，我校获得了全国青少年爱国主义教育读书活动的组织特等奖，河南省未成年人经典诵读示范校，报送的经典诵读节目获省优秀奖，胡剑老师的演讲获省一等奖，郑啸歌同学在爱粮惜粮征文活动中获联合国一等奖，另有多名同学在省、市、县讲故事比赛、征文、演讲、书法、作文等活动中取得优异成绩。

这些成果的取得得益于我校多年来坚持创建书香校园、加强母语教育的文化引领，也更加凸显了我校育人文化、语文教学特色化的办学理念。同时，学校通过品牌文化——美文诵读比赛、周学一语擂台赛、国学经典进校园、语文课堂达标活动等极大地激发了固始一小师生爱语文、学语文、用语文的兴趣，有效推动了学校语文教学特色化进程。

以上是我们学校落实大语文观的一些做法和取得的一些成绩，成绩属于过去，更重要的是把握未来。固始一小是所百年老校，学校的特色文化虽然基于学校历史，也许先天充盈，但也必须不断加以改造、提升和创新，才能与时俱进，我校也正在思考中践行这一条发展素质教育之路，落实大语文观之路，任何一种观念上的变革和行为上的突破，都需要我们付出辛勤的劳动和智慧。

学校文化建设是一条流淌的河，它是一个学校传承、发展的标志；它也是一段旅程，所有的学校都行走在学校文化变革的旅途中。在这样一个免不了浮躁和功利的社会，学校文化建设需要智慧的积淀，更需要有静下心来办

教育的淡定与执着，衷心希望学校的文化建设能够真正深入师生心灵，化作大家共同的追求。最后，我们也衷心希望在上级主管业务部门的指导和引领下，我们固始一小的语文实验基地工作能生根、发芽、开花、结果。

本文写于 2015 年 6 月

向"美"而行 从"新"开始

——第39个教师节致辞

尊敬的各位老师,大家好!

在第39个教师节到来之际,首先我谨代表学校全体班子成员祝大家节日快乐!

2016年9月,习近平总书记在北京八一学校考察时说,"一个人遇到好老师是人生的幸运,一个学校拥有好老师是学校的光荣,一个民族源源不断涌现出一批又一批好老师则是民族的希望"。在十四小,在我们身边也不乏这样的好老师,他们教书育人、敬业奉献,在平凡的工作岗位上书写了感人至深的人生篇章。正因如此,我校的各项工作才充满生机与活力,才得到上级及社会各界的充分肯定,在此让我们用热烈的掌声向老师们致敬!

百年大计,教育为本;教育大计,教师为本。作为校长,要用全部精力去办学,用心用情做教育;作为老师,要有理想信念、有道德情操、有扎实学识、有仁爱之心,成为学生健康成长的引路人。所谓一帮人、一辈子、一条心、一件事,教育逐梦,梦在教育!

学校是人才储备库,也是我们的技能训练场,为祖国输送合格的人才,就是我们每一位教职工无限的责任和荣光。如何成为一个好的老师,怎样才能叫敬业爱岗?我想给大家谈谈我的感想。

第一,就是要懂学生,要让自己成为一个磁场。现在的孩子接受新鲜事物的能力非常强,老师要走进他们的世界,要去感受他们的所思所想,用他们的方式来解决他们的问题,你才能够让他们赞同你的立场。

第二,是要爱学生,让自己成为一个家长。我校的办学理念是"以爱育爱、以德培德"。大家看"愛"(爱的繁体)怎么写?"爱是智慧,放在心上;爱是付出,用手呵护;爱是喜欢,友好相待。"全国师德楷模桂贤娣这样说过:你爱你的学生吗?你会爱你的学生吗?你能让你的学生感受到你对他们的爱吗?爱是一种能力,只有懂爱、会爱,才能事半功倍。我校秉承爱的教育文化理念，这些孩子离开了自己的爸爸妈妈，来到这里，很希望有一个可以依靠的臂膀。无论是生活、学习、校内、校外，我们都应该把目光聚焦在他们身上，感受他们的所思和所想，关心他们的日常，知道他们点滴的进步，也知道他们那点小小的忧伤，这样我们的孩子们，才能够把学校当作实现梦想的地方，才能够感受到我们这个大家庭温暖的力量。

第三，是要管学生，要让自己成为一个榜样。全国知名班主任、特级教师李凤遐在给老师做师德报告时谈过三种无用的教育方式：说教、发脾气和刻意感动。真教育不能只是停留在管住学生，还要靠自身的人格和教育魅力去影响学生；真教育必须摒弃简单粗暴的教育方式，要动之以情，晓之以理，让其心悦诚服；真教育是激发，是唤醒，是鼓舞，是点燃；真教育是用一棵树去摇动另一棵树，用一朵云推动另一朵云，用一个心灵去唤醒另一个心灵。要做真正的教育就要提高教育力，要提高教育力，就要提高思考力、学习力、自信力、吸引力。因此，我们要想成为一名好老师必须善于学习、持久学习，在学习中敬畏规则、锻造自我、沉淀自己、拒绝诱惑。坚信行之苟有恒、久久必芬芳！

学生是学校明天的栋梁，也是我们国家未来的希望。少年强则国家强，员工棒则单位旺，所以你们肩上的担子非常重，你们要尽到自己的职责，把他们培养成才，让他们茁壮成长。这一代又一代的传承，我们才能够实现建设强国的愿望！

后天就是教师节了，我想对全体老师说：当小学老师的定位是在今日之爱戴，未来的回忆中寻找自身的价值！人生就是一场修行，在经历中成长，在困难中坚强！选择当老师，就是选择了更高的修炼场，那就是请你聪慧地教书、高尚地育人，你们的公平与善良、真挚与光芒，将会在孩子们清澈的眼睛里映照出这个世界最初的模样，也会在他们幼小的心灵里播种下未来人生的第一个梦想。

尊敬的各位老师，亲爱的同事们，让我们初心不改，虽远不怠，美好教育，静待花开。新学年，希望我们全体师生，向"美"而行，从"新"开始！披星戴月走过的路，终将会繁花遍地。一段帷幕的落下，将是聚光灯闪亮的开始……

最后祝愿我们全体教职工开心工作、幸福生活、百事顺意、合家安康，谢谢！

本文写于 2023 年 9 月 10 日

校园百花盛　焉能少书香

——在百花园读书活动颁奖仪式上的讲话

尊敬的洪局长、各位领导、各位老师，家长朋友们，亲爱的同学们：

大家下午好！

"一年好景君须记，最是橙黄橘绿时。"在这个秋高气爽、瓜果飘香，不似春光胜似春光的美好时节，我们隆重召开第十四小学首届百花园读书活动评价颁奖典礼！

固始县第十四小学毗邻美丽的根亲公园，是一所名副其实的花园式学校。正所谓"校园百花盛，焉能少书香"，学校自成立以来，积极建设书香校园，营造浓厚读书氛围，引导师生在阅读中习得知识，陶冶情操，师生以书为友，养成了良好的读书习惯，形成了热爱读书的校园书香氛围，构建了温馨和谐的文化育人环境。

中华文化博大精深，教育部党组书记、部长怀进鹏在2023年全国教育工作会议上指出，要把开展读书活动作为一件大事来抓，引导学生爱读书、读好书、善读书。小学阶段是激发儿童阅读兴趣、习得阅读能力、积淀阅读素养的关键时期。

为了加强母语教育，学校以"百花园"为主题打造了系列阅读活动，百花采撷、百花之声和百花微刊分别从读整本书、讲好故事、写好日记的视角将阅读日常化、规范化、系列化，温润每一个孩子的心灵，为孩子的人生打造温暖的底色，同时以百花为媒制定阅读评价体系，该体系从老师对学生的阅读评价、家长对孩子的阅读评价、学校对书香班级的评价三个角度进行全面评价，把阅读从学校延伸至家庭，不仅营造书香班级还带动家庭阅读，构建书香家庭，让孩子在家在校都能够沉浸在阅读氛围中。

让世人羡慕的"一门三院士，九子皆才俊"的梁氏家门，其实一开始也是世代耕地的平民，直到梁启超的祖父开始注重读书学习，才有了梁家后来一代一代的传承与发扬，并越来越优秀。前中央电视台主持人董卿也曾如是说，不要相信读书没用，因为只有没用的人才不读书，越是优秀的人越懂得要努力读书。

在此，借用《人民日报》关于"一个人为什么要读书"的答案，分享给在座的各位领导、老师、家长和同学们：

1. 脚步丈量不到的地方，文字可以；

2. 读书的意义是使人虚心，较通达，不固执，不偏执；

3. 书中未必有黄金屋，但一定有更好的自己；

4. 别抱怨读书的苦，那是你去看世界的路；

5. 书或许不能解决眼下的难题，但它会给你冲破困难的力量。

分享几句名言：读万卷书，行万里路；读书破万卷，下笔如有神；最是书香能致远，腹有诗书气自华；黑发不知勤学早，白发方悔读书迟；书山有路勤为径，学海无涯苦作舟。

分享一位老师在读书推荐时的一首小诗：

你就是一本飘着墨香的书。

风的清唱，云的呼唤，在一波一波的描写中流动。

杨柳拂动的岸上馨香四溢，碧波荡漾的水上花瓣飘飞。

你就是一本通俗耐读的书。

春日的笑容，夏日的欢歌，在一层一层的叙述中跳跃。

字里行间都是你的眼神，段前段后皆是你的微笑。

你就是一本绝妙又精彩的书。

生活的欢乐，爱情的幸福，在一段一段的情节中飞扬。

让我倾其自己的一生，也无法读尽蕴藏含在其中的味道。

各位老师、各位家长，同学们，让我们一起读书吧！最后祝今天的读书颁奖典礼圆满成功！

本文写于 2023 年 9 月 8 日

第四辑

04

聚焦家校

　　"单丝不成线，独木不成林。"家庭教育和学校教育虽然各具特色，但它们并非完全独立，而是相互影响、相互促进。家庭教育的积极影响可以为学校教育提供良好的学习氛围和品德基础，而学校教育则能够弥补家庭教育的不足，为孩子提供更广阔的知识和发展平台。作为一校之长，我深知家校联手、合作共育，对促进孩子成长的重要意义。本辑收录的九篇文章，或着眼学校基础设施建设和教育教学活动的开展，或虑及家庭教育的重要意义与存在的问题，更是聚焦学校教育和家庭教育的关联和互补。但目的只有一个，就是为孩子们营造一个充满温馨和爱意的环境，让孩子们能够健康、快乐地成长。

民心工程　百年大计

——在第十四小学建成交接仪式上的发言

尊敬的王县长，各位领导、各位来宾：

大家上午好！

阳春三月，万物复苏。虽然戴着口罩，也掩不住每个人脸上的笑容。在这个特殊而又美好的日子里，在孩子们热切期盼的眼神中，第十四小学建成移交仪式今天隆重举行。借此机会，我代表十四小全体师生向关心支持学校建设的各位领导、各位来宾和投资、设计、施工、监理等单位表示衷心的感谢和崇高的敬意！

十四小是一所新建学校，占地面积29亩，总建筑面积1.6万平方米，2栋教学楼、1栋综合楼、1个多功能厅、1个标准化运动场，可容纳1350名学生。学校从去年4月8日动工，到今年3月10日移交，300多个日夜，各级领导办公现场精意覃思的身影令人感奋，设计者追求精益求精的理念令人感佩，建筑者忘我付出、精雕细刻的汗水令人感动，投资者不计得失、精诚所至的情怀令人感激，固始教育发展史册会永远铭刻你们的功劳。

此时此刻，身为固始人，有一种自豪在心中激荡。我为固始教育事业迎来了发展的春天而自豪。十四小和城区其他六所新建学校项目的同步实施，是县委、县政府优先发展教育的实际举措，是德政工程、民心工程、千秋大计，展现了高瞻远瞩的大战略，彰显了一心为民的大情怀，正在以敢于担当的大手笔书写固始教育事业发展的大文章，一定会造福固始万千学子，也必将助力固始快速发展。

此时此刻，身为教育者，有一种责任在心中升腾。十四小区位独特，紧邻根亲园，先贤前辈在激励着我们；学校功能齐备，硬件设施一流，家长学子在期待着我们。我们一定不忘教书立德树人初心，牢记固始教育复兴使命，深化教育教学改革，优化管理育人模式，守正创新，打造特色，以爱育爱，以文化人，把十四小办成一所优质品牌学校。

十四小就像这三月里种下的树苗，有党的政策给予阳光雨露，有社会各界的关爱支持给予充足养分，有广大教师的精心呵护给予空气环境，相信它一定会茁壮成长，以优异的办学成绩回报县委、县政府和社会各界的关怀与厚望，为新时代固始教育事业再谱新篇章做出积极贡献！

十四小里正春光，沐浴书香伴成长。祝愿大家的心情如这三月般明媚灿烂，祝愿十四小如这三月般蓬勃生长，祝愿固始的教育事业如这三月般活力向上。

本文写于 2020 年 3 月 16 日

铭记英雄业绩　传承光荣传统

——在建刚小学揭牌仪式上的发言

尊敬的王县长，各位领导、各位来宾：

张建刚，为国家的独立完整而英勇牺牲在老山前线，是民族的脊梁，是固始的骄傲。缅怀革命先烈，追忆峥嵘岁月，烈士的丰碑昭示着我们勿忘历史、砥砺前行。今天，我们隆重为建刚小学揭牌，以特殊的方式祭奠英烈，以特殊的心情表达崇敬，以特殊的仪式继承先烈遗志、传承光荣传统。

去年4月8日，城区七所新建学校项目同步实施，是县委县政府优先发展教育的实际举措，是德政工程、民心工程、千秋大计。今天，建刚小学的落成，展现了高瞻远瞩的大战略，彰显了一心为民的大情怀。先烈回眸应笑慰，擎旗自有后来人。在我们举行揭牌仪式的同时，建刚小学的全体同学正在举行"清明祭英烈、线上传哀思"活动，追思为民族独立而牺牲的先烈，缅怀献身的英雄，以实际行动继承先烈们的遗志和红色基因，为振兴中华而奋发学习、不懈努力。

建刚小学占地面积29亩，总建筑面积1.6万平方米，2栋教学楼、1栋综合楼、1个多功能厅、1个标准化运动场，可容纳1800名学生。学校从开工以来，300多个日夜，各级领导办公现场精意覃思的身影令人感奋，设计者追求精益求精的理念令人感佩，建筑者忘我付出、精雕细刻的汗水令人感叹，投资者不计得失、精诚所至的情怀令人感动，还有华壹集团、五月花公司根亲名都项目部、佳和集团、固始副食品行业商会等爱心企业的捐助令人感激。固始教育发展史册会永远铭刻你们的功劳。借此机会，我代表建刚小学全体师生向关心支持学校建设的各位领导、各位来宾和投资、设计、施工、监理等单位表示衷心的感谢和崇高的敬意！

谢谢大家！

本文写于2020年4月4日

家校携手　共育花开

——在十四小召开的主题教育家长会上的发言

尊敬的各位家长，你们好！

感谢大家百忙之中参加孩子的家长会。重视子女教育，希望子女成才，是每个家长的共同愿望。可以说，没有合格的家庭教育，就不可能有完美的学校教育。家校携手，才能共同创造孩子辉煌灿烂的明天，这就是我们今天召开家长会的目的。借此机会，我代表学校向一直关心支持学校工作的家长们致以衷心的感谢，向立德树人、无私奉献的老师们表示崇高的敬意。

首先，向各位家长介绍一下我校的办学理念。建校以来，学校以办好人民满意的教育为己任，牢固树立立德树人的初心和使命，"以爱育爱、以德培德"这八个大字，不仅镌刻在教学楼上，更成为十四小人的一种精神，大家带着学校办好的激情、责任和心愿，向着"做好爱的教育，让师生过上一种幸福完整的教育生活"的办学愿景齐心协力迈进。

在校园的橱窗里有"爱在每一天"的教师篇和学生篇。这些语言不仅是给老师、学生看的，也是给家长们看的。爱是因材施教的教育，没有爱就没有教育，德是教育方针之首，没有德要才何用。所以，"以爱育爱、以德培德"也应该成为家长教育孩子的行为指南。家庭的温暖是学生成长的动力，学校的推动赋予其成长的能量，家庭与学校的密切配合，能给学生一片更广阔的天空。

学校从主题文化、红色文化、根亲文化三方面打造和而不同的校园文化，营造爱的教育浓厚氛围，用环境优化吸引人、影响人、带动人，秉承"每个孩子都会绽放"的校训，努力营造"厚德笃行、乐学创新"的校风。

学校坚持五育融合全面育人，从"爱"字着眼、"细"处着手，落实学生综合素质提升工程，以"每日一诵国学经典""日行一善好人好事""星级少年""新时代好少年"等活动为抓手，培养学生的文明习惯养成教育；"百花园"读书节、讲故事比赛、花灯展、风筝节、主题综合性学习、以"绽放"

为主题的师生素质教育成果展等活动的开展，丰富校园文化生活，加强校园精神文明建设，推动我校实施素质教育全面铺开。

以爱育爱，爱伴成长，家长首先要认识到家庭教育在子女成长中的重要地位和作用。习近平总书记 2015 年春节讲话中说："不论时代发生多大变化，不论生活格局发生多大变化，我们都要重视家庭建设，注重家庭、注重家教、注重家风……"促进家庭和睦，促进亲人相亲相爱，促进下一代健康成长，促进老年人老有所养，接下来，我和各位家长聊聊家庭教育。今天我讲话的主题是"家校携手 共育花开"。

接下来，我想和家长们沟通以下几点。

一、管教和陪伴是教育孩子的必要条件，教育好自己的孩子，永远是你最重要的事业

父母爱孩子无可厚非，但不是所有父母都懂得正确教育孩子。在家庭教育中，时常出现家长缺位和越位两种现象。孩子上学以后，有些家长则把教育孩子的责任一股脑儿地推给了学校。这些家长认为，孩子既然送到了学校，学习教育方面的事就应当由学校负责，家长的责任就是让孩子吃饱穿暖，尽量满足孩子在物质方面的需要，这种做法显然失之偏颇。大家知道，学校实行的是班级授课制。一个教师要教几十个学生，用的是一套教材。而所教的学生，来自不同的家庭，存在着一定的差异。而教师的精力和时间毕竟是有限的，不可能针对每个学生实施完全不同的教育。因此，我们做家长的要使自己的孩子早日成才，就应当用家庭教育来弥补学校教育的不足。古人曾经说过"养不教，父之过。教不严，师之惰"。孩子的教育是需要家庭与学校的双方配合才能做好的，谁也不能将自己应该承担的责任推给对方。

我国宪法规定：父母对未成年子女有抚养教育的义务。家庭教育具有早期优势，是奠基教育，也是学校教育的基础。这些年来，有一种说法颇为流行："5+2＝0。""5"指的是学生 5 天在学校接受教育，"2"则指周末回家，走出校门接触社会。"5+2＝0"说的是学校对学生 5 天的正面教育被社会以及家庭对学生 2 天的"负面影响"抵消掉了。所以，为了你的孩子、我的学生，家庭和学校务必紧密结合保持高度的一致性，这样才能杜绝"5+2＝0"，也才能更有效地实施教育。

还有一些家长在教育孩子的黄金期选择了外出挣钱，不去管教孩子，把孩子托付给了只能管吃喝接送的老人。没有父母陪伴的童年是不完整的，对孩子成长的影响也是一辈子。我也接触到我校一些年轻的父母，因为知道教

育的重要性，专门从外地辞工回来陪伴孩子的成长，让我很敬佩！

家长朋友们，你的孩子只是老师众多学生中的一个，教育你的孩子也只是老师工作的一部分而已。但你不一样，孩子是你的唯一，教育好自己的孩子，永远是你最重要的事业。

二、最好的教育是父母对孩子的言传身教

一个人无论成绩好坏，品行是关键。道德可以弥补能力的缺陷，而能力却难以掩盖道德的缺陷。孩子的品行，很大程度上与家教有关。老师只是传道授业解惑者，家长却是孩子一生的影响者。父母的言传身教永远大于老师40分钟的课堂教育。

无数父母希望，把孩子送到最好的学校，拼尽全力给孩子创造最好的教育环境，但是却往往忽略了父母才是孩子最好的老师的理念。我和家长们分享这样几个场景。

学校大门口，孩子把爆米花撒在地上，父母跟孩子一起，一粒一粒捡起，或许这些举动微不足道，但正是这些细微之处，最有力量。

上学高峰，坐在后座的孩子将酸奶盒随手扔出窗外，父亲随即下车，对孩子的行为进行了教育并将酸奶盒捡起，放回了车内。

孩子总有犯错误的时候，关键看家长如何处置。没有天生的熊孩子，只有错误的教育方式和缺位的父母。

很多时候，父母的一举一动，一言一行，都会潜移默化印在孩子的脑海里，影响到孩子未来路上的关键选择，最终影响到他们的命运，想要孩子成为什么素养的人，首先你就得成为什么素养的人。麻将桌旁、电视机前长大的孩子和爱看书的家长教育出来的孩子，差别很大。这就是为什么很多家长边看电视边督促孩子认真读书时，收到的往往是强烈的逆反心理。他们也不想想，自己都做不到的事情，怎么能强迫孩子做到呢？所以当你百思不得其解孩子为什么有那么多坏毛病时，先好好检讨一下自己，也许就会找到根源所在。

你让孩子爱读书爱学习，就要在家里创设读书学习的氛围；你要孩子彬彬有礼，家长也肯定是礼貌谦和的；你让孩子爱劳动讲卫生，父母肯定是勤劳之人；你让孩子善良有爱心，父母必是好儿女好媳妇好女婿好邻里。古人讲，"其身正，不令而行；其身不正，虽令不从"，说的就是言传身教的重要性。

三、严师出高徒，老师的无视，才是对学生最可怕的惩罚

随着自媒体如抖音、快手等的盛行，随着上级部门举报电话的公示，一些家长甚至不明事情真相就随意发视频和打上级投诉电话，也给我们老师带来更大的压力甚至很深的伤害。河南驻马店一位老师，只是因为把孩子们的默写成绩发到家长群，就被家长抨击为"伤害学生自尊心""侵犯隐私"，要求"登门道歉"。这种情形并不是个案。湖南、安徽、山东等地方都出现过有的老师因为负责任而受到不公正的待遇的现象。于是，越来越多的老师为了生计，对学生的一些违纪行为不得不"高抬贵手""视若无睹"。

有一句话说得好：如果唐僧没有紧箍咒，孙悟空一辈子都是泼猴。严师出高徒，一个懂得惩戒的老师，才是真正对学生负责的老师。老师的无视，才是对学生最可怕的惩罚。

2022 年，教育部下发了《中小学教育惩戒规则（试行）》，第一次以部门规章的形式对教育惩戒做出规定，明确了老师的"惩戒权"，系统规定了教育惩戒的属性、适用范围以及实施的规则、程序、措施、要求等，旨在把教育惩戒纳入法治轨道，更好地推动学校全面贯彻落实党的教育方针和立德树人根本任务。当然，惩戒和体罚、变相体罚有本质不同，我校禁止任何老师以惩戒为名对学生进行体罚和变相体罚，为此，上学期我们组织老师进行专题学习。

关于教育，复旦大学钱文忠教授一语中的："我不相信教育是快乐的，请别再以爱的名义对孩子让步。"教育其实是个三角形，家长、老师、孩子各占一边。只有家长支持老师，老师管教孩子，孩子才能健康成长。好的教育，必然有严管，也有厚爱；好的老师，既有菩萨心肠，也有金刚手段。

我想对每一个家长说：只有负责的老师才管学生！不指望每个学生都懂这个道理，因为他们毕竟还只是个孩子，但是希望每个家长都懂这个道理，还要告诉孩子，在成长过程中遇到负责、公正、认真的老师是多么值得庆幸的事情啊！

我想对我们的老师说：当老师的你，生命中会遇到很多个学生，对学生来说，你却是他生命中遇到的有限的老师。你将是开启他万千世界的人，若爱，请深爱；若教，请全力以赴。

四、家长要尊重孩子的老师，也要教孩子尊重老师、感恩老师

我校 2019 年至 2024 年，五年间，从最初的 28 名教师增长为 105 位教师，

这些老师都是通过选拔考或从城区教学骨干中选拔来的。老师们工作态度认真负责，每天备课、上课、批改作业、完成学校安排的各项活动，她们有的带病上课，有的亲人生病也不请假，有的连幼小的孩子都不能精心照顾，我们都为教师们这种敬业精神所感动。当然，老师也不是圣人，也有缺点和不足，如有的老师可能是工作经验不足、教学方法不当，有的老师可能性格急躁说话直接，也有老师对孩子要求过高过急等。

因此，希望家长们一方面能及时与老师沟通，与老师坦诚相待，给他们提出改进意见，另一方面也希望家长能理解和支持教师的工作，在孩子面前尊重教师的威信，千万不能袒护孩子。即使教师做得不对，也不要当着孩子的面谈。俗话说，"亲其师，信其道"，你若不尊重老师，孩子也不会尊重，这样，就在孩子的心里种下了不想不愿再接受老师教育的叛逆的种子，这颗种子甚至影响孩子一生的教育。尊师重教的民族才是有希望的民族，尊师重教才是一个民族强大的表现，希望我们每一位家长都是尊师重教的好家长。

会后我会把我的联系方式和邮箱发在大屏幕上，如果你对学校哪位老师有什么建议和意见，随时欢迎你打我电话或发邮件，我一定会第一时间和你沟通。

五、培养孩子勇于担当的精神，让孩子为自己的错误买单

从小培养孩子的责任心，是培养独生子女健康人格的基本内容之一，其中，要特别注意对孩子过失的处理。孩子经常会发生一些过失，这毫不奇怪。比如，不小心打碎了物品，一时冲动伤害了别人，粗心大意造成了麻烦，等等。对这些过失，许多父母会责怪："你怎么搞的？能这么做吗？快回家写作业去！"于是，孩子没事了，什么责任也不必负，回去该学习就学习，该玩就玩；父母则留下来承担责任，又是道歉，又是赔偿。如此这般，孩子怎么可能有责任心？细想一下，不正是父母剥夺了孩子履行责任的机会吗？

生活中还有一种现象，有些父母或长期陪伴的爷爷奶奶或姥姥姥爷为了孩子能有更好的未来，常常喜欢"越位"，喜欢事无巨细地包办孩子的一切，对孩子照顾得无微不至。这样导致的直接结果是：孩子什么都不会干，也不认为应该自己来干。久而久之，孩子独立性差，经受不起一点风浪，成了一个巨婴。养育孩子这件事，过程错了，结果就往往也会错。父母爱子，当为之计深远。

希望咱们班级群更多出现正能量的分享，家长之间、家校之间为了孩子的未来，要并肩同行！

　　有些家长，不能对孩子使用手机的时间进行监管；知道孩子身上存在的问题，不及时与老师沟通，不管不问；每天的作业只是口头问询，没有落实；你是否给了孩子一个和谐的成长环境。在此提醒各位家长关注以上普遍存在的问题。

　　尊敬的家长同志们，我们十四小又名建刚小学，肩负红色教育的使命，开启了独立自我发展之路，秉承"每个孩子都会绽放"的校训，我校全面实施素质教育，以新建学校的朝气，扬名气、展豪气。5 年来，我校先后荣获"河南省装备工作先进集体""河南省实践教育工作先进集体""河南省优秀少先队集体""信阳市党建示范校""信阳市优秀家庭工作单位""县师德师风先进单位""县中小学书香校园""县平安校园""县语言文字达标示范校""县美术教师技能大赛优秀组织奖""县疫情防控先进集体""固始县教学教研先进单位""固始县基础教育质量进步奖""县教育体育系统宣传工作先进单位"，被县教体局授予 2021—2022 学年度教育教学工作综合评价"先进单位"；被团县委确定为"固始县青年五四奖章集体""固始县少先队红旗大队""红领巾奖章"集体二星章，连续三年被团市委评为"红领巾奖章"集体三星章；荣获河南省诗词大赛"优秀组织奖""第九届素质教育手抄报活动优秀组织奖"；连续三年获得固始县青少年才艺大赛"舞蹈类、合唱类比赛一等奖和优秀组织奖"；固始县第二届"志华杯"青少年学生硬笔书法大赛"优秀组织奖"；"喜迎二十大 奋斗新征程"主题活动中荣获"固始县少年先锋队展演一等奖"等荣誉称号。先后被河南省教育厅确定为"河南省教师发展学校""河南省义务教育阶段作业评价改革实验校"；被县妇联、教体局和局关工委分别确定为"固始县中小学教师培训实践基地""固始县中小学家风家教示范校"和"固始县中小学德育实践基地"。

　　展望 2023 年，我们笃定前行。以理念引领创新，以品牌打造特色，以管理提升质量，以改革争创佳绩。家长们、老师们，因为有你们，校园充满爱；因为有你们，十四小一定会在新的一年开启新的篇章！

　　在回首与展望中，我们对各位家长一直以来的关注和支持心存感激！在此再次真诚地道一声：谢谢！家校同心，教育同行。感恩有你，携爱相伴。相信今后会有更多的家长参与家校建设，关注学校发展，关爱孩子们成长！

　　最后祝大家阖家幸福！教子有方！万事如意！

本文写于 2023 年 9 月 8 日

家校接力　用爱陪伴孩子成长

——在十四小第二届家长委员会上的讲话

尊敬的各位家长、各位同仁：

大家下午好！

今天是我们十四小第二届家长委员会正式成立的大喜日子。我代表学校对各位家长给予我校的关心支持表示衷心的感谢，对第二届家长委员会的成立表示热烈的祝贺！上半年，县妇联和县教体局分别确定我校为"家风家教示范基地""德育实践基地"，这是对我校的肯定和鼓励。借此机会，我向各位家委会委员汇报三方面内容：

一、守正创新，办人民满意的教育

我校于 2020 年实施全面招生，开始独立办学。一年来，我校传承建刚小学的红色基因，沐浴根亲园的文化浸润，秉承"每个孩子都会绽放"的校训，努力营造"厚德笃行、乐学创新"的校风，致力于形成"以爱为源、精业乐研""崇善明理、乐学善思"的教风和学风，以校风带家风，以教风正家教，以学风促成长，深化教学改革，创新教育方法，全面实施素质教育，以新建学校的朝气扬名气展豪气。

在短短两年的办校历程中，学校先后获得了"河南省装备工作先进集体""河南省红领巾少先大队""信阳市优秀家庭工作单位""固始县中小学家风家教示范校""固始县教育宣传先进单位"，被确立为"河南省教师发展学校""固始县中小学教师培训实践基地""固始县中小学德育实践基地"；校少先大队荣获信阳市"红领巾奖章"集体三星章和"固始县少先队红旗大队"荣誉称号，校长汪静经层层遴选，被河南省教育厅确定为固始县首位中原名师培育对象，并成立了汪静语文名师工作室，引领小学语文学科教学向更高远的目标迈进。建校两年来，我校先后有 20 多名老师和同学在省、市、县各级各类比赛中取得骄人成绩：在县第十届青少年儿童才艺比赛中，我校学子积极参赛，尽展华彩。合唱《启程》、集体舞蹈《快乐的布谷》以现场良好的发挥和表现双双荣获小学组第三名，双双荣获一等奖。在中国共产党成立一百周年之际，胡明文主任代表固始县分别参加了信阳市"弘扬大别山精神　青春启航新征程"主题演讲比赛和信阳市庆祝中国共产党成立100周年朗诵比赛喜获佳绩。在2021年固始县小学数学示范课观摩暨青年教师培训会上，龚华欣老师示范执教《合理购物》一课，得到上级领导和与会同仁一致好评；两年来，我校二（1）班荣获"固始县书香班级"；许静老师在县第二届经典诵读比赛中荣获教师组一等奖，在县班主任基本功大赛中获第五名；笔墨书写爱国情——在固始县"志华杯"书法大赛中，二（2）班何芷妍同学荣获了小学低年级组唯一一名"特等奖"，一（2）班谷思其同学荣获"优秀奖"，在固始县第一届青少年科技比赛螺旋桨反冲动力小车项目中，三（2）班许雯煊同学取得第三名好成绩，在2021年固始县新时代好少年评选活动中，三（1）班方哲同学获得"新时代好少年"荣誉称号，在县第二十八届青少年爱国主义读书教育活动讲故事比赛中，六（1）班李国娇同学荣获二等奖。

我校持续开展十四小百花园读书节系列活动，弘扬中华传统，营造书香校园。就在刚刚结束的2021河南省诗词大赛中，十四小师生再展风采，勇创辉煌。胡志远同学进入全省前20强，喜获省级一等奖；罗诗雨、易欣妍喜获省级二等奖；胡沐阳亦表现不俗，以优异成绩斩获省级三等奖。十四小教师丁明英在社会组以全省第18名的好成绩晋级第二轮竞技，喜获省级二等奖。胡志远、罗诗雨、易欣妍三位同学将和丁明英老师一道，10月底参加"央视百人团"的选拔。暑期，借助爱心企业的捐助，我校着力打造校园文化，营造文化育人环境，主题文化、红色文化、根亲文化的呈现，使学生随时随地都受到文化的熏陶和感染，体现校园"处处皆教育的深刻内涵"，提升校园文化层次。

这些成绩的取得，离不开上级主管部门的高度重视和正确领导，离不开社会各界和各位家长的大力支持与关心帮助，也离不开全体师生的共同努力和顽强拼搏。成绩来之不易。多少次的来早走迟，多少个节假日的加班加点，多少场的耐心训练指导，多少回的循循善诱，老师们教书育人的身影，学生们勤奋上进的样子，永远是校园内最美的风景。

二、加强沟通，架好连心桥

家长委员会是家庭教育和学校教育珠联璧合的最好载体，也是家校沟通的桥梁和纽带。家委会的成立，让学生家长有了自己的组织，有了参与学校管理和决策的机构。大家手中的聘书不仅代表身份，也承担相应的责任，为了配合学校和班级开展工作，可能会牺牲大家的休息时间。能进家委会，说明在老师眼里，咱们家长和孩子都是比较出色的，大家应该有能力也乐意承担这份责任。

现在的教育越来越面临一种现象，就是孩子、父母和老师都是独生子女，这就更需要家长和老师、学校之间加强沟通协作。家委会的成立，可以使家校联系更加紧密，在沟通中寻找更好的教育契机和有针对性的教育方法。希望各位家委会委员，一方面做好学校和班级的"好帮手""好参谋"，帮助家长朋友们了解学校在不同阶段对家长教育子女的要求，更好地配合学校和老师开展对学生的教育活动；一方面做好家长们的"联络员""通讯员"，把孩子们在学校期间的困惑和家长们对学校教育教学管理的意见建议，及时反馈到学校，不断调整和改进学校以及家庭的教育方式，让孩子们尽情体会到学习和生活的快乐，在快乐中健康成长。

只有家庭和学校的教育方向一致，才能达到 1 加 1 大于 2 的效果，否则会出现 5 加 2 等于 0 的现象，就是学校 5 天的正面教育，在受外面 2 天的负面影响下，教育结果最后就是 0，严重的会成为负数。相信家校联手，会产生更好的教育效果，孩子们会得到更大的受益。

三、齐心协力，培养栋梁才

作为学校，我们深知培养孩子是一项系统工程，家庭、学校、社会每一个环节都将对孩子的成长产生深刻的影响。我们将密切配合家长，在为孩子创造健康、上进、宽松、温馨的学校成长环境的同时，及时了解并认真落实家长以及家委会向学校提出的意见建议和合理要求，密切加强与各位家长的联系，不断提高教学质量和办学水平。

作为老师，在完成自身工作的同时，要充分发挥家委会的作用，把这个思想碰撞、信息交流、感情融通的平台用好。各个班级都要遵守家委会的制度规定，既要以学校、以班级为主，也要有计划有针对性地让家委会开展相关工作，让大家在参与学校和班级的教育教学管理中有成就感、荣誉感，更加激发家校联手的积极性、主动性、创造性。

作为家长特别是家委会成员，在履行职责的同时，要在全体家长中起到表率作用。家长一方面要成为孩子人生的榜样和教育孩子的楷模，一方面要主动支持学校、班级和老师的工作，引导更多的家长积极参与到家委会中来，配合学校和老师的各项工作，群策群力，共同把学校办得更好。

从全面招生的角度，我们的孩子和家长是十四小的第二届学生和学生家长，我们是十四小第二届家委会成员，我们要奋力跑好十四小发展的接力棒。

各位家长，您的孩子需要学校的教育和呵护，学校教育也需要您的参与和支持，为了您的孩子，为了我们的学生，让我们家校携手，爱伴成长，共育未来。最后，我代表学校祝大家家庭更幸福，孩子更出色。

谢谢大家！

本文写于 2021 年 11 月 16 日

基于学校现状　务求科学发展

——在县域教师发展支持服务体系建设项目
教师发展学校建设专题会议上的发言

尊敬的各位领导、各位专家、各位同仁：

大家下午好！我是固始县第十四小学校长汪静，非常荣幸参加此次会议。根据会议安排，我将十四小的有关情况向大家做一简要汇报，敬请赐教指正。

一、学校概况

学校创立于 2019 年，占地面积 29 亩，总建筑面积 1.6 万平方米，2 栋教学楼、1 栋综合楼、1 个多功能厅、1 个标准化运动场，可容纳 2000 余名学生。图书室、阅览室、实验室、仪器室、微机室、美术室、音乐室等设施齐全。校园布局合理，是一所环境优美、景致宜人的花园式学校。现有 23 个班，在校生 969 人。固始籍烈士张建刚雕像坐落校园内，第十四小学又名建刚小学。

二、学校教师队伍现状

学校现有教职工 74 人，其中中原名师培育对象 1 人，省级名师 3 人，县级名师 7 人，县级及以上骨干教师 10 人；中小学高级教师 3 人，一级教师 26 人，二级教师 45 人。总体看，教师队伍年轻人居多，有活力有朝气，爱岗敬业，奉献创新意识和自觉性执行力都比较强。学校班子成员 1 正 3 副，团结和谐，张弛有度，大事讲原则，小事讲风格，具有较强的凝聚力和战斗力。

三、学校发展优势与不足

学校的优势主要体现在五个方面：

一是明确办学思想引领教师发展。由于是新建学校，教师们来自四面八方，大都是新面孔，如何把老师们对教育的热爱、对工作的热情、对学校的热度保持下去、提升上来。我们首先从办学思路抓起，让全体教师参与讨论，确立了"以爱育爱、以德培德"的办学理念，围绕办学理念丰富办学思路，明确了校训、校风、教风、学风、教师核心价值观，办学愿景是"做好爱的教育，让师生过上一种幸福完整的教育生活"。这些内容题写在学校醒目位置，时时映入师生眼帘，潜滋暗长，内化于心，外化于行。办学思想是全体教师的共同智慧和心愿，引领教师将爱的教育进行到底。

二是打造校园文化促进教师发展。学校从主题文化、红色文化、根亲文化三个方面打造校园文化。在主题文化上，设置笑脸墙和星空顶。笑脸墙上有建校时58名创业老师和首批152名学生的笑脸，手绘制作的星空顶激励师生追求梦想。在红色文化上，主要开展向张建刚等烈士学习系列活动，传承红色基因，弘扬爱国主义精神。在根亲文化上，借助学校毗邻根亲文化园和开闽"三王"纪念馆的优势，在校园中设置百家姓趣味雕塑，将根亲文化作为传统文化融入德育教育之中。打造和而不同的校园文化，用环境优化吸引人、影响人、带动人，让文化浸润熏陶人、凝聚人、塑造人，让教师们以校为荣，干得舒心，教得有劲，活得自我。

三是开展教研活动推动教师发展。学校狠抓教师教学基本功的训练，加强课堂观察、常规检查，收集学生家长意见，及时与教师做好沟通交流，使教师在备课与教案设计、课堂组织与教学、作业设计与批改、教学进度与任务完成等方面有了明显进步。深入开展优质课堂活动，每学期按照随堂课、展示课、优质课的程序编排，面向全体教师，积极开展高效课堂研究，让教师课堂教学能力人人过关，让优质课堂带动教学质量稳步提升，让课堂成为师生自主发展的沃土，让学生学得自主自信，让老师教得快乐有成就感。与两所乡镇中心校结成教学联盟，经常组织教师开展以"聚焦课堂改革、推进有效教学"为主题的教学教研活动，搭建互助成长平台。

四是名师示范引领带动教师发展。学校依托中原名师培育对象成立的汪静名师工作室，坚持问题研究思路，设立校本重点课题，学校领导带头参与课题研究，形成全员参加教育科研的氛围。比如：针对低年级学生不好教、课堂难组织等问题，探讨低年级有效组织课堂教学的手段，形成《让童趣植根课堂的小学低年级组织教学攻略》的课题研究，用童趣吸引孩子注意力，用规则意识引领孩子们熟悉课堂、适应课堂。结合目前教育形势，通过集体教研形成《"双减"背景下的优化作业设计的教学策略》的课题研究。在名师工作室开展省级课题《基于语文要素的小学高年级精读课文教学模式的案例研究》这一研究时，吸纳十四小5名教师参与，带动全体语文教师在课题研究中出思路、有策略，形成自己的教育特色和教学风格。

五是关心关注关爱服务教师发展。作为学校，在要求教师的同时，也要看到他们的付出与辛劳、朴实与坚守，为他们的发展做好工作、生活以及思想上的服务保障。每周一例会开始前，利用几分钟时间，组织大家唱唱歌、做做操，卸掉疲惫、放松身心，投入新一周工作。精心打磨学校每一期公众号，在宣传学校的同时展示老师的魅力和成果，让大家有成就感。每学期组织教师开展读书活动、撰写读书心得并进行交流，组织教师参加素质教育成果展，丰盈教师的精神世界。加大经费投入，支持教师参加各类学习培训，为自己的成长加油充电。每当老师们遇到困难、有了心结，班子成员都会主动去关爱关心。老师们在感到温暖与感动之余，把个人的成长进步融入学校健康发展和整体战斗力提高之中，真正把心思用在事业上，精力用在工作上，能力用在奉献上，工作上更有劲头和干头。

学校的不足主要体现在三个方面：一是由于新建校，师资力量还显不足，教师队伍整体能力有待提升。体音美专业教师数量较少，县级以上骨干教师占比仅为28%，中小学高级教师占比只有4%。二是教育教学研究创新不够，常规的教研活动多，教师外出学习、开阔视野的平台和机会较少，一线教师在课题研究上缺乏专家指导，专业发展过程中高原期的问题有待解决。三是我校秉承"爱的教育"办学思想，如何建设符合我校办学思想的特色校本课程体系，还需要进一步思考和探索。

四、下步打算

一是充分发挥中原名师工作室的辐射引领带动作用，开展名师结对帮扶活动，持续提高教师的专业素养和教学研究能力。

二是抓好常规教学管理，坚持课堂教学改革，向课堂要质量要成果，促进教师专业成长。

三是注重培育校园文化内涵，凝聚人心，激发动力，为教师自身发展提供良好的环境。

四是充分发挥教师的主体地位和作用，加强对教师的人文化关怀、多途径培养，提高主动性，调动积极性，激发创造性，打造"德艺双馨"教师队伍，让教师们实现自己的教育理想和人生价值。

一所学校不能被复制的竞争力是由教师创造的。下一步，我校将以此次会议为契机，认真学习各位领导、各位专家对我校的迷津指点，借鉴兄弟学校的好经验好做法，不断为教师发展搭梯辟道，更好服务学生成长。

本文写于 2022 年 4 月 16 日

牵头集团　秉持原则

——在十四小教育集团成立大会上的发言

尊敬的洪局长、各位领导、各位同仁、亲爱的同学们：

大家下午好！在这春光明媚的美好时节，我们齐聚一堂，共同见证固始县第十四小学教育集团的成立。在此，我代表第十四小学教育集团理事会，向关心支持教育集团成立的洪局长等各位领导表示衷心感谢！向四小、国机励志学校、马堽集乡中心校、草庙集乡中心校、南大桥乡中心校共融一个教育集团表示热烈祝贺！作为集团牵头学校的校长，我感到责任重大，使命光荣。

教育是国之大计、党之大计。学校肩负着为党育人、为国育才的神圣使命。随着时代的进步和社会的发展，教育改革已经进入快车道。当前，人民群众迫切希望孩子享受优质均衡的义务教育。教育集团的成立就是优化教育资源、促进教育公平、提高教育质量、办人民满意教育的战略举措。面对新的历史机遇，我们教育工作者必须有新担当、新作为，不断探索教育发展新路径，持续提升人才培养新境界。

今天，我们共同见证第十四小学教育集团的成立；今后我们各成员学校将秉持"民主协商、集中优势、资源共享、优质发展"的原则，充分发挥集团办学优势，不断提高集团内各学校的教育教学质量，不辜负上级和广大人民群众的期盼。为此，我们务必做到：

一、秉持民主协商原则，大家事大家定。共商是实现我们集团发展的基本前提。我们不仅要在共商的基础上制定出有利于集团发展的章程、完善集团发展的规划等一系列规章制度，而且还要在共商的基础上建立促进集团发展的核心团队，深入研究集团成员学校教育资源的整合利用，商榷集团化办学的重大事务管理以及如何畅通相互间沟通交流等事宜，以此为集团教育的全面提质助力。

二、秉持集中优势原则，大家事大家办。集中优势是实现我们集团发展的基本途径。我们只有立足各成员校的办学实际，既充分发挥集团优势和各自特色，又不断加强资源整合与优势互补，才能真正激发集团内各学校主动发展的活力，进而形成强大的教育合力，促使并推动我们教育集团整体办学效益的全面提升。

三、秉持资源共享原则，实现资源互补。资源共享是实现我们集团发展的利益驱动。我们务必要坚持"一体推进、资源共享、特色互补、文化融合"的集团办学方针，在课堂教学、师资队伍、教育设施、质量测评等方面实现共享，让学生最大化享受公平而又高质量的教育。

四、秉持优质发展原则，提高整体实力。实现优质发展是我们集团始终追求的目标。我们要以培养德智体美劳全面发展的社会主义建设者和接班人为己任，以教育发展需求和工作有效性为导向，因地制宜、循序渐进地建构价值链、问题链、行动链、资源链、保障链，以形成相互依存、共同生长的共同体，不断提升教育集团整体水平和综合实力，实现优质发展的目标，为国家和民族的未来贡献第十四小学教育集团的力量。

各位领导、各位同仁，教育集团成立是我们共同的事业起点，在今后的工作中，让我们携手并肩，共同书写教育事业发展的新篇章。

谢谢大家！

本文写于 2024 年 3 月 19 日

弘扬根亲文化精髓　讲好根亲文化故事

——在根亲文化进校园活动启动仪式上的发言

尊敬的各位领导、各位嘉宾：

大家上午好！

晴日暖风生麦气，绿荫幽草胜花时。"六一"儿童节刚过，固始县 2023 年根亲文化进校园活动今天在我校正式启动，充分彰显县委县政府对教育工作的高度重视，对少年儿童健康成长的精心呵护。借此机会，我代表学校全体师生对莅临我校的各位领导和嘉宾表示热烈的欢迎，对大家长期以来给予我校的关心支持表示衷心的感谢！

固始是"中原第一侨乡"，更是名副其实的"唐人故里·闽台祖地"，根亲文化已成为固始的一张文化名片。近年来，固始县委、县政府始终坚持把根亲文化作为县域文化符号和精神基因，充分挖掘历史文化资源，积极放大根亲文化优势，全面叫响"唐人故里·闽台祖地"根亲品牌，有效实现根亲文化生根发芽、枝繁叶茂，有力促进固始经济社会文化事业全面发展。

第十四小学位于根亲文化园南门东侧，毗邻古色古香的开闽三王纪念馆，与根亲河水紧紧相依，周围树木林立，绿草如茵，是一所环境优美、景致宜人的花园式学校。自 2019 年建校以来，十四小全体教职员工，以办好人民满意的教育为己任，牢固树立立德树人的初心使命，坚持守正创新，打造特色，确立了"以爱育爱、以德培德"的办学理念，秉承"每个孩子都会绽放"的校训，努力营造"厚德笃行、乐学创新"的校风，致力于形成"以爱为源、精业乐研""崇善明理、乐学善思"的教风和学风，以达到"做好爱的教育，让师生过上一种幸福完整的教育生活"的理想彼岸。

根亲文化是中华文化的重要组成部分，博大精深、源远流长，是固始独特的精神标识，是维系全世界华人的精神纽带。建校之初，学校就依托毗邻根亲文化园这一得天独厚的地理优势，将根亲文化融入校园文化建设之中，使其与红色文化、主题文化共同构成十四小独具特色的校园文化体系。我们在博爱楼一楼精心打造根亲文化展厅，设置固始籍名人文化长廊，让学生足不出校就能全面了解我县根亲文化的发展历史与渊源，激励学生以先贤为榜样，热爱家乡、建设家乡；我们将根亲文化教育与学校课程计划相结合，在国学校本课程中融入根亲文化知识，加强根亲文化的普及与推广；我们定期开展"我与我的姓氏故事"演讲比赛，让根亲文化潜移默化融入校园文化生活，激发学生对姓氏文化的认同感，教育他们拥有爱家爱校爱祖国的大爱情怀；我们不定期地组织学生到根亲博物馆、三王纪念馆、根亲阁等根亲教育基地开展现场教学活动，增强他们的社会实践能力，更深入地感受根亲文化的魅力。

今年4月23日上午，全国台联海峡两岸民间交流基地揭牌仪式在固始根亲阁隆重举行，我校40名学生作为全县青少年学生代表参加了仪式。活动现场，十四小学子们参观根亲文化展板，详细了解我县根亲文化的发展历程，在丰富涉台知识的同时，受到了一次深刻的爱国主义教育。他们那跃动的身影，也让与会领导和嘉宾感受到了我县根亲文化在青少年一代的传承与发扬。

闽台祖地，中原侨乡，根亲文化，山高水长。固始县2023年根亲文化进校园活动的启动，必将促进全县青少年进一步了解根亲文化，进一步增强他们对"老家固始"的认同感、归属感和自豪感。作为此次活动的学校代表，我校将借助这一契机，和兄弟学校一起，以中华优秀传统文化为载体，弘扬根亲文化精髓，推介根亲发展亮点，讲好根亲文化故事，展现固始的悠久历史和人文底蕴；坚持古为今用、推陈出新，传播更多承载根亲文化的价值符号和文化产品，推动根亲文化不断焕发新的生命力，更好凝聚固始力量、彰显固始价值、构筑固始精神；大力营造传承根亲文化的浓厚社会氛围，教育引导群众特别是青少年更好认识和认同根亲文化，强化以文"化"人途径，完善学校德育体系，引导学生全面发展，进一步培养学生爱祖国、爱家乡的高尚品德，进一步帮助学生树立正确的人生观、道德观、价值观，增强做固始人、做中国人的志气、骨气、底气，为他们的幸福成长奠基。

弘扬根亲文化，凝聚发展力量。根亲文化进校园，蓼乡学子尽开颜。最后，祝本次活动圆满成功！祝各位领导和嘉宾身体健康、工作顺利！

谢谢大家！

本文写于2023年6月2日

深情话别　谆谆寄语

——在十四小毕业典礼上的讲话

亲爱的同学们：

首先，我祝贺你们顺利地完成了小学六年的学习任务，祝贺你们就要从一个新的起点开始人生一段新的征程！同时，我也要向为你们倾注了无数心血的老师们表示深深的感谢和敬意！正是他们的言传身教、无私奉献，才使我们共同迎来了这个充满喜悦的丰收季节！

有人说，少年是一本太仓促的书，是的，六年两千多页就这样匆匆翻过，回首来时路，六年来，看着你们从门牙不齐、奶声稚气，到如今成长为英姿渐显、飒爽阳光的青春少年，我和老师们都非常高兴！我更欣慰地看到很多学生因为勤奋和聪明在学习、征文、演讲等方面都展示了非凡的才华，为学校赢得了很多的荣誉，你们的名字也闪烁着耀眼的光华；我也看到一些同学虽然成绩并不突出，特长也不鲜明，但积极进取、乐观向上，认真对待每一件事，从不气馁，这种坚韧不拔的精神正是未来的希望，如果坚持不懈，我相信你们一定会后来居上；我还发现少数同学虽然在思想上、品格上、学习上有过不良的记录，但我想告诉你们，不用烦恼，更不用担心，它只是你们成长过程中遇到的小麻烦，随着年龄的增长，道德水平的提高，有意改进的信念的增强，你们一定会迎头赶上，成为父母的希望，国家的有用人才！

同学们，六年了，第十四小学留下了你们一串串深深浅浅的成长足迹，请你们不要忘记隐藏在足迹后面的你们的老师那亲切、平易而疲惫的脸庞。多少次手把手地亲切教诲，多少次面对面的促膝谈心……你还记得吗？当你不交作业时，是他们追着你，催着你；当你遇到困难时，是他们呵护你、鼓励你；当你犯错误时，是他们纠正你、原谅你……每一次长谈之后，泪流满面的你是否注意到了老师双眸中那满含的期待？他们甚至比你的父母更了解你的愿望需求，更明白你的喜怒哀乐，更知道你的优点瑕疵！他们用心良苦掩饰着自己的忧愁郁闷，他们全力以赴忘掉了自己的病痛疲劳……

同学们，不论你将来是叱咤政坛的领袖，还是商界的精英，或是普通的一员，请你们记住十四小，记住你的小学老师，并给予回报，请同学们记住并理解这不是索取，而是我们感恩教育的延续，因为我们要知道：你们是否学会了感恩。我们也急切地想知道：你们是否在健康快乐的工作和生活。这就是我们、老师们向你们索要的回报！

六年的小学生活不知不觉就要结束了，你们六年的跋涉，六年的攻读，六年的探索，成长了自我，也成长了十四小，是你们积极参与，才有了今天充满生机的校园；是你们的刻苦求知，才有了母校今天的育人成就；是你们的良好品行，才书写出许多师生颂扬的典型诗篇……

而今，你们即将告别母校，像幼小的雏鹰飞向四面八方，踏上人生新的征程，我和全体小学老师将继续关注你们的成长，祝同学们拥有一个充实难忘的中学时代！也祝同学们在以后的工作、学习中一路平安，一帆风顺！

谢谢大家！

本文写于 2023 年 6 月 20 日

风劲帆满图新志　砥砺奋进正当时

——在十四小第四届素质教育成果展演上的致辞

尊敬的各位领导、各位来宾，亲爱的老师们、同学们、家长朋友们：

大家好！

在时序更替、喜迎新年的美好时刻，经过精心筹备，我校第四届素质教育成果展演如期举办。借此机会，我代表第十四小学，向一直关心支持我校发展的各级领导表示衷心感谢！向团结奋发、勇毅前行的全校教师致以崇高敬意！向乐观向上、心怀梦想的同学们以及与学校携手前行的家长朋友们送上美好的祝愿！

岁月辗转汇成歌，时光不负赶路人。2023年是我校凝心聚力、再创佳绩的一年。这一年，十四小被河南省教育厅评为全省实践教育先进单位，被河南省基础教育课程与教学发展中心确定为河南省义务教育阶段作业评价改革试验校，荣获河南省教育系统示范性家长学校。这一年，十四小被评为信阳市文明校园，被团县委评为固始县青年五四奖章集体，被县教体局评为2022至2023学年度教育教学工作综合评价先进单位、基础教育质量工作进步奖、平安校园、最美校园。这一年，十四小诗词社团斩获省级一等奖3个、二等奖2个，拿下省级团体奖；舞蹈队、鼓号队均荣获县小学组一等奖，其中舞蹈队连续三年勇夺冠军；科技社团、体育社团均崭露头角，在县级赛事中摘金夺银……让我们用热烈的掌声对取得的成绩表示祝贺！

淬火砺剑不惧难，践行初心担使命。2023年是我校攻坚克难、锐意进取的一年，我们构建多元的基础教育人才培养观，扎实开展家校携手系列活动，全面启动运行校办食堂，精心组织社团活动、研学活动、文艺展演活动、法治安全教育活动、师德师风建设活动，德育管理循序渐进，安全工作常抓不懈，课程建设丰富多彩，教育教学井然有序，校园文化深入人心，全面推动教育教学管理工作迈上新台阶。

山河日月皆入梦，故人踏星似归来。2023年是我校革故鼎新、开辟未来的一年，我们遵循教育发展规律，紧跟教育改革步伐，主动求变、积极应变，守教育之正，创管理之新，遵循规范化、人性化、精细化、个性化要求，深入推进教育教学课程改革，名师工作室建设、班主任团队建设、学科教研组建设成效显著，教师专业化发展、教师科研突破新高，教育教学质量稳步提高，学生综合素质螺旋上升，办学声誉持续提升。

4 年素质教育成果展演，4 届学子尽情展露才华，全校教师倾情奉献才艺，师生联袂登台激情绽放。素质教育成果展演，不仅是我校师生展现魅力的舞台，也是我校向与会嘉宾汇报教育成果的平台。4 年来，素质教育成果展演一届比一届内容丰富，一届比一届令人期待，成为学校一张亮丽的名片。

新的一年，奔赴山海，我们十四小人要更拼，以奋斗启程。十四小召唤友爱的你，相信勤奋的你，成就追梦的你，做个最好的你，成为新时代"四有"好老师。同学们要做眼里有光芒、心中有大爱、脚下有远方的新时代好少年。

新的一年，征途无垠，我们十四小人要更稳，以宁静致远。我们要有理性智慧的眼光，从容平和的定力，舒缓连绵的节奏，让老师们守住同读一本书的宁静，让同学们享受好好学习、健康成长的安静，心有所向，眼里有光，激荡课堂，教学相长。

新的一年，星辰万里，我们十四小人要更新，以止于至善。我们用行动激荡着纯粹的热爱，用奋斗充盈着理想的光辉，每一天都能听到孩子们拔节成长的声音，都能看到老师们清澈灵动的眼神。老师们，同学们，让我们一起做幸福的十四小人，风劲帆满图新志，砥砺奋进正当时。我们相信教育的力量，我们相信第十四小学的未来会更加美好。

在这个崭新的 2024 年，让我们一如既往地用心、用情、用智、用力，不断汇聚放大教育之光，努力点亮每一个梦，奋力温暖这一座城。光之所向，皆为前方。拥抱 2024，让我们携手并肩、相依同行，把牢把好"为党育人、为国育才"的教育方向；奔跑 2024，让我们笃志前行、一往无前，写就写好"五育并举"育人育才精彩篇章！

最后，衷心祝愿伟大祖国繁荣昌盛、国泰民安，祝愿第十四小学弦歌永续、蒸蒸日上，祝愿各位领导、各位来宾、全体师生新年快乐、阖家幸福！

本文写于 2024 年 1 月 21 日

第五辑

05

| 特色讲座 |

　　作为师资培训和促进教师成长的平台，讲座因其讲授与学科有关的专业化知识，以扩大和提升参培人员知识面及学科素养的教学活动形式，备受各级培训单位青睐。"及时当勉励，岁月不待人。"源于对语文教学的热爱和探究，我也时常应邀在各级会议和培训上作交流发言。在每次分享之前，我都认真对待，精心准备。本辑精选了四个专题，无论《〈国学经典伴我成长〉校本课程纲要设计》或者《阅读滋养心灵　书香伴随成长——在全县"读讲写"活动交流推进会上的发言》，也无论《迈向明亮那方——在全县乡村首席教师培训会上的讲座》或者《作文与生活 教学与课程——在固始县新理念作文研讨会上的讲座》，都因专题内容生动具体，可借鉴性强，深受参与培训的教育同仁的一致好评。

《国学经典伴我成长》校本课程纲要设计

一、国学课程的背景分析

国学经典是我国文学史上最有生命力的瑰宝，是中华传统文化的精华，其内容博大精深，蕴涵着丰富的人文精神。学校的教育，目的在于使学生积极、健康、快乐地成长。这样的成长可以概括为高尚的情操、良好的涵养、坚强的意志、强健的体魄、敏捷的头脑和丰厚的人文底蕴。小学阶段是人成长的关键时期，在小学阶段进行国学经典诵读活动，是学生品德形成和智力发展的有效载体。因此，在小学生中开展诵读活动，有利于弘扬优秀的传统文化，培育民族自豪感，有利于提高学生的人文素养和审美情趣，有利于加强小学生思想道德建设，形成正确的人生观、价值观和世界观。

学生：在学生成长过程中，家长、老师常常犯难，常常苦恼。一方面，学生的语文学习只局限于与学习成绩有直接关系的十几篇课文上，课外知识的积累少得可怜，知识面狭窄，读写能力不高。另一方面，信息时代的不健康信息对孩子影响太大，传统道德品质在孩子身上缺失。我们的孩子将来会成为什么样的人？不是孩子们不喜欢优秀的传统，而是周围的环境及教育者提供的太少。

教师：大多数教师在参加工作后，除了教材和教参外，很少阅读其他书籍。许多教师成为近乎纯粹的"工作者"，其他与工作无直接关系的学习很少涉及，知识贫乏，视野狭窄。而教师自身的素质直接影响着他们对丰富的教学资源的开发和利用，影响着教学方式的灵活运用，最终将影响到学生的发展。

课程：国家课程中有关国学的教育内容较少，而作为国家小公民的学生却应该从小了解祖国传统的优秀文化，并从中汲取养分，为一生的幸福奠基。因此开发国学校本课程，正是对国学课程的有力补充。

基于以上对各方面的认识与对国学经典内涵的思考，学校将结合实际，围绕"办人民满意的学校"的办学目标，将"国学经典伴我成长"确立为我校国学经典诵读活动的主题。针对学生的特点，从形式到内容，从途径到方法，从校内到校外，让国学经典走进每一个孩子的心中，走进每一个孩子的家庭，走进学校的各项教学活动和育人过程。

二、国学课程的指导思想和目标

（一）总目标

以提高学生的道德建设为核心，以学生发展为本，以国学经典诵读活动为抓手，深入开展民族精神教育和生命教育，通过经典诵读活动，形成浓厚的以"国学经典伴我成长"为重点的读书、学习、活动氛围，使学生在记忆力最好的时候，以最便捷的方式获得经典的基本修养，帮助学生提高心理素质，逐步明了学会做人与做事的道理，学会和谐、友善地与人相处，待人接物彬彬有礼，从小做有教养的人。努力提高小公民道德建设的实效，同时在没有较大压力的情况下，提升学生语文学习的能力，提高学生识字能力、阅读能力、习作能力等。

（二）分目标

1. 传承文化。通过"国学经典诵读"活动的开展，弘扬中华民族优秀文化，加深下一代人对祖国五千年文化的认识、了解和吸收。

2. 陶冶情操。通过"国学经典诵读"活动的开展，使学生与圣贤为友，与经典同行，潜移默化养育开朗豁达的性情、自信自强的人格、和善诚信的品质。

3. 开发潜能。在儿童记忆力发展最迅速的阶段，通过"国学经典诵读"，提高儿童的注意力，开发儿童的记忆力和思维能力，养成良好的读书习惯，促进学习态度的端正，求知热情的激发。

4. 学用结合。通过丰富多彩的语文综合实践活动，引领学生走进古诗文天地，领略古诗文的魅力，感受文言精华，增加阅读量，增强语感，奠定语文基础，丰富自己的人文素养，提升自己的审美能力和创造能力。

5. 发展语言。在大量接触经典古诗文的过程中，通过读、背、表演等方式，在提高学生的语言表达能力的同时，锻炼学生的思维、创新、想象等能力，使学生的综合素质得到有效提升。

6. 提升家庭文化品位。通过"国学经典诵读"活动的开展，引导父母子女一起诵读，增进亲子感情，提升家庭文化品位。

（三）各年级段教学目标

表1　各年级段教学目标

年级	知识目标	技能目标	情感态度与价值观目标
低年级	1. 课外阅读量不少于5万字；2. 能用普通话正确、流利、有感情地朗读课文；3. 结合上下文和生活实际了解课文诗句的意思；4. 在阅读中积累自己喜欢的词语和格言警句	1. 背诵优秀诗文30篇（段）；2. 借助读物中的图画阅读50篇（段）	1. 乐于运用阅读中学到的词语写出自己想说的话；2. 喜爱图书、爱护图书；3. 喜欢阅读、感受阅读的乐趣；4. 对读物中感兴趣的任务和事件有自己的感受和想法，并乐于与人交流，有表达的自信心
中年级	1. 广泛涉猎各类读物，课外阅读总量不少于30万字；2. 具有一定的语感，能初步把握阅读的重点内容，初步具备一定的鉴赏能力；3. 积累阅读中的优美词语、精彩句段，能灵活运用在习作中	1. 背诵优秀诗文50篇（段）；2. 能对文中不理解的地方提出疑问；3. 初步学会默读和略读；4. 能借助工具书和生活积累，理解词语的意义；5. 自觉吸纳中华文化中的精髓，具有一定的知识综合运用能力	1. 养成读书看报的习惯；2. 养成收藏国学经典资料的习惯；3. 乐于书面表达，对习作有信心，能将自己的所见、所思、所感写下来
高年级	1. 广泛涉猎各类读物，课外阅读总量不少于100万字；2. 背诵优秀诗文60篇（段）；3. 具有一定的语感，能初步把握阅读的重点内容，初步具备一定的鉴赏能力；4. 积累阅读中的优美词语、精彩句段，能灵活运用在习作中	1. 学习快速浏览和跳读，默读一般读物每分钟不少于300字；2. 理解词语在语言环境中的恰当意义，体会其表达效果；3. 初步领悟文章基本的表达方法；4. 利用图书馆、网络等信息渠道尝试进行探究性阅读，扩大自己的阅读面；5. 自觉吸纳文中的精髓，具有一定的知识综合运用能力	1. 养成读书看报、自主阅读的习惯；2. 养成收藏图书资料的习惯；3. 乐于书面表达，对习作有信心，能将自己的所见、所思、所感写下来

三、国学课程的基本原则

（一）熟读成诵原则

在教师指导下，学生对国学经典诵读内容力争达到"认读准确、诵读流利，对其中大部分篇目能够背诵"的目标。

（二）教学相长原则

教师在引导学生主动学习的同时，要广泛学习国学内容，不断提高国学素养，学生背诵的篇目教师先要进行研读，力争做到熟读成诵。

（三）教研同步原则

将国学经典诵读作为一项研究课题，学校领导与教师要边实践、边研究、边总结、边交流，提高国学经典诵读的效果。

（四）有效整合原则

学校要把国学经典诵读活动与学校教育教学工作有机结合，注重过程，讲求实效，坚持家校结合。

（五）模糊性原则

以激发兴趣、陶冶情操为目标。不求甚解，只求朗朗上口，熟读成诵，耳熟能详。

（六）差异性原则

承认学生个体间记忆思维等的差异性，不要求程度整齐划一。

（七）自主性原则

允许学生在规定阶段完成规定内容外，诵读更多的经典，并给予相应的评价。

（八）鼓励性原则

少责备、多鼓励，宁静勿躁、宁简勿繁，引导学生热爱经典为根本。

四、国学课程的内容安排

在课程设置上，应根据孩子们的年龄特点，选择适合他们的经典书篇来诵读，在1—6年级作为单独的课程列出来。

表2 各年级国学课程内容安排表

	年级	内容	课时
诵读内容	一	1.《弟子规》2.《三字经》	每周1课时
	二	1.《千字文》2.《笠翁对韵》（选）	每周1课时
	三	1.《论语》（选）2. 古代名句选读	每周1课时
	四	1.《大学》（选）、《中庸》（选）、《孟子》（选） 2. 古诗文必背	每周1课时
	五	1.《老子》（选）、《庄子》（选）2. 古诗文必背	每周1课时
	六	1.《史记》（选）、《资治通鉴》（选）、《历代散文选》2. 古诗文必背	每周1课时

备注：融入现当代中外名著、经典文学作品的阅读。

五、国学课程的具体实施

（一）时间安排

1. 利用每周一、三、五语文早读时间，开展"课前一诵"活动，做到读而常诵之，采用教师带读、学生齐读、优生领读、自由对读等多种形式，让学生诵读。

2. 每周一节固定的国学课，由专职国学教师授课。

3. 各班每月抽出一节语文活动课，将本月所诵读的古诗文全面复习，或在班级内举行诵读表演。

4. 在每周的写字课时间，将当周所诵读的古诗词，通过书写加强记忆，每周学校教导处随机抽查。

5. 每天回家复习 10 分钟，和家长一起读，营造浓厚的家庭诵读氛围。在诵读时间上，各班级灵活安排，充分利用零碎时间，寻找机会让学生多接触经典，多读多背从而多用，不增加负担，使经典诵读活动成为学生课外生活的一件乐事。

（二）诵读措施

1. 创造"四条途径"，激发诵读兴趣：

（1）一听，即听广播。学校广播站开设"学生之声经典小广播"，由学生主持、播音，其内容有经典朗诵、赏析以及有关经典的趣闻逸事等。

（2）二看，即通过校园妙笔生花栏、周学一语栏、黑板报等形式让学生随处可欣赏到经典佳作佳句，在有意、无意之中将经典记住。

（3）三抄，让学生做摘抄本、办手抄报、制经典集。

（4）四赛，每期进行一次经典诵读方面的竞赛，每学年上学期进行全校师生的"构建书香校园，美文诵读"比赛，下学期进行全校学生的"周学一语"擂台赛，以竞赛促使学生扩大经典的诵读量。通过活动，来检测学生诵读方面的效果，激发教师、学生诵读经典的热情。

2. 班主任要营造浓厚的班级文化氛围，开辟"美文角""经典壁"，采取多种形式，提高学生背诵的兴趣，争创书香班级。

3. 在语文教研组中开展经典诵读专题校本教研活动，研究学生的记忆规律，探讨经典诵读教学的方法，配合学校的"书香校园"建设，让学生先背诵大量的经典，实现"量"的积累，充分汲取经典文化的精华，得到经典文化的浸润，厚积而薄发把经典诵读与语文教学结合起来，引导学生学以致用。

4. 借助于家长的帮助，动员家长为孩子课外诵读经典给予支持，让他们结合生活情景，引导学生把记忆中的经典文化还原生活——也就是看到某种景色，或在某个生活细节，引导孩子说出与之相映的经典名句来。这样，孩子在家长的帮助下会更注重积累，并会在不知不觉中把所学的经典文化"内化"。

5. 总结评比。每学期结束，学校根据各班经典诵读活动开展情况，以个人和班级为单位进行评比，奖励先进。

（三）阶段性活动安排

第一阶段：宣传发动

1. 让每位教师了解活动的内容和精神，让全体教师参与到活动中来。

2. 利用班会时间举行"国学经典伴我成长"启动仪式，向全校同学发出倡议。利用校讯通向家长具体介绍经典诵读的重要意义，号召低年级的学生家长每天给孩子至少读或讲一个故事或一篇文章；号召中高年级的学生家长每天至少和学生共同读书 30 分钟，并赢得家长对经典诵读的重视与支持。

3. 利用学校"小喇叭广播站"，向学生宣传阅读的好方法及爱好读书的学生的事迹，充分发挥榜样的示范带头作用。

4. 营造校园读书环境，利用黑板报、橱窗、教室、走廊等阵地，布置一些读书的名言、自创的格言，营造读书氛围。

5. 利用校图书室现有的资源，开放学校的图书馆，图书馆备有精美的儿童图书，例如：各类儿童童话故事；简缩版的中国古典四大名著等。

第二阶段：发挥好三大主阵地的作用

1. 充分利用"三理"教育中"周学一语"这一阵地

进一步巩固学习成果。河南省文明委和省委宣传部自 2005 年起，号召在全省开展对未成年人进行伦理道德、心理健康、生理健康教育（简称"三理"教育），我校按照市、县委宣传部的安排，作为首批试点学校从 2005 年开展此项工作。

（1）"周学一语"即每周学习一条名人名言、人生格言、道德箴言等。学校橱窗和各班教室专门开辟专栏，每周更换内容，政教处定时印发名言警句活页，要求学生诵读、理解原文和释意，并要求学生讲给父母和身边的熟人听。每年 5 月下旬，各班选拔最佳选手，经过分年级预赛产生六组选手参加最后的擂台赛决赛。目前，我校已成功举办了六届"周学一语"擂台赛，此举受到了上级领导的极大关注和学生家长的一致好评。

（2）日行一善。为了将"知"和"行"齐头并进，学校还开展了"日行

"一善"活动，要求每个学生每天做一件好事并记录在学校专门印发的本子上，一周一总结，一日一评比。学校定期抽查、评比，并把具有典型性的优秀文章展示在校园"爱心之窗"内，教育引导学生在日常生活中养成良好的行为习惯，让学生在点滴小事上净化心灵、陶冶情操。

自开展"周学一语、日行一善"活动以来，同学们热情洋溢、踊跃参加，不仅积累了大量的名言警句，还懂得了做人的道理，为学生今后的人生指明了方向！

2. 继续扎实推进"经典美文诵读活动"这第二块阵地

在我们的校园，经常可以看到这样的镜头：早晨，沐浴着清风朝露，三三两两的孩子，围在学校橱窗前观看"妙笔生花"栏目的文章；下午的阅读课上，教室里的学生们手捧着心爱的图书，正读得津津有味；傍晚，在教室里，学生在老师的带领下，配着大屏幕上丰富的画面，配着或激昂或轻柔的音乐，在抑扬顿挫地诵读美文。以上是我校开展"经典美文诵读"活动的一部分。经过 7 年的探索实践，我校以经典美文诵读作为突破口，走出了一条开满鲜花的快乐阅读之路。快乐阅读激发了学生的阅读兴趣，提升了校园的生活品质，形成了学校的文化品牌。在实施快乐阅读的过程中，我们主要做到以下几点：

（1）开发适合的读本

读有所依，开发读本。读书并非越多越好，不能只求数量不谈质量，而是让各个层面的学生都找到适合自己的书法阅读，并逐步积累、层层上升。学校整合师资力量，把小学阶段应该积累的优秀篇目分年级汇编了 1—6 册，供一到六年级的学生自由选读，同时依据学生的年龄特点，对学生进行分层阅读指导。

（2）养成读写习惯

首先，保证诵读时间，学校每天有 30 分钟晨读，每周规定有一节阅读课，以此保证学生有充足的时间诵读。同时我们要求老师们重视"美文摘抄本"的积累作用，让孩子们逐渐养成"不动笔墨不读书"的良好习惯。

（3）多元化阅读方式

我们以兴趣为载体，从学校、年级段、班级、个人几个层面展开，形式丰富，趣味十足。实践中，教师们主要创设了以下几种阅读类型：有故事引读、儿歌趣读、情境吟诵、配乐吟唱等。为激发学生的阅读兴趣，学校注重设计多层次展示学生阅读能力的平台，如学校"红领巾"广播站开辟经典诵读栏目，校刊、橱窗发表学生习作，在每一年度的读书节上举行学生汇报演出等。目前，学校已成功举办七届"传承中华经典，构建书香校园"大型美文诵读活动，活动中，孩子们从个人诵读到组建诵读团队共同诵读，从简单背诵到艺术熏陶，耳濡目染，快乐阅读得到了体现。此举受到上级主管部门的高度关注，邀请参会的县各级领导及学生家长也是欣然前往。

我们认为：美文诵读不仅仅是增加孩子们的知识储备，更重要的是让他们浸润中国的优秀传统文化，丰富他们终身受益的文化底蕴。

3. 以校本课程形式开设国学阅读课。

首先加大国学教师培训力度，学校开展以国学经典为主题的校本课程研究，教师须先行一步。只有教师比学生先学一步，多读一点、多背一点，懂鉴赏方法，教学中才能得心应手，左右逢源，也才能给学生正确的引导。因此学校从教师培训入手，2012 年，学校派 6 名国学教师远去深圳进行学习，再通过骨干教师上引路课——全员教师推进课——教师的集体研讨等环节入手，反复实验，最终形成了我们自己的授课模式，并以导学案的形式发给每一个学生。

阅读课目的是切切实实让学生多读书。教学中教师遵循多"读"的教学原则，让学生多读多背多诵，自读自悟、质疑问难，细细品味古诗文的韵律美、意境美、情感美、哲理美。不需要"讲透讲深""问个不休"，先积累起来再说，日后再来"反刍"。阅读课程形式多样，有鉴赏课、分析课、自读课等。科任教师针对本学科特点，制订渗透国学经典内容的相关计划，并在教学中加以落实。同时要设计出不同年级的国学授课内容和导学案，并分发给每一个学生。主要教学流程为：初读经典、整体感知——熟读经典、自悟自得——适度讲解、恰当点拨——展开想象、悟意明理——适当延伸、综合实践。

第三阶段：设计比赛平台

1. 开展各种读书、诵读比赛活动，例如："周学一语"擂台赛、"读书心得交流会"、"我与书的故事"征文比赛，阅读知识竞赛和优秀读书笔记、读书手抄报评展、诵读比赛等一系列活动。

2. 根据学生读书情况，评选阅读大王、藏书大王、经典吟诵大王等。

3. 结合班级管理创新，评选书香班级。

第四阶段：进行成果展示

1. 成果汇编：心得集、经典美文集、摘录集等。

2. 请家长参加学校组织的经典诵读展示活动和擂台赛活动，向家长汇报活动取得的效果，表扬经典诵读好家长。

六、国学经典诵读活动口号

1. 热爱书籍，享受阅读；热爱母语，享受经典。

2. 读高雅书，做优雅人。

3. 用珠宝装扮自己，不如用知识充实自己。

4. 读书好，好读书，读好书。

5. 与书本为友，与大师对话。

6. 与经典同行，打好人生底色；与名著为伴，塑造美好心灵。

7. 诵读，为精神打底；读书，为人生奠基。

8. 营造诗意校园，建设精神家园。

9. 诵读，为人生打下高雅的底色。

10. 最是书香能致远。

"读万卷书，行万里路。"中国的国学经典文化底蕴丰厚，蕴藏着丰富的为人处事的经验和做人的道理。诵读经典，用祖国优秀传统文化熏陶孩子，使他们变得聪慧、礼仪、仁爱、守信、博学……培养孩子良好的修养和习惯，开发孩子的记忆潜能和智力等，让他们厚积薄发，一生打下"精神的底子"从而受益无穷。

学习国学经典，实质上就是走向中华民族共有的精神家园，感受这个家园的温馨，参与这个家园的建设，形成对它的情感皈依。接受经典教育的过程，也就是把自己生命的根须扎根于丰厚的传统文化土壤的过程；当然，国学教育不仅仅是朗读诗歌，而是一个国家流传下来的学问。专家分析，在中小学校开设国学课程，只是科学有序推进国学教育的第一步。其后，还会有众多的国学教育方式接踵而至，精彩纷呈。

以上是我们学校进行国学经典诵读的一些尝试和做法，我们也一直在实践中探索，在探索中改进，更重要的是想通过这些实践为孩子们的成长奠基。

学校要善于抓住契机发现优势资源，选准学校特色文化的生长点。我们一小有着较为优质的师资队伍，尤其语文教师中有很多年轻的业务骨干，她们声情并茂的朗读水平常常吸引了众多学生，吸引他们加入晨间读书的行列。抓住这一契机，学校将经典美文诵读训练纳入校本课程之中，并使之成为学校特色建设的生长点。从看似偶然的开发过程中，学校看到了课程开发的必然趋势。学生的需要才是课程开发的第一需要，而教师的特长、爱好、志趣甚至个性是引发并满足学生需要的重要资源。校长是课程建设的拓荒者，而拓荒的关键就在于教育者要善于从一般的学校现象中，发现学生的兴趣与需要，善于挖掘学校的优势资源，为学生提供感兴趣和需要的课程。

本文写于 2014 年 3 月 19 日

阅读滋养心灵　书香伴随成长

——在全县"读讲写"活动交流推进会上的发言

尊敬的各位领导、各位同仁，大家好！

因为一个共同的话题，让我们相聚一小。首先我代表学校对大家的莅临表示热烈的欢迎，同时也衷心祝愿本次"读讲写"活动交流推进会圆满成功！

今年春季开学初，教研室在全县小学正式启动"读讲写"活动，与此同时，也引发了我们对该活动更深入的思考：读，为什么要读整本书。

一、对整本书阅读的提出

早在 2001 年，义务教育语文课程标准就提出了这样的教学建议："培养学生广泛的阅读兴趣，扩大阅读面，增加阅读量，提倡少做题，多读书，好读书，读好书，读整本的书。"即将面世的高中语文课程标准修订版则继续提高要求，将"整本书阅读与研讨"作为必修课 8 学分中的 1 学分固定下来。

二、对整本书阅读提出的反思

"整本书阅读"，作为课程的任务，它的进步性和价值究竟表现在哪里？被作为课程任务，作为重要的"亮点"，它是不是也说明我们的教育遇到什么问题了？两千多年以来，人们的阅读并非一直在黑暗中摸索，我们的先人，不但没有人教过他"整本书阅读"，甚至连基本课程也没有，却写下那么多书要我们这代人教"整本书阅读"，而且还要"培训"要"研讨"，这就不能不直面当下的社会阅读状态。1983 年，美国优异教育委员会在分析了世界中小学教育的一些差异后，未雨绸缪，发布报告《国家在危急中：教育改革势在必行》—— 不过是小孩子算术不灵，人家就喊"危急"了，我们是不是也该对一波又一波的"读书无用论"做点必要的反思？

三、学生在中、高考中失分因素分析：阅读能力亟须提高

考生的阅读能力即从试题中获取和解读信息的能力不足，是近年中、高考失分的主要原因之一。其中文科占失分总量的1/2左右，理科占失分总量的1/3左右。这个问题没有引起教学的足够重视，没有采取有效的对策与措施，因而至今也没有得到很好的解决。

综上所述，整本书阅读的提出并非小题大做，而是到了亟待解决、急需落实的紧急时期，我们的教育主管部门是睿智的，年初，固教体文〔2018〕117号《关于在全县小学推行"读 讲 写"活动的意见》正式拉响了集结号。作为百年老校的固始一小，近10年来，我们取得了较为丰硕的语文成果，2010—2011连续两年的全国语文风采大赛中，我校代表队代表固始县远赴秦皇岛、西安，分别摘取了团体银奖和团体金奖；2015—2016连续两年的河南省汉字大赛，我校代表队硕果累累。由于语文教学的丰硕成果，我校被评为信阳地区唯一一所"河南省语文实验基地"，并成为"固始县语文教学示范校"，这些荣誉的取得鼓舞了我校师生学语文、用语文的信心，也更坚定了我们要全面开展好"读讲写"活动的步伐。

下面仅就我校开展"读讲写"活动的一些做法与思路和各位领导、同仁做以汇报和交流：

一、开展"我们为什么要读书"的师生大讨论

基于前面对读整本书背景的探究和思考，我们首先在教师的思想层面上扫除了障碍，再通过师生大讨论进一步探讨我们读整本书的好处，让学生体会到读书是全世界都关注的话题、读书是人类进步的阶梯。

（一）读书是全世界关注的话题

1. 世界读书日。1972年，联合国教科文组织向全世界发出了"走向阅读社会"的召唤，1995年召开的联合国教科文组织第二十八次大会通过决议，正式确定每年4月23日为"世界图书与版权日"。

2. 世界各国都重视读书

（1）中国。1997年1月，中央宣传部联合九个部委共同提出了实施"倡导全民读书，建设阅读社会"的"知识工程"。2000年，全国知识工程领导小组把每年的12月定为"全民读书月"。

（2）英国。把每年的3月6日定为阅读日。

（3）韩国。发行"世界阅读日"邮票。出版社在每年4月23日当天寄出35000册图书，免费送给当地学校。

（4）日本。指定 4 月 23 日为儿童阅读日。

（5）法国。2004 年，以人口计算，平均每人读书 11 本。

（二）读书是人类进步的阶梯

1. 读书是继承人类优秀文化遗产，吸取前人的经验和教训。

2. 读书可开阔视野，丰富知识，增长才干。

3. 读书可修身养性、净化心灵，充实精神世界。

4. 读书可帮助解决困难。

5. 读书可提高写作水平。

6. 读书可成就大业。

通过讨论，孩子们知道了"秀才不出门，便知天下事"凭的是读书。阅读好书，就如同为自己打开了一扇通往古今中外的大门。通过大讨论，孩子们了解到：汉朝孙敬头悬梁，成为一名通晓古今的大学问家；战国苏秦锥刺股，成为一名政治家；西汉匡衡凿壁借光，成就著名经学大师；毛泽东嗜书如命，每到一处，书籍随行，甚至兵马未动，书籍先行，成就一代伟人。这些名人读书的故事和取得的成就极大地激发了孩子们读书的热情，从而主动加入读书的行列中。

同时，学校制订的活动方案为老师在学生中全面铺开"读讲写"提供了必要的指导性策略。

二、"读讲写"活动的具体实施

（一）指导读整本书，体现层次性

如何指导读整本书的层次性，下面我和大家分享以下几个流程：一篇发表在《小学教学设计》上的文章，作者是江苏淮安市人民小学副校长薛桂平。

1. 导读推荐，激发期待

①讲讲作者和相关书评

《绿野仙踪》的作者鲍姆的经历有些传奇色彩，在阅读之前给孩子讲讲作者的故事，尤其是他创作《绿野仙踪》的经过，就是个很好的导入。

②看看童书的封面

童书封面的插图往往能反映书中的一些内容，让学生根据封面上的插图展开想象，猜测书中的内容，可以激发他们的阅读期待。以《时代广场的蟋蟀》这本书为例。故事中的三个主要人物都出现在封面当中，色彩柔和，格调温馨，非常漂亮。老师就可以简单介绍一下这三个小家伙，介绍他们认识的过程，然后引导学生到书中去寻找他们的故事。

③读读童书的目录

读书前看目录很重要，让学生在没有深入读书前就对这本书的框架有个大致的了解。如《五·三班的坏小子》这本书，题目多数都很幽默简洁，学生读题之后，兴趣盎然，充满期待。

④猜猜书中的插图

优秀的童书，它的插图也是非常棒的。《夏洛的网》第一章节中小女孩弗恩抢夺爸爸手中斧子的画面，就有着很强的冲击力。这张图片一出示，孩子们一下子就被带入故事的情境中。这个女孩是谁，这个男人又是谁，女孩为什么要夺男人的斧子？他们纷纷猜测，大脑迅速运转起来。这样的导入，大大激发了学生的阅读兴趣。

在导读课上，老师要做的就是设置足够的悬念，激发学生的兴趣，同时要在导读的时候就考虑最后的主题探讨，做好铺垫，还可以对后面的阅读提出一些要求。有目的的阅读比漫无目的的读效果要好得多。

2. 及时推进，促进深读

①多形式复述故事

在学生读了一段时间后，可以根据课前了解的多数同学的阅读进度，在进度范围内，选择内容让学生复述故事。复述的时候可以配合游戏、表演等变换多种形式来进行。不管是什么书，它都有一定的章节，每个章节所讲的内容既与前后相联系，又相对独立。学生读了每章之后，最低限度要能说出每章主要讲了什么，能大概讲述故事情节，讲讲对书中人、事、物的初步印象。这才能证明是真正读过了，否则，读与没读没什么区别。引导学生复述故事，也是一种检查与促进。在这个过程中，随机教给学生概括主要内容和复述故事的方法。

②展开预测想象

儿童图书，尤其是儿童文学类书籍，情节变化往往出人意料，引导学生读这类书时，多用预测想象法去读，读到关键处可以停下来，想象下一步会发生什么。让学生通过想象，和书中故事情节进行对比，感受到故事的内涵和书中内容的动人之处。关于预测想象，教师要以恰当的方式，提供适量的线索和依据，要注意防止信息的呈现变成了"剧透"。学生在练习预测时，老师应该学会追问："你为什么做出这样的预测？"让他们回到"文本"中去找原因。在预测时，老师要提炼看上去毫不相关的事件，把它们放在一个背景里。学生可以迅速调取个人已有的背景知识、片段中的有用细节、阅读同类文本的经验进行合理的推测。这种推测有一定的难度，满足了学生挑战的兴趣，促使他们向书的更深处阅读。

③围绕小主题讨论

一般书都分为不同的章节，每个章节各有自己的主题。高年级的阅读推进，可围绕若干个小主题分章节阅读后交流讨论。为各个章节设计的问题中，有的是促进学生对故事情节的关注与熟悉，有的则是促进学生对故事中隐含的主题的逐步思考。如读杨红樱的《五·三班的坏小子》，可以按《"坏小子"的故事》《"坏小子"和女生的故事》《"坏小子"和老师的故事》《"坏小子"和军训的故事》这四个章节逐一展开交流，感受"坏小子"的调皮、可爱、聪明、善良的特点。

④阶段阅读成果展示

为了检验阶段阅读的成效，充分调动学生继续阅读的兴趣，让他们的前期阅读得到师生的肯定，获得成就感，可以用阶段成果展示的方式予以推进。活动的形式可以多种多样，如举行讲故事比赛、猜谜语比赛、佳段欣赏会、"我是'朗读者'"、人物评论会等活动，还可以举行优秀读书笔记展览、读书小报评比、制作书签比赛、设计读书卡比赛……同时通过建立班级微信群、QQ 群分享阅读感受，师生共同点评。在评价中，老师要以赏识的眼光关注每一个孩子的阅读过程，发现其"闪光点"，不失时机地对孩子某一做法进行激励、表扬、喝彩，激发孩子的内在动力。

在共读的推进过程中，我们要始终关注孩子们的阅读进程。推进课可能是一次、两次，也可能是多次；可以是几分钟关于某一个话题的交流，也可以拿出更多时间来进行，这完全根据孩子阅读的实际情况而随时调整。在这里老师要把握阅读的时间与节奏，只要班上多数学生读过了就可以。

3. 交流总结，深化理解

①探讨书的主题

书读完后，要对书的主题进行探讨，这是对整个故事、整本书的回顾、总结与提升。这一探讨的过程就是领着孩子往高处走一走。需要强调的是，这一过程一定要与学生当下的生命相结合。

在探讨主题的时候，对学生进行引导：假如你碰到这样的情况，你会怎么做？你跟故事里的人有相似的地方吗？这是让书的内容与学生的生活链接。如在《不老泉》读书交流会上，可以抛出这样的话题：如果你就是书中的主人公温妮，发现了这口泉水喝不喝？假如你拥有这不老的泉水，除了你自己，你还会选择让谁喝？

②研究书的情节

书的情节始终是学生比较关注的，作者一些独特的表达方法也会蕴含其中。对此，如果不进行交流讨论，学生往往会留下模糊的印象。所以，读完要引导学生对书中一些重要的情节进行回顾，还要适时引导学生关注作者是采用什么样的写法完成这些情节叙述的。

如读完《亲爱的汉修先生》进行交流："书中最让你难忘的是什么？可以是高兴的、悲伤的、遗憾的、好玩的……"学生会选择不同内容从不同的角度进行汇报，这样可以丰富每一个学生读书的感受。通过这样的汇报交流，来完成对整本书的梳理，对学生来说，就是把散落在心中的信息重新进行了排列组合，形成新的更深层次的认识，建立了整本书的基本框架。这本书的结尾是这样写的："我觉得悲伤，同时也感到很欣慰。"作者为什么这样结束这本书呢？通过这样的追问，让学生从整本书的角度思考主人公鲍雷伊成长的心路历程。

③分析书的人物形象

除了科普类书籍，其他文学类、故事类书籍都是围绕人物展开故事情节。书读完后，要对人物形象做一次梳理、提升，让人物形象在学生心目中变得丰满、圆润，具有立体感。以问题引导学生分析："这本书中有哪些人物？你最喜欢谁？说出你的理由。"通过学生汇报，梳理出文章中的主要人物。通过说喜欢谁，了解学生对这本书的理解程度，看他们是如何看待书中人物的。让学生说理由，就是通过书中的某些情节证明自己的观点，让学生把感受最深的地方说出来。人物形象的探讨分析可以根据每本书的编写情况展开。

例如，《草房子》整本书读完后，可以直接按照人物进行交流，可以将一个人物或两个相近的人物放在一起进行对比交流。如"秃鹤"和"细马"这两个人物有很多相似之处，让学生先说出对这两个人物的印象，根据文章内容谈谈他们名字的由来，然后自己推测，看看作者为什么给这两个人起这样的名字。通过这样的探讨，可以使学生感受到人物的性格，同时明白作者给人物命名有时常常隐含了作者的情感因素。最后，围绕"两个人身上哪里最让你感动"进行交流，理解"尊严"和"责任"的含义。

④关注书的独特写法

每本书都有它独特的表达方法。有的书以不同的人物故事独立成章，而人物与人物之间又相互联系，如《草房子》就是以人物独立的故事串联起整本书；有的书围绕一件事展开，娓娓叙述故事的经过，如《轮子上的麦小麦》，以麦小麦家不停地搬家这件事展开；有的书以书信的方式或以日记的方式架构等，如《亲爱的汉修先生》是用书信和日记穿插的形式来写的，还有很多关于写作方法的介绍，在表达上有着鲜明的独特之处。

对一本书的主题、情节、人物交流之后，最后提出的问题可以是："这本书和其他书比较，在写法上有什么独特之处？"引导学生既回到整体，又跳出书本。让学生注意整本书的特点，是对语言表现形式的一种关注。还有书中对一些人物形象的细节刻画、对景物的细致描写等生动传神的句段，都要引导学生关注，要抓住一些关键处引导学生领悟、体会。

4. 后续推进，二次提升

全班一本书共读之后，通过读书交流会进行了交流分享、总结提升，到此还不能结束。为了进一步巩固学生阅读的成果，深化其对整本书内容的把握与理解，提升学生阅读鉴赏能力和阅读后的反馈能力，有必要进行一些后续推进活动。

①跨界阅读

跨界阅读既指突破学科边界的学科互涉阅读，亦可指突破纸质媒介进行的综合阅读。许多儿童文学名著都被拍成了电影或制作成了动画片，绘成了连环画等，如《夏洛的网》《彼得潘》《木偶奇遇记》《秘密花园》《草房子》等都有非常棒的电影，共读之后，让孩子们抽时间看看电影，既是对书内容的回顾，又可以检验自己对书的理解，还可以通过把书的内容与电影对比，对电影的内容做出自己的评价。在跨界阅读过程中，学生体会到不同的艺术形式在表现人物、设置情节方面的特点，立体化地品评人物，加深对原书的理解，有助于客观地、多角度地评价分析原书。

②续编故事

好多书的结尾都留有悬念，可以引导学生发挥想象续编故事。如《特别的女生萨哈拉》阅读交流之后，想象萨哈拉之后的变化，最后有没有实现当作家的理想等，把它续写下去，或者创编属于自己的特别故事，也可以像萨哈拉一样写一写自己的心灵日记。

③排演童话剧

许多儿童书籍情节都非常生动，读过之后，可以引导学生排演童话剧。学生展演后，再组织交流评价，无论是肯定表演的成功之处，还是指出需要修改、提升的地方，都要说明理由，而这些理由一定是源于书的内容、书的思想。这一过程，无论是对于表演者还是观众，都是一次阅读再提升的过程。

④对话书中人物

儿童书籍中的人物形象往往很鲜明，在阅读整本书的过程中，书中人物的喜怒哀乐会随时牵动学生的心，使学生自然生发出某种期待，希望这些人物此时怎么样、将来怎么样……对他们在书中的表现做出自己的评价，产生与之对话的冲动。读完书后，老师可以让学生用写信的方式与书中某个人物进行对话；或以"致××"为题，以第二人称写读后感，引导学生进入书中情境，思考、玩味；或为书中的主要人物配一段解说词，对其做一个总结性评价。这样，一方面满足了学生的情感需求，另一方面可以让学生更好地融入情节、理解人物，同时也提升了学生书面表达能力。

⑤创作思维导图

高年级的学生，可以引导他们画思维导图，对整本书内容进行回顾，提升他们总结概括能力和逻辑思维能力。思维导图可以情节线为轴，可以人物线为轴，可以时间线为轴，也可以书中的一个故事为生发点展开，等等。思维导图创作的过程，就是学生对这本书再阅读、再思考总结的过程。学生展示思维导图，借助思维导图介绍人物，介绍相关的故事情节，不仅是语言表达能力的展示，更是思维能力的体现。

以上这些环节我们还在摸索尝试阶段，老师们也是边实践边总结，边反思边修正。"读万卷书，行万里路。"读整本书，用祖国优秀传统文化熏陶孩子，使他们变得聪慧、礼仪、仁爱、守信、博学……培养孩子良好的修养和习惯，开发孩子的记忆潜能和智力，让他们厚积薄发，打下一生"精神的底子"，从而受益无穷。

（二）讲故事活动，体现趣味性

我们以兴趣为载体，设计多层次展示学生阅读能力的平台，从个人、班级、年级段、学校几个层面展开，形式丰富，趣味十足。讲故事活动的形式可以多种多样，有故事引读、儿歌趣读、排演童话剧、举行讲故事比赛、猜谜语比赛、佳段欣赏会、"我是'朗读者'"、人物评论会等活动，还可以举行优秀读书笔记展览、读书小报评比、制作书签比赛、设计读书卡比赛……

学生讲故事（姓名、图片及成绩）老师演讲（姓名、图片及成绩）

其他班故事大王风采　介绍讲故事方案及实施、评价

综合实践活动"我是小导游"智慧对决　辩场争锋——开卷是否有益"日行一善　周学一语"擂台赛

介绍该活动进行的方案及实施

（三）写日记，体现语言运用

通过对读后感、日记、手抄报、妙笔生花的展示可以看出，学生写日记，老师主要从留心观察生活、善于选材、要有真情实感、能用上好词佳句等四

方面进行指导。写日记常写常新，也能够自得其乐，更需要坚持不懈地进行下去，坚持久了能够真正积累一些素材，扎实地提高写作水平。我们按教研室文件要求让学生每周写三篇日记。

三、探索多元化评价方式

1. 读的评价及书香班级的评价

合理性地对学生进行阅读能力的评价，能最大程度地激发学生的阅读兴趣，达到提高学生语文综合素养的目的，从阅读能力的培养和提高方面来看，恰当的评价阅读是一个积累于现在，受益于未来的过程，效果很难在短时间内得到体现。（以上是对低、中、高学段学生的阅读评价。）

（1）星级评价。评价最高级即为五星阅读。阅读时，如果符合其中一项要求即获得一颗星，累计所得的星数，即为总评几星阅读。

（2）字数要求。此列5项中，要求低、中、高年级每月阅读量分别不少于2500字、2万字和4.5万字的体系要求，皆依据《语文新课程标准》中有关"阅读"在不同学段中的具体要求——低、中、高年级阅读量分别不少于5万字、40万字、100万字按月计算提出来的。

（3）评价注重阅读过程：

①评价学生阅读质量，如学生的阅读量、初步把握文章的主要内容等方面；

②学生朗读能力的评价，如吐字是否清晰，发音是否正确，能否注意语调、速度，能否表现自己的情感体验；

③学生略读、浏览能力的评价；

④阅读态度的评价，评价学生的阅读态度可以从以下几个方面进行考查：是否主动，是否有阅读习惯，是否具有读写用相结合的习惯等。

以此类推，构建班级图书角，进行书香班级的评价。由于局体育发展中心配发的图书暂时还没到位，所以我校的班级图书角目前以学生互相带书进行资源共享为主要图书来源。

2. 写的评价

让孩子们真正爱上写日记，教师在评价上要动脑筋，通过富有针对性、创造性、鼓励性的评语，开展个性化日记评价活动，同时引导家长坚持写爱心评语等，这些都需要教师谙熟学生心理，培养高尚的教学情操，点燃孩子们对创作真情小日记的迷恋之情。

①巧供多彩评语，走进纯真时光

在学生日记后面写评语是很见教师功夫的事情，针对学生性格爱好不同，家庭背景迥异的学生，老师的评语也是多彩的、美丽的，可以是朋友谈心式的评语，可以是姐姐式的评语，也可以是小小萌童式的评语，多彩评语能够让老师童心不老，永远沉醉在纯真时光里。

②聘用日记助理，指导学生互评

语文老师多是班主任，杂事多，难免会耽误批日记的时间，从班级里挑出一部分优秀学生聘用为日记助理，既增加了学生荣誉感，又促进了生生互相交流，在交流中同时浓厚了学生写日记的氛围。

③通过多彩板报，鼓励张扬个性

学生的个别差异，在日记选材立意和布局谋篇的过程中，能够体现出来。教师定期选出优秀日记，通过展报、手抄报的形式，评价关注不同层次不同爱好的学生，增强学生自信心和对写日记的热爱。

④巧引爱心点评，加强亲子沟通

很少有人意识到，父母应该和老师一样，也成为日记的批阅者，学生的日记不乏生活内容的记录，孩子成长中心理、生理、伦理等方面的困惑不仅需要老师关注，还要家长引领疏通，家长恰当的点评既及时关注了自己孩子成长的点滴，又增加了亲子交流，好处多多。

两点思考：

一、"整本书阅读"的教学主要由语文学科承担，但整本书阅读的任务必须上升为贯通各科教学的基本要求（而不仅仅是文学经典教育），成为学校教育共识，才有可能巩固地位，成为基本任务。当然，当前落实这一任务的艰巨，恐非局外人所能想象。

二、学校行政统筹是积极因素，但更实际的是教师群体的阅读意识。教师比一般人"会读"，所以能"教读书"，学校有一群读书人做教师，学生和读书人为友，学校才称其为学校。如果我们的老师不愿对学生说"读书多对语文考试有好处"，只说"这是你一生的幸福"，如是方能言"教育品质"。

童年是最美好的岁月，童书是最美妙的种子。引领儿童共读这些种子里有强烈信仰的一本本书，就是在他们的童年播下一粒粒最美妙的种子，那是文化的种子、语言的种子、审美的种子、思想的种子……新教育人相信，多读书、读好书、好读书，总会有奇迹发生！

本文写于 2018 年 11 月 20 日

迈向明亮那方

——在全县乡村首席教师培训会上的讲座

　　熏风入弦，绿荫敲窗，季夏悠长，碧荷生香。有幸与各位领导、各位同仁相聚于这墨绿时光，一同切磋，碰撞思想，探讨建设工作室的良计妙方。也借此机会，我代表十四小全体师生和汪静名师工作室全体成员对各位领导和同仁长期以来给予的关心和支持表示衷心的感谢！

　　今天在座的除城区"三名工作室"的各位精英外，更多的是来自乡村首席教师工作室的各位同仁，随着乡村振兴战略的加快实施，乡村教育越发受到重视。2019 年，教育部决定在安徽、河南、陕西、甘肃 4 省实施乡村中小学首席教师岗位计划。2022 年，河南、山东等地在乡村中小学首席教师计划基础上，设立乡村中小学首席教师工作室制度，采取"1+10+100"的模式，即 1 名乡村中小学首席教师协同指导 10 名乡村中小学骨干教师，示范引领，辐射带动 100 名乡村中小学教师的专业发展。

　　据近日公布的《河南省乡村中小学首席教师岗位计划实施方案》，河南省"十四五"期间拟遴选 3000 名左右乡村中小学首席教师，建立 3000 个乡村中小学首席教师工作室，推动乡村教育高质量发展。这是补齐乡村教育短板的有效策略。这既是对试点成果的肯定，也是希望通过乡村中小学首席教师工作室这个"星星之火"催发"燎原之势"，实现"找准一队人、带动一批人、影响一群人"的根本改变。

　　今天上午隆重的揭牌仪式，足可以看出省教育厅和县教体局的各位领导对师资梯级攀升和团队培养工作的高度重视。从他们那儿，我们看到的是教育者广博的教育情怀，是服务于我们团队培养者的殷殷嘱托，是一种对未来教育发展的无限期待。

　　按李主任的会议安排，也鉴于参会同仁中有工作室主持人也有导师、顾问和成员伙伴，下面我从主持人自身的学习和工作室建设两个方面向各位领导及同仁做以汇报，回望是一种成长，是为了更好地眺望远方，所以今天我发言的题目是《迈向明亮那方》。

2020 年 11 月，我以全省不超过 15% 比例的校长身份通过了中原名师的笔试、讲课、答辩等层层遴选的环节，成为中原名师培育对象，参加了河南省2020—2022 年度中原名师培育对象项目北京师范大学班，本项目受河南省教育厅委托，由北京师范大学继续教育与教师培训学院具体负责实施。每名培育对象须在培育基地参加为期三年的系统性、专业性、递进式的培育，其间有形式多样的混合式培育、种类繁多的各类任务和严格残酷的阶段性认定，三年求学路，坎坷不平，有工作的挑战，有生活的磨炼，一程又一程，攻坚克难，收获成长。

中原名师的学习已经走到了第三年，虽然还有一个学期就要结业，但在中原名师培训启动仪式上，教育厅毛杰厅长的话至今仍在耳边回响："我希望我们教育一定要剔除功利，要回归'人之为人'的教育，那么一定要用教育内在的规律去办学，一定要以人成长的规律去育人。教育应当是生命对生命的尊重，人格对人格的平等，情感与情感的共鸣，此爱与被爱的交融，智慧对智慧的点燃，文化对文化的蕴泽。"

毛厅长的话掷地有声，给予我们来自内心深处的叩问，究竟名师"名"在哪儿？首先要做一个"明"师，明教育的本质，明学科的本源，明课堂的本色，明学生的本真，明自身的本心。而我们这个队伍，不仅顶着"名师"的光环，还要担"名师"的使命，负"名师"的重任，做"名师"的践行。

优秀教师的六条标准：1. 志存高远的职业情怀，它能够使我们在职业的路上不断追求。2. 丰厚扎实的文化底蕴，它能够让我们走得好、走得远。3. 全面正确的课程基础，它能够保证我们做一个明白的语文教师。4. 娴熟实用的教学技能，它能够让我们的课堂充满生命的活力。5. 与时俱进的学习精神，它能够保证我们做一个幸福的人。6. 朴素真诚的感恩之心，它能够让我们经常得到贵人相助。

迄今为止，我的中原名师培育之路和汪静小学语文名师工作室一起，已走过了三个年头——700 多个日日夜夜的历程，在上级教育主管部门的指引和全体成员的深耕细作下，根植固始教育这片沃土，依托固始县第十四小学，以汪静小学语文名师工作室为发力点，为固始县小学语文教师踏上专业成长之路起到了积极推动作用。下面，对于近三年来我们工作室的建设情况，我将从以下四个方面向各位领导、各位同仁做以汇报：

一、招贤纳士聚英才，精心规划明方向

工作室成立之初，我们首先进行了三问：1. 我们为什么要成立工作室？只是在学习、模仿、培训中成长几个名师吗？2. 工作室到底要做什么？只是组织成员听听课，上上课，做几次送课讲座吗？3. 工作室的发展愿景是什么？怎样在实践中引领教师更好地成长呢？

在思考中前行，为充分发挥名师工作室的辐射、引领、示范作用，更好地促进全县小学语文教学教研及教师的专业化成长，县教体局于2021年4月在全县范围内为中原名师培育对象汪静名师工作室选聘学员19名。经过个人申报、学校推荐、微型课展示等环节，县教研室韩春玲，固始十四小胡明文、刘韵歌，一小王雪、九小陈本莉、韩硕，十三小刘婷，北关小学袁冬梅，洪埠一中丁阳红，胡族铺镇中心校余耀琼，陈淋子镇中心校李明燕，观塘中心校王艳平十二位语文教师成为汪静名师工作室首批成员。第十四小学作为名师工作室所在学校，经再次遴选，十四小杜淑玉、马月华、许安萍、杨丹丹、许静、姚菲菲、李贝贝、陈欣月八名语文骨干教师成为汪静名师工作室第二批成员。

5月26日，名师工作室启动暨授牌仪式在固始县第十四小学如期举行。县教体局党组成员、副局长洪念国，局教师教育股股长李仁堂，基础教育股股长程健出席活动。洪局长对名师工作室的建立在表示祝贺、寄予厚望的同时，强调了工作室各位成员要依托此平台，积极参与研讨活动，扎实开展课题研究，定期发表论文，按时完成各项任务。

名师工作室自成立之日起，狠抓制度建设，以"凝共识同心筑梦、促提升携手前行"为宗旨，以"榜样引领、项目驱动、同伴互助、以研促教"为工作理念，以"理论学习与实践操作相结合，自主学习与寻思引领相结合、独立思考与合作交流相结合、自我反思与不断提升相结合"为工作策略，发挥名师在教育教学改革中的示范引领、辐射带动作用，推动学科教学教研团队建设，以"打造一支团队，成长一批骨干，影响教师群体，带动共同提升"为工作室总体目标，达人达己，臻于至善。

于漪老师曾说："一辈子做教师，一辈子学做教师"，为师之本要有"一双慧眼，一腔热忱，一颗仁爱之心"。工作室成立之日起，希望所有伙伴树立终身学习的观点，不断提高自身的素质，力争把名师工作室打造成固始小学语文教育品牌，为固始县及信阳乃至全省小学语文教师发展做出贡献。

自成立以来，工作室依托十四小先进的教学资源，在十四小博爱楼四楼设立了汪静名师工作室作为独立的办公活动场所。学校充分保障工作室运行经费的投入，办公设施配备齐全、为工作室专门购置了丰富的图书资料，制定了工作室发展规划、年度工作计划，建立了汪静名师工作室公众号平台，及时发布工作动态和研究成果。

在成员管理上，工作室力求精细化。要求全体成员在培养期内制订切合实际的发展计划，每位成员均建立了个人成长档案。我们努力营造氛围，引导全体成员树立团队合作意识，有效完成主持人分配的工作。每学期我们都会要求每位成员制订个人发展规划、读书计划，并按计划有效开展读书活动，认真记录个人研修笔记，按时参加听评课及教学研修活动，积极参加校内教学展示活动，有效促进了工作室成员的专业化成长。

工作室建设如米小的苔花，以成长的名义出发，也许会走得很慢，但一点点向前，总会看到不一样的风景。

二、理论修养重提升，知行合一勇实践

工作室成立之初，作为主持人，我个人首先制定了发展规划并加以落实。我积极参加各级培训和理论学习，不断提高理论水平；积极投身教学实践，加强理论与实践的有机结合，使自己的专业理论水平继续提升。深入探寻语文的本质，提升自己的语文课堂教学能力。在完成好教育教学任务的同时，通过听评课和专题讲座等培养指导青年教师；以工作室为平台，以校本研修为手段积极进行教研共同体创建活动；带领团队进行课题研究，加速教师专业成长；积极承担各级教师培训、送教下乡、专题讲座、教学改革等任务。另外，我还坚持每天读书学习，积极撰写读书报告；组织举办学术研讨会，撰写活动成果综述并形成报告。

三年来，在个人专业发展的道路上，总结有以下几点收获。

（一）在勤奋学习中积淀专业素养

未涉深山不知江湖之远，未见沧海不知天地之大。2021年4月至今，我先后五次分别到北京和珠海参加了北京师范大学·河南省中原名师培育对象高级研修班的培训。培训期间，托举百年树人的期望，我们选择"衣带渐宽终不悔，为伊消得人憔悴"；肩负师生的希望，我们相信"既然选择了远方，便只顾风雨兼程"；忠于教育的守望，我们宁愿"路漫漫其修远兮，吾将上下而求索"；不负导师的厚望，我们秉持"家山虽在干戈地，弟侄常修礼乐风"。我们紧跟专家的指导，跟紧导师的步伐，带着学习的激情、交流的热情、感

恩的温情，拉开一次次线下集中培训。在三年的学习中，受到诸多启发：

首先，打造学习空间，助力专业成长。帕尔默在《教学勇气》中指出："如果一个空间要有利于学习，它必须鼓励学生们找到自己真正的表达机会，无论他们表达意见的方式是否被别人认可。当学生们不能表达自己的想法、情感、困惑，甚至偏见时，学习是不会存在的。"对于成年人的培训学习也如此，北师大项目组着力打造这样的学习空间。所以，在学习过程中，我们做到准时参训，不缺席、不迟到、不早退，勤于学习、敏于思考，将培训学习与工作实践、能力提升紧密结合，积极主动地与老师和同学们进行深入研讨、交流，真正做到学有所思，学有所悟，学有所获，努力成为塑造学生品格、品行、品味的新时代好老师，做学生为学、为事、为人的示范，以实际行动践行立德树人、铸魂育人的时代使命。

其次，扎根教学业务，培育成果意识。深扎教学实践，要能下真功夫。教师的成长是一个缓慢、渐进的蜕变过程，每一次成长都要可感受、可看见。培育自己的成果意识从自觉的实际行动开始，从阶段性规划开始。大家要建立有时间标签、有内容含量的成长文件夹，保存过程性资料，且阶段性做自我梳理和提炼。培训始终与教育教学实际密切结合，是实践、学习、反思、再实践的提升过程。梳理和提炼，可能是任务和要求，但最好是自觉行为，成长就是让自身经验在不断积累中沉淀，去伪存真，发生质变，成为自身的实践知识。实践知识还要返回教学一线，重启新一轮的"实验"，在这个过程中，也许有专家点评与指导，有同伴协助，受他人启发，抑或得益于自身失败的教训，但自己一定要"掌舵"，鼓起勇气在"做中学，做中求进步"，逐渐成为自身实践的研究者，成果就在其中生成。

最后，确立学习目标，厚植专业基础。我们生活在一个多元、变动的社会转型期，"不确定性"是每个人都要面对的常态。随着研修的不断深入，学习的理论知识、接触的实践场域也会越来越丰富，此刻，除了专业学习本身，还有更大的考验和挑战在等着我们，是"乱花渐欲迷人眼"还是"他山之石，可以攻玉"？我们当然希望是后者，这代表我们在专业发展上有主心骨，有清晰的发展图景，在分享共学中，培根固本，不断让自己的专业成长之树枝繁叶茂。

培训期间，我认真聆听了专家学者的精彩报告，积极与其他学员互动交流，并将自己的学习心得诉诸笔端，通过工作室公众号平台，与全体成员共同分享了《向着教育理想一路前行》《星光不问赶路人，时光不负有心人》《改变，从阅读开始》《业精于勤钻而研，师成于名持且坚》的培训及读书心得，为全体工作室伙伴在理论学习上做了引领和示范。

纸上得来终觉浅，绝知此事要躬行。在理论和实践结合的层面，2021 年 9 月 28 日，名师工作室 2021 年秋季教学研讨暨小学语文统编教材培训活动在我们十四小举行。当时我做了《阅读教学如何落实语文要素案例简析》的主题报告，针对统编教材如何更好地落实语文要素，从"学段落实""单元落实""篇章落实"三个方面入手，结合大量的课例向老师们具体介绍了基于语文要素的阅读教学策略，并希望老师们认真研究新课程标准，准确把握教材编写意图，加强对课堂教学的研究，从而提升学生的语文核心素养。工作室成员、县教研室副主任韩春玲以《用好统编教材，明晰阅读策略》为题和老师们做了交流。名师工作室成员、十四小胡明文主任从自己的课例出发，分享了《于动静之间，品四季之美》，给大家带来了一场思维的突围。工作室成员、固始一小老师王雪从自己获得县优质课一等奖的教学案例入手，从"单元视角""文本视角""学生视角"三个方面对教材做一个初步的解读。

2022 年 3 月 12 日，固始县教体局携手河南师范大学，在县教师进修学校开展了《河南师范大学固始县域教师发展服务体系建设项目》的培训活动，培训会上，我应邀就团队引领等方面和与会同仁做了分享交流，参会伙伴撰写了心得体会。

2022 年 7 月 15 日至 22 日，在县教体局和河师大各位领导的不懈努力下，固始县第十四小学作为项目发展校之一，我因为脚受伤遗憾没能前行，汪涵副校长率一行 15 人来到了河南师范大学，聆听专家讲座，改变传统思维，学习新的理念，工作室成员代表及十四小骨干教师努力学习，每位老师回来都撰写了翔实的学习心得，以便更好地服务教育教学。

三年来，工作室组织的一次又一次培训之旅、问道之行，让伙伴们在语文专业理论修养上得到了巨大的提升！这种提升，缘于上级教育主管部门提供的学习机会；这种提升，缘于各级培训基地为学员提供的一场场饕餮盛宴。我们有幸领略专家风采、感受名师情怀。时日虽短，回味悠长，且行且学，不断成长……

（二）在教研实践中构建课程资源

闻之不若见之，见之不若行之。行之，明也。经历了一次次叩问，工作室的伙伴们把先进的理念和方法用之于自己的教育教学实践，积极投身于教学研究，为改进固始县小学语文教学质态而努力。为促进教育的均衡发展，充分发挥工作室的辐射、示范、引领、带动作用。两年来，工作室在县教体局、县教研室的大力支持下，举办了 4 场送教下乡、城乡教学联盟活动，开展了 5 次"集体研修"活动。

1. 开展名师工作室送教下乡活动，推进"聚焦教学改革 构建高效课堂"为主题的教学联盟活动

2021 年 3 月、9 月、11 月，为加强校际的合作与交流，形成相互学习、相互帮助的良好学习氛围，提高教师课堂教学水平，促进教师专业化成长，十四小教师、工作室伙伴多次分别走进武庙中心校和张广中心校，开展了以"聚焦课堂改革 推进有效教学"为主题的教学联盟活动。活动流程包括观摩示范课、骨干教师交流发言、业务负责人评课、学科教学指导等环节。工作室成员及两个联盟学校教师以此为契机，欢聚一堂交流学习、共同成长。在武庙和张广中心校，工作室成员胡明文主任、马月华老师及联盟校骨干教师先后作展示课，固始一小教师、工作室成员王雪 2022 年 3 月 30 日到陈淋子镇红花小学参加送教下乡活动，他们深研教材，深耕课堂，课堂上展示出教师良好的学科素养，展示着高效课堂的独特魅力；教研室副主任、工作室助理韩春玲 2021 年 11 月深入丰港乡中心校进行了小学语文学科专题讲座《统编小学语文，我们尝试这样教》，在固始县城乡教学联盟活动中做了《小学语文单元整体设计与实施》的专题讲座。理论联系实践的报告，深受与会同仁好评。

2. 开展工作室成员学科研讨活动

2021 年 11 月 9 日，工作室在十四小四楼录播室举行了 2021—2022 学年学科研讨活动，伙伴们相聚在一起，共同学习、共同交流，探讨如何促进小学语文改革、聚焦语文要素在学科中的运用。大家怀揣着提高专业素养、提升科研能力的目标，沐浴着冬日的暖阳，开启了一次交流研讨之路。三天的时间，共展示了 8 节教学案例，所选课文覆盖小学低、中、高三个学段，课文体裁有散文、古诗词、神话、议论文、小说，课型多样。工作室成员精心备课，各自在课堂上展现了自己不同的教学风采。我对工作室成员的每一节课都进行了逐一点评，在肯定每节课的闪光点之后，更多的是指出教学环节中需要商榷和改进的地方，给予作课老师中肯的指导和建议。

3. 开展城区兄弟学校教学研讨活动

2021 年 12 月 26 日，在原教研室副主任黄朝彬的联系下，应北关小学校长樊彬邀约，工作室走进北关小学开展了教研活动。工作室成员、第十四小学刘韵歌主任进行了五年级《少年中国说》示范课展示，胡明文主任以五年级上册《四季之美》为例，做了《于动静之间 品四季之美》课例分享，北关小学袁冬梅老师依托六年级上册语文要素"围绕中心意思写"做了《课堂

根深叶茂，成长繁花似锦》的阅读及作文案例反思。最后，我从课标、教材编排意图、提示导语、课后练习题、语文园地、学情六个方面为参会老师做了《统编教材下如何把握阅读教学的重点》的专题讲座，为一线语文教师的阅读教学提供了一定的参考。

4. 名师工作室承办全县小学语文教学观摩活动

2022年3月9日上午，固始县教学研究室暨汪静名师工作室"聚焦核心素养，践行新课标"小学语文教研观摩活动在教师进修学校10楼会议室隆重举行，全县400多名语文教育同仁参会。十四小教师、工作室成员马月华为参会教师带来了一节精彩纷呈的小学语文低年级古诗词教学《池上》；韩春玲主任做了精彩的课例点评，她从以读为主线、渗透学法指导、集中识字与随文识字相结合和巧设学习任务凸显核心素养等方面对本节课给予高度肯定，并就如何更好地创设情境性与实践性课堂提出了自己的意见和看法；我以《新课标背景下关于阅读教学重点的思考和探索》为题，先和大家一起回顾了我国第八次基础教育课程改革这20年间的四个发展期：理念阐释期、实践摸索期、反思调整期和健康发展期，接着分别从关于阅读教学的思考、阅读教学的重点该如何把握、典型课例分析三个方面和与会老师进行了分享，最后希望老师们怀着空杯心态，打磨课堂，聚焦问题，深入研究，提升专业品质，用专业的成就感成全职业的幸福感。一个多小时理论联系实践的讲座获得与会同仁高度认可。每一次学习，都是成长的过程，伙伴们认真聆听、积极参与、踊跃发言、气氛活跃，大家在交流中碰撞出智慧的火花。

5. 开展课题研究，初步形成"素·养课堂"的教学思想

我主持的2021年中原名师培育工程专项课题"基于语文要素的小学高年级精读课文教学模式的案例研究"，在北京师范大学培育基地的统一部署下，课题组全体成员通力合作，按照课题研究计划扎实开展课题研究工作，经过不懈努力，完成了所有的预期成果。

通过"基于语文要素的小学高年级精读课文教学模式的案例研究"课题的研究，按照高年级单元语文要素的分类，课题组构建了四类精读课文的教学模式：语文要素侧重于阅读理解的教学模式、语文要素侧重于阅读策略的教学模式、语文要素侧重于习作方法的教学模式、语文要素侧重于不同文体表达方法的教学模式，并在全校推广。精读课文教学模式促进了本校学生学习角色转变，促进了教师专业化成长，提升了教师的科研能力，形成一个以学生为主体，教师为主导，学校、家长和社会共同参与完成的多元评价体系。课题从2021年3月开始立项，经过两年的扎实研究，目前已经走到了结题阶

段，我们汇编了 478 页的成果资料，具有为精读课文教学提供案例指导的意义。

2022 年版《义务教育语文课程标准》中明确提出，学生核心素养的形成与发展是语文课程要落实的重点。鉴于部编小学教材系按照"双线"组织单元教学内容，那么一线小学教师在阅读教学实践中，应当如何准确把握语文要素，科学处理"双线"关系，以提高学生核心素养呢？工作室伙伴在线上线下进行了高效备课和多次交流与探讨。自 2021 年 11 月至今，我们已经连续制作了 30 多期聚焦语文要素，提升核心素养的专题案例公众号，全体工作室成员逐人从不同方面对语文要素的内涵进行了解读，逐人分享了自己在落实语文要素，提升学生核心素养方面的成功课例。

纸上得来终觉浅，绝知此事要躬行。经过大量的实践探索，我们对新教材有了全新的认识，伙伴们聚焦语文要素，厚实学生的语文素养，以知识技能养育学生的灵秀之气，以精神情感涵养学生的儒雅之气，培养学生的语文气质，"素·养课堂"的教学思想初步形成：聚焦要素重积累，增强语用意识；聚焦要素寻路径，发展思维和表达；聚焦要素探意境，培养审美情趣；聚焦要素找支架，促进文化自信。

教研是一场灵魂的唤醒，是用生命影响生命、用生命温暖生命的过程，教研更是一场诗意的修行！思想有声，行动有痕，在赶路的岁月里我们相遇，我们期待，我们一起在一场场教研实践活动中寻求收获，寻求进步，寻求成长！

（三）在读书活动中启迪教育智慧

阅读是每一个渴望成功的人必经的学习途径。中原名师培育项目首席专家、文学博士、中国作家协会会员、北京师范大学文学院教授、博士生导师张国龙在《名著阅读的方法与路径》中为大家解读了如何让经典名著陪伴一生的秘诀。他说到最诗意的陪伴是一起阅读。为人父母，我们应该和孩子一起读，无形中将书籍带到他成长的生命长河之中；为人师者，应该和学生一起读，读文学、读艺术、读科学。经历岁月大浪淘沙中积淀下的经典之作，会让阅读者有了和各种高尚灵魂交流的无限可能。

自庚子年开始，新冠病毒肆虐全国，疫情阻挡了人群相聚，却阻挡不住工作室成员们知识学习与思想传递的热情；疫情阻挡了我们外出的脚步，但阻挡不了我们对读书的热爱。

工作室发挥团队力量，开辟了静思坊——朗读者专栏，伙伴们停而不废，相聚云端，连续推送了 18 期朗读公众号，从戴望舒的《雨巷》到泰戈尔的

《生如夏花》；从汪国真的《热爱生命》到阿紫的《乡土》，一段段深情的文字，让广大师生徜徉于文学的天地，触摸文字的温度，聆听美好的声音。

2021年暑期，疫情当下，如何开展工作室成员的读书活动呢？在领衔人及全体成员的努力下，星空读书会应运而生。读书会从6月23日开始至7月23日结束，为期一个月。要求工作室全体成员在家中完成《给教师的建议》全书阅读。全书共100篇，每天阅读5篇，前20天为共读时间，每天由一名成员在工作室成员群内做不低于300字的原创阅读收获分享，群内围绕分享内容进行自主交流。共读结束之后，再用10天时间进行实践，开展二次研读或选择性精读，每位成员要结合教学实践开展反思，写出不少于2000字或5000字的读书报告。活动开始以来，工作室全体成员依托微信群，如期而至，相约云端，娓娓道来读书心得，纷纷记录真实心声。大家以"阅读+研讨"的形式，完成共读书目《给教师的建议》里的指定篇目，结合所读内容，谈自己喜欢的理由或心得。分享活动中，老师们个个畅所欲言，各抒己见，研讨气氛温馨而真诚。

两年来，"共读一本书"的活动持续开展。本学期我们又共读了《叶圣陶教育文集》，成员们都说这本书是满满的干货，拿来都能用，这本书特别是给几个刚入职的班主任带来了意想不到的收获。另一本是雷夫的《第56号教室的奇迹》，他的教学非常实际，是关于如何教育他的超级活跃的学生的，也提供了面对不可避免的考试的准备诀窍，该书也让成员们受益匪浅。这两次共读一本书的活动，每位工作室成员都做出了相应的读书笔记和读后感，我们在读与写中悄然成长！

每一次的活动成员们都积极参与并乐在其中，每天的读书打卡和读后的心得都按时发到群里，这些使我感受到了团队的生机活力和蓬勃向上的力量！

三、一枝独秀不是春 百花齐放春满园

为了让每位老师成为研究型、智慧型、创新型的教师，工作室创造各种机会，提供各种平台，引导成员们参与教学实践、课题研究、教学设计和经验文章的撰写，在舌耕之余笔耕不辍结得漫天硕果。

教师专业素养的提升与扎实的教学基本功是分不开的。追求和掌握教学基本功的内涵是汪静名师工作室全体成员的自我要求。他们用自己扎实的学科素养和日积月累的基本功赢得了多个奖项，一年多来，校内外18名成员中，有7人分别被评为市骨干教师、县级名师、县骨干教师，2人优质课获省二等奖，7人优质课获县一等奖，6人发表了论文，2人作了主题讲座，3个

省级课题、5 个县级课题和 51 个社团通过了评审结项。19 名成员中，获得省级荣誉称号的有 4 人，获市级荣誉称号的有 2 人，获县级荣誉称号的有 2 人。名师工作室凝聚的是教育教学智慧，燃烧的是教育教学激情，唤起的是教育教学灵性，我们工作室全体成员决心在未来的日子里，再接再厉，勇攀高峰，奋笔书写教育教学华丽篇章。

建校四年来，我校先后荣获"河南省装备工作先进集体""河南省实践教育工作先进集体""河南省优秀少先队集体""信阳市党建示范校""信阳市优秀家庭工作单位""县师德师风先进单位""县中小学书香校园""县语言文字达标示范校""县美术教师技能大赛优秀组织奖""县疫情防控先进集体""固始县教学教研先进单位""固始县基础教育质量进步奖""县教育体育系统宣传工作先进单位"，被县教体局授予 2021—2022 学年度教育教学工作综合评价"先进单位"；被团县委确定为"固始县青年五四奖章集体""固始县少先队红旗大队""红领巾奖章"集体二星章，连续三年被团市委评为"红领巾奖章"集体三星章；荣获河南省诗词大赛"优秀组织奖""第九届素质教育手抄报活动优秀组织奖"；连续三年获得固始县青少年才艺大赛"舞蹈类、合唱类比赛一等奖和优秀组织奖"；固始县第二届"志华杯"青少年学生硬笔书法大赛"优秀组织奖"；"喜迎二十大 奋斗新征程"主题活动中荣获"固始县少年先锋队展演一等奖"等荣誉称号。先后有 30 多名老师和同学在省、市、县各级各类比赛中取得骄人成绩，在 2021 年河南省诗词大赛中，我校胡志远同学荣获河南省诗词大赛一等奖，罗诗雨、易欣妍荣获二等奖，胡沐阳荣获三等奖，丁明英老师荣获河南省社会组二等奖；在 2022 年河南省诗词大赛中，丁明英老师斩获社会组一等奖的第二名，方哲同学斩获学生组一等奖的第三名，胡沐阳、贾峻熙两位同学荣获大赛二等奖，马月华老师荣获三等奖。我校先后被河南省教育厅确定为"河南省教师发展学校"；被县妇联、教体局和局关工委分别确定为"固始县中小学教师培训实践基地""固始县中小学家风家教示范校"和"固始县中小学德育实践基地"。

四、长风破浪会有时，直挂云帆济沧海

2023 年 2 月 20 日是学校建校以来必将载入学校发展史册的日子。十四小作为河南省教师发展学校和汪静名师工作室迎来了北京师范大学培育基地的认定考核，当面聆听各位专家面对面的指导。作为一所成立近 4 年的新校和在摸索中前行的工作室，接受全国教育界的翘楚进行全面检阅，我们既激动又紧张和忐忑。

2023，让我们向着既定的目标前行：

让阅读成为一种习惯。阅读可以是一人静坐之乐，可以是两人对谈之乐，也可以是一群志同道合者探讨研修之乐。

让行动成为一种路径。如果把老师的每一次成长比作一次由"此岸"驶向"彼岸"的航程，那么行动就是成长的一艘"渡船"，不断把个人智慧上升为集体智慧，实现理念上的同步，行为上的共享。

让团队成为一种力量。优秀的团队是一种成功的力量。一个人可以走得很快，但不可能走得很远，只有一群人才能走得更远。一群人，遇到困难可以互相帮助，遇到挫折可以互相鼓励，虽然路上常常你等我、我等他也许走得慢，但是终究可以走很远。

一手拾时光，一手种芳华。梦，在前方；路，在脚下。回顾三年来的前进历程，衷心感谢河南省教育厅项目办、北师大基地的精心培育，衷心感谢省教育厅、县教体局各位领导的指导和支持，衷心感谢洪局长和李主任在工作室迎接考核时一直的陪伴和鼓励，衷心感谢我们工作室团队同仁三年来的辛苦付出和无私帮助，汪静小学语文工作室全体伙伴在上级的引领下，一起彼此赋能，彼此成就，在追梦的路上，一路耕耘，一路收获。我们深知：未来的日子，机遇与挑战并存，我们将踏着坚实的步伐，阔步向前，在前行中收获智慧，在磨砺中不断成长，坚守教育初心，携手一起向未来。

最后，我想和大家分享《你当像鸟飞往你的山》的作者塔拉说的两句话："教育意味着获得不同的视角，理解不同的人、经历和历史。接受教育，但不要让你的教育僵化成傲慢，教育应该是你思想的拓展，同理心的深化，视野的开阔。"

愿各位同仁在今后专业发展的道路上百尺竿头、更进一步，像鸟飞向你的山林，向着明亮那方，力争做新时代的"大先生"！祝愿每个工作室的每位伙伴都能各美其美，美美与共！独行快，众行远；聚是一团火，散是满天星！

最后衷心祝愿固始教育的明天更美好！祝与会的每位同仁身体健康，万事吉祥！谢谢！不足之处多多指正！

本文写于 2023 年 8 月 3 日

《作文与生活　教学与课程》

——在固始县新理念作文研讨会上的讲座

　　"作文难写，作文难教"是目前很多学校普遍存在的一种现象，怎样才能切实提高小学作文教学的效率，是一个值得我们探讨和深思的话题，感谢教研室黄主任多次组织召开小学作文教学研讨会，给大家提供了共享成功经验、提高作文教学实效的平台。下面，我就以"作文与生活 教学与课程"话题为中心，和老师们共同探讨与作文教学相关的三个问题。

　　"作文"与"生活"的关系，我们先从教材的作文内容说起，人教三年级上册写一写自己的课余生活，可以写课余参加的活动，可以写课余发生的有趣的事、高兴的事，或者你愿意写的其他事。

　　你想写什么节日？这个节日有什么特点？节日里有什么值得回忆的事？请写出节日的特点，表现出节日的气氛。（人教四年级下）

　　选择一种物品介绍给大家，如蔬菜、水果、玩具、文具或电器。习作之前，要通过多种方式，尽可能地了解这种物品。然后再想一想，可以从哪些方面，按照怎样的顺序来介绍，能用上哪些说明方法。（人教五年级上）

　　我们即将告别母校，告别朝夕相处的老师和同学。此时此刻，每个人一定会有好多话要讲。请你也以《别了……》为题写一篇作文，写出6年来那难忘的一幕幕，作为给母校的留念。（人教六年级下）

　　结论：取材于日常生活，形成于纪实作文。

　　接下来，我和老师们探讨三个问题：

一、如何把"生活"转化为"习作素材"

　　生活，是"形象化"的作文；作文，是"文字化"的生活。

　　作文的三部曲：客观事物—主体认知—书面写作。

　　从"客观事物"到"主体认知"，是摄取习作素材的过程，这个过程应该贯穿"体验和演示"式的观察。

生活是作文素材的源泉，但有生活就有作文吗？

如两个骑自行车的人，下班时候经过同样的一条马路。由于上午马路施工的原因，其中一段掘出一条小沟。第一个骑着自行车奔来，车子陷进去，人摔到了。这个人很生气，嘴里骂骂咧咧地哼了一句："今天真倒霉！"然后整理一下车子就匆匆离去了。第二个呢，骑到这里也摔了一跤。可是，他却拍拍身上的土，站在那里，观察了一阵地形后，心里琢磨起来——我为什么摔了一跤？不摔跤会怎样？摔了跤会怎样？嘿，别说，这个人回家以后把今天摔跤的经过和感受跟家里人说了，并且写成了一篇很好的作文，作为一次经验教训的记录。

你看，同样的两个人，经历的生活是一样的，可为什么两个人的感受如此不同？其重要的原因就是前者"'酒肉'穿肠过，'佛祖'未心中留"啊，而后者所具有的是"'感受生活'＋'体悟生活'"。因此，要想写好作文，生活是前提，关键是要学会"体验"生活，即经历和发展的过程——这是很重要的。因此，准确地说，所谓作文材料，是写作者体验的生活，经过写作者情感和审美的关照，从生活中超越出来变成文章的素材。对学生而言，要让自己的写作变得丰富而深刻，必须积累，这是生活层面的；此外，更要体验，这是生活向写作材料转变的关键。这两个层面把握好了，才能写出有生活质感和深度的文章。

再如写外貌，不能为外貌而外貌，可以通过手段演绎，如写别人的外貌，可以设计一个活动"找脸"，看谁能抓住所描写对象的特征，能让别人读后准确知道写的是谁。老师可以以自己为例，如一个老师告诉学生：我脸上有三处与众不同的地方——1. 牙齿不整齐；2. 脸上长一痣；3. 眉毛处有一疤痕。但写时不能写这个地方、那个地方——应什么与什么的中间——这就是细致的观察、准确的演绎。还可以自己写自己的外貌，看谁"不丢脸"……别把自己写得都不像自己。

体验，是指通过"眼耳鼻舌手"的感官体验，获得直接的视觉、嗅觉、味觉、触觉等。演示，是针对某个动作或场景、某种细微表现、心理想法等，采用手段演绎使观察效果更为形象清晰。

设计体验或演示的教学活动，必须符合课程目标。

二、作文教学的课程意义

《语文课程标准》颁布了新的语言训练体系：

低年级：乐于表达。具体意思是：教学形式和内容要有趣，能把句子写通顺、写连贯。

中年级：乐于书面表达。具体意思是：对写作感兴趣，片段（短文）内容要具体，条理比较清楚。

高年级：学会书面表达。具体意思是：内容具体，条理清楚，章法鲜明，有真实情感。

目前普遍存在的小学作文难题是：有生活少积累、有见闻缺感悟、有感觉穷言词、有举一无反三。

三、基于作文教学的课程意义和小学作文难题，如何开展有效的作文教学？

对刚进入习作训练的小学生来说，教师在引导学生习作的过程中，要降低学生习作的难度，同时教师必须对习作过程中的每个环节进行有效的指导。

下面我以我们学校为例，和老师们交流下我们的一些做法：

（一）首先，要加强读写结合、强化语言积累，为此我们开展了如下活动：

1. 推荐阅读书目，力求开卷有益。上学期发了新教材后，我们让一至六年级每个教研组列出本期的课外阅读书目及围绕每一单元主题的课外作文篇目，然后学校统一打印，分发给每一位语文教师。本期，我校在一小网站上推荐了清华附小的各年级段推荐的阅读篇目。学期中，我们将以问卷调查和进班抽查的方式去了解学生阅读的情况。

2. 继续重视"作文摘抄本"的积累作用，养成"不动笔墨不读书"的良好习惯。上学期，我们对二至六年级好的摘抄本进行了展览，并在各班交流，取得了良好的效果。

3. 要在读写结合上用足心思。老师们充分发挥了小作文和日记的练笔作用，加强了读中仿的作文练习，仿写的内容有：①低年级模仿句，如转折句、因果句、并列句、假设句、承接句、递进句；②中年级模仿构段，有并列段、总分段、概括具体段、问答对话段；③高年级模仿成篇，写人文（通过一件或几件事来表现人物的品质或性格）、写事文（按事情的发展顺序构篇）、写景文（按时间推移、地点转移、方位顺序等构篇）等。为了把"读写结合"落实到位，我们让老师们在两处舍得花气力：①阅读教学的深层次理解环节；②评赏、评改作文课环节。

4. 营造校园读书氛围，建构环境语文。一小学生多，教室显得小，在班内设立图书角有一定的困难。因此，我们力求发挥校园内每一处景观的宣传辐射作用，让每一面墙壁说话，让每一个栏目妙笔生花，我们学校的妙笔生花栏每学期定期展出三至六年级师生佳作，每一个孩子、学生家长、教师争先欣赏。叶老曾说："语文教材无非是个例子，凭这个例子要使学生能够举一反三，练成阅读和作文的熟练技能。"

（二）努力拓展语文学习的内容：阅读教学中以课文内容为核心，引导学生在学习课文之前、之中、之后进行语文学习，这是扩展语文学习的有效做法。学生可以围绕语文内容查找相关资料、阅读相关文章，既可以增大信息量，又可以在阅读加工整理资料过程中参与阅读实践活动，这样就使得课内阅读与课外阅读互为补充。

在作文教学中，每单元的习作先让学生充分做好以下准备：

①根据本单元习作内容和要求，有目标、有重点地去观察要写的事物。

②有目的地搜集本次习作需要的资料、知识、词语、名言佳句等写作材料。

③阅读同类作文，学习借鉴别人是怎样表达自己的见闻、思想的。

④在语文课上，留心学习课文中可借鉴的写作方法。

通过这样的方式，使习作教学进一步促进了读写结合，同时由课堂走向课外，既开阔了学生的眼界，拓展了他们的知识面，又促进了学生良好的习作品质的形成。

刚才，陈雪莲老师为我们呈现了一节话题作文课，老师从与水相关的"景、事、人"三个角度引导孩子们结合生活产生联想，体现了话题作文的开放性和延伸性。本节课教学流程的设计意图是：想力求填补话题作文，包括命题作文在内的"轻内容、轻思维、轻积累"的缺陷。

下面我和老师们再分享下著名特级教师李吉林执教的一节作文课《参观南通港船闸》（三年级学生）。

教学要求：

1. 参观南通港船闸，了解家乡新建设项目，并体会从内河到长江运输的繁忙。

2. 在分段口述和笔述的基础上，学习有重点、有条理地记叙一次参观活动。

教学准备：

1. 学过课文《参观刘家峡水电站》《参观人民大会堂》。

2. 组织参观南通港船闸，用心安排了闸桥上—机器房—船闸旁的参观顺序。

教学过程：

(一) 讨论作文题目，明确写作内容：南通港船闸新景象。

(二) 编写提纲，借鉴范文思路，讨论重点段落。

(三) 启发点拨，进行先口述后笔写练习。

1. 站在闸桥上：闸里闸外　看到什么　停着很多船

提示：用哪些词来形容？可用什么标点符号？

2. 来到机器房：听工人叔叔介绍操作船闸机器情况。

提醒：过去—现在—将来，突出技术革新。

3. 站在船闸旁：闸门打开，运输船进进出出的繁忙景象。

提示：船多、货多，有序，突出繁忙新景象。

4. 最后，远景：又登上闸桥　长江、运河

提示：展开想象。

(三) 从习作内容入手，开展丰富多彩的语文活动。著名的教育家苏霍姆林斯基曾把课外学习比喻为课堂教学的"大后方"。为了丰富习作素材，拓展学生的课外生活，我们开展了丰富多彩的语文综合实践活动，我校四 (6) 中队有个光荣传统，照顾盲人杜奶奶，为她打扫卫生，送节日礼物，至今已二十多年；连续十三年坚持开展与武庙锁口小学手拉手、献爱心活动，带领学生去少共碑前扫墓，进行革命传统教育，孩子们受益匪浅，柴光临主编写的《锁口四月花正红》的纪实报道发表在《信阳日报》上，引起广泛关注，《党的生活》杂志以《难忘的时光，深刻的启示》为题向全省中小学推荐，给予了高度评价，现在我校又开始了和武庙后冲小学的手拉手活动；实行感恩教育，每年母亲节之际，学校为每个学生制作了感恩卡，由学生亲手书写"我爱妈妈"的十个理由，并送给妈妈，使学生懂得要常怀一颗感恩之心。近两年，我校又开展了师生趣味运动会，运动场上孩子们精彩的表现留下了一个个难忘的瞬间。

四、以科研带动教研，深化作文教学成果

2007 年我校承担了国家级课题"信息技术环境下小学语文综合实践活动课的研究"，实验教师大胆尝试带领学生走出课堂，积极参与社会实践。活动主题《茶韵悠悠》中学生走进了茶艺馆，了解了茶的文化、茶的历史，学会了茶道表演；活动主题《走进中秋》中学生分成了制作月饼组、中秋贺卡组、闲话月饼组，这些实践活动让孩子们热情洋溢、受益匪浅，一个个综合实践活动作品精彩纷呈，让老师们也大饱眼福。2011 年我校又承担了省级课题

"活动化作文的研究"，我们课题组的成员、实验教师辛勤探索出活动化作文的教学模式，学校用了为期两年的时间开展了中、高年级活动化作文的校本教研活动，老师们设计了近二十节优秀的活动化作文的课例，王灿老师执教了《吹气球比赛》，张晓华老师执教了《神奇的秀逗糖》，徐丽萍老师执教了《我的名字我做主》等优秀课例。

下面我们来看看具体的几个课例设计：

课例 1：四年级下练习 7：写出节日的特点，表现出节日的气氛——《全班吃一个月饼》

教学目标：

创设一个温馨的节日情景，分享同学情谊。叙事清楚，过程完整，有真实的细节。

教学过程：

1. 看月饼，叙述月饼外形的特别之处。

2. 切月饼，描写"切"的细节。

3. 吃月饼，描写口味。

4. 议月饼，中秋之时分吃月饼的意义。

教学反思：

将社会生活转变为"日常生活"，是摄取习作素材最广阔的资源库。还有哪些生活也可以进行"创造性改变"呢？

课例 2：五年级下练习 2：童年趣事——《一分钟足球赛》

教学目标：

开展一分钟的课余球赛，写内容生动、情趣真实的文章。

教学过程：

1. 教室里设置"球场"，做"足球"——小纸团，摆放"球门"。

2. 各队选送足球队员和门将，教师自任裁判，宣布比赛规则。

3. 观察"开赛"前的紧张气氛。

4. 开始球赛后，不断进行"定格"观察。

5. 特别观察"最后三十秒"的场面。

6. 一分钟足球赛结束，再看球场、足球和球门。

教学反思：

精心设计教学活动，着眼点是学生情趣，着力点在课程内容和目标。

课例 3：六年级下练习 7："别了，……"——《别了，我的教室》

教学目标：

描写与联想相结合，抒发惜别时的感激之情。

教学过程：

1. 推开教室门，轻迈步伐走进去，用比喻句说明当时的感受。

2. 按照一定顺序综观四周，简要描述室内景物。

3. 用虚实相济的手段写一写教室里的黑板。

4. 描写讲台上的粉笔头、红笔、成堆的作业本，想象它们的主人是谁，曾经做过什么。

5. 描写一个静物，如一只瘪了的足球、一个脏兮兮的奶茶杯，想象曾经发生过什么事情。

6. 这个教室曾经接纳过哪些同学？联想他们将去哪里。

7. 轻轻地关上教室门，把什么留在这里？

教学反思：

怎样才能写出富有真实情感的文章？

活动化作文因为从写作内容入手，加上教学形式生动、直观，加上老师及时、有效的指导而深受学生喜爱，课题研究也喜结硕果。2012 年 3 月，我们承担的国家级课题"信息技术环境下小学语文综合实践活动课的研究"荣获了全国优秀成果奖，因此我校获得了河南省教育厅 4 万元的科研经费。2013 年 7 月，我们的《活动化作文的研究》获得了河南省优秀成果一等奖。

五、作文教学的三个注意点

1. 小学生习作，一定要着眼于日常生活去挖掘和提炼"习作素材"。小学生写的是"日常生活"，初中生要写"周围生活"，高中生则要关注"社会生活"。

2. 习作素材可以不同，甚至题材和写法也可以不同，但各年级教学内容必须从属于作文课程目标。

3. 各年级段要有目的地把动笔行文的基本规律教给学生，为学生能写出中规中矩的作文奠定基础。因为"文有规可循"。

六、前面我们讲了普遍存在的小学作文难题是：有生活少积累，有见闻缺感悟，有感觉穷言词，有举一无反三。现把破解作文教学难题的策略归纳如下：

怎样引导学生在生活中积累素材？

创设生活情境，培养学生像画家那样观察、记载的习惯。（学会观察）

怎样启发学生在寻常的经历中学会思考？

架设联想、想象桥梁，引导学生发现事物间千丝万缕的联系与意味。学会整理思想。（勤于思考）

怎样训导学生在比较中选词造句？

调动阅读积累，帮助学生激活语用情境，在比较中追求适用。（善于选择）

怎样激发学生在借鉴中求异出新？

鼓励真实独特，促使学生明白"我以我手写我心"的写作真谛。（乐于求真）

七、作文教学的基本策略设计

（一）创设生活、活动情景，生成作文旨趣及内容

（二）预估学生写作动力不足时提供何种支持策略

如：范文借鉴、知识支撑、材料补给、资源整合、技法点拨……

（三）设计口头交流与书面写作的过渡环节

（四）设计便于小学生自改互批的基本符号，助推修改训练

（五）设计学生习作的展示平台，体验劳作的"效用"

（六）设计习作过程反思环节，尤其是对事理与文理的整理

"孔子不仕，退而修《诗》《书》《礼》《乐》，弟子弥众，至自远方，莫不授业。"——《孔子世家》

孔子退居家中整理古代文化典籍，他大概没想过处去张贴招生广告，结果还是引来了四面八方的大批学子向他问学。

反思：

老师们，你们有多少灵动的思想在心中涌动？你们有多少激扬的文字在笔端流淌？

共勉：

收获从学习开始——"问渠那得清如许，为有源头活水来。"

智慧从交流开始——"水本无华，相荡乃成涟漪；石本无火，相击乃发灵光。"

以上是我今天发言的内容，敬请各位领导及老师多提宝贵意见，谢谢！

本文写于 2014 年 10 月 22 日

第六辑 **06**

领军教育

　　"捧着一颗心来，不带半根草去。"作为我县目前唯一一位"中原名师"，同时担任"河南省教师发展学校"校长的我，全面贯彻党的教育方针，坚持立德树人根本任务，全身心投入学校教育教学和青年教师培养工作，努力发挥教育示范和教学引领的作用。本辑所选三篇文章中，《静心阅读 一"汪"美好》是我以汪静名师工作室主持人的身份分享阅读、引领阅读，《将爱的教育进行到底——北京师范大学基地 2022 年度认定考核河南省教师发展学校汇报》侧重于学校建设的示范引领，《奋斗不辍忆往 且歌且行扬帆——汪静名师工作室 2023 年度建设工作报告》是对汪静名师工作室 2023 年度建设工作的回顾与展望。

静心阅读 一"汪"美好

大家好！我是中原名师培育对象汪静小学语文工作室主持人汪静。

从北师大校园集中培训到云端相聚，感谢北师大赵艳萍老师和各位老师的精心安排，感谢同伴们的精彩展现。星空读书会举办以来，大家分享的阅读认知与感受、经历与收获，让我们这个班级如浩瀚的星空，空间无限大、厚度无限广，大家也正如一颗颗闪闪发亮的星星，把我带入了名师培训的星空、遨游书籍的海洋。每一期读书会，都从不同角度来展现阅读的魅力和美好，不仅很受用，而且有诗情画意，让我如醉如痴、感悟很多、启发很大。怎样办好这一期读书会，我和工作室成员虽然进行了精心准备，但仍有很多不完美的地方，希望大家批评指正。

我与大家分享的题目是《静心阅读，一"汪"美好》，从阅读助我成长、阅读浸润童心、阅读芬芳校园三个方面做个交流。

第一，阅读助我成长。

阅读于我而言，早在幼小的心灵里扎了根。知道、喜欢并向往阅读是受母亲的熏陶。我的母亲是一位教师，自小就看着母亲悉心教学的情景，听那悦耳的读书声，感觉比什么都好听。回到家里，总还是缠着母亲给我读书讲故事。儿时的印象刻骨铭心，永生难忘。

爱上阅读是受老师的感染。上小学时，我的语文老师名叫李有玉，她在诵读课文时声情并茂，常常让我置身其中。她深情诵读《十里长街送总理》一文时，我泪流不止，至今记忆犹新。正是受母亲和李老师的深刻影响，加上对她们的无比敬爱，我决心做一名语文老师，并最终如愿以偿，终身矢志不移，把做一位有爱有趣有温度的语文老师，作为我的美好教育理想。

真正当上语文老师，我对阅读才有了更进一步的认识，自己以前喜欢的只是阅读的一个表现形式——朗读，要实现自己的教育理想，必须广泛阅读，充实自己。在坚持阅读的同时，我努力挤出时间写教学随笔、教育心得，写原汁原味的教育案例，让自己的教育故事保留鲜活气息，让心灵的泉水自然流淌，哪怕是几十个字也赶紧记在手机备忘录里，不断积累已经成为我的自觉行为。多年来，做了100多万字的文摘卡片，记了3万多字的读书笔记。阅读开启了我对教育的实践与感悟，找到了前行的方向，对自己教育理想的执着愈加坚定。

在我35年的教育生涯中，思想最受触动、心灵最得沉静、成长最大受益的就是阅读。大容量的阅读为我的精神世界储蓄了一笔丰厚的文化财富。随着岁月的流逝、年龄的增长，这笔财富不断生息增值，滋养着我的心灵，影响着我的价值取向，为我的生命打上了浓厚的底色。毫无疑问，在此后的人生道路上，我仍将幸福地享用这笔财富的利息。正如明代于谦所说："书卷多情似故人，晨昏忧乐每相亲。眼前直下三千字，胸次全无一点尘。"与好书相伴，美好触手可及。

这次星空读书会的举办，我有醍醐灌顶的感觉，让我对阅读有了更深的理解。伙伴们多角度的阅读体验，字字句句充满真情，腹有诗书气自华的丰厚积淀，胸藏文墨怀若谷的博大致远，你的思想传递给我，我的思想传递给他，我们的思想在互换，我们的理念在交融，我们以美好的情怀在星空读书会细数满天繁星，用教育所感去读书，用读书所得去教育，我们躬耕教育、追光前行的脚步更加坚实！阅读是一种遇见，"悦"读是一种成长。当阅读成为生活方式，在哪里都有诗和远方！

第二，阅读浸润童心。

小时候，一本《木偶奇遇记》给我留下了深刻的印象。第一次读的时候，只是感到好玩儿，一个好玩的匹诺曹，每说一句谎话，鼻子就会长出长长的一节，一旦逃学贪玩，就长出驴子的耳朵，变成世界上最蠢的动物。这本书用小伙伴们都喜欢的方式讲故事，所以书是一口气读完的。到了初中后，再读《木偶奇遇记》，竟有点读不下去，总感到写得荒诞不经、滑稽可笑，怎么也找不到少年时的感觉。莫非读书和年龄有关？后来当了老师，才想通了这个道理，人的精神成长和生理发育是一样的，对营养的需求也是分阶段的。人在特定的年龄段就应该读特定的书，一旦错过了这个阶段，我们不但会失去阅读的欲望，而且也难以吸收特定成长阶段所需要的精神营养。在什么样的年龄段读什么样的书，就应当成为指导学生阅读的重要原则。

童年是最美好的岁月，童书是最美妙的种子。引领儿童在汲取文化精粹中阅读，就是在他们的童年播下一粒粒最美妙的种子，那是文化的种子、语言的种子、审美的种子、思想的种子……这些种子总有一天会生根发芽，长成参天大树。

第三，阅读芬芳校园。

苏霍姆林斯基在《帕什雷夫学校》中提出："如果大家不喜欢书籍，对书籍冷淡，那么，这不能称其为学校。"一所没有阅读的学校永远不可能有真正的教育，一名不读书的教师也很难培养出爱读书的学生，教师读书不仅是学生读书的前提，而且是整个教育的前提。我们在不断阅读，在阅读中享受文字的温暖和知识的魅力，在阅读中拥有支撑生活的智慧和力量，在阅读中坚定向前的信心和毅力，以阅读芬芳校园，打造书香校园。

学校设立百花园读书节，主要包括新书推荐系列的百花采撷、讲故事系列的百花之声、写日记系列的百花微刊等活动，从"读、讲、写"三个层面，将读书活动日常化、规范化、系列化。每个层面都要求教师做出榜样，带动引导学生同步跟进。学校公众号中已展出69期新书推荐、优秀日记展和讲故事分享，师生在看到自己阅读成果的同时，更增添了阅读信心。

"读"，从班子成员做起，不仅语文教师要阅读，所有教师都有阅读任务。学校不仅舍得花时间、花财力、花人力让老师有好书读，有时间读，而且建立干预和激励机制，让老师们自己动起来，实现从事务型到学习型的转变。建校三年来，学校从教育理论类、教育心理类、教师专业成长类、综合学习类等方面购买并向教师推荐书籍200多本。每周教师例会开始之前，专门设立读书分享时间，由1名老师当众分享自己的读书感悟。

"讲"，主要是开展教师推荐新书和师生共读一本书活动，通过探讨书的主题、研究书的情节、分析人物形象、讲述书中故事等分享环节，逼着每一位老师和学生都去认真读书，深化阅读理解；通过续编故事、与书中人物对话等后续活动，激发读书兴趣，扩展阅读收获。同时，在学生中围绕阅读书目开展排演童话剧、佳段欣赏会、人物评论会等讲故事活动，促进学生对阅读内容进行消化吸收。

"写"，老师们在阅读中摘抄名言佳句并撰写读书心得，在交流中谈体会说感悟，丰盈教师的精神世界。在学生中利用"美文摘抄本"，让孩子们养成"不动笔墨不读书"的良好习惯。每周三篇日记中，孩子们留心观察生活，用上好词佳句，写出真情实感，常写常新，不断提高写作水平。

持之以恒，厚积薄发，阅读之路不断收获美好和惊喜。2010年全国第二届语文风采大赛上，学校荣获团体银奖；2011年全国第三届语文风采大赛上，学校荣获团体金奖，并荣居全国81个代表队第2名，我非常激动地站在领奖台上。2015年、2016年河南省小学生汉字听写大赛上，有3名同学分别斩获亚军和季军。在2021年和2022年河南省诗词大赛中，1名老师相继荣获省一等奖、二等奖，8 名同学分别获得省一、二等奖，多名同学荣获省三等奖。学校先后荣获全国青少年爱国主义教育读书活动组织特等奖、河南省教师发展学校、河南省实践教育工作先进集体、河南省未成年人经典诵读示范校、固始县师德师风先进单位、固始县中小学书香校园、固始县中小学书香班级、固始县诗词大赛优秀组织奖等。

　　工作室成立以来，我和小伙伴们以书为伴，携手阅读，已共同阅读了 4 本专业书，大家在阅读中感悟，在交流中碰撞，不断改善专业结构，生长专业智慧，构建专业精神。阅读是一个漫长的内化过程，是不断修正教育观、教学观、学生观，甚至价值观的过程，读书是发展自我、完善自我、超越自我的过程。教师阅读提升的不仅是课堂教学的深度和广度，更重要的是在实现教师专业成长的同时，成就了自己的教育事业。我和小伙伴们一直在努力。

　　星空读书会的举办，让我深切感受到，对阅读的热爱、对教育的执着、对美好的向往已融入我的血脉，已成为我前进的动力。我们学校主题文化之一就是主门厅正上方人工手绘制作的星空顶，群星璀璨的星空，总能激发孩子们强烈的好奇和无穷的想象。它看似遥远，其实离我们只不过是踮起脚尖的距离，就像我们教育孩子，只要你努力踮起脚尖，梦想就不曾遥远。星空读书会在固始县第十四小学、在汪静名师工作室会延续下去，并越来越散发出璀璨的光芒。

　　"书是人类进步的阶梯。"我们正在以阅读搭建一架精神的天梯，去近距离领略精神星空之美。我们阅读并推动阅读，有理由相信，多读书，好读书，读好书，总会有美好呈现，总会有奇迹发生。

　　我就分享到这里，谢谢大家！

本文写于 2022 年 7 月 26 日

将爱的教育进行到底

——北京师范大学基地 2022 年度认定考核
河南省教师发展学校汇报

尊敬的各位专家、各位领导、各位同仁：

大家好！今天是我校建校以来最为激动人心的日子，是必将载入学校发展史册的日子。首先感谢河南省教育厅、感谢北师大培育基地为我们提供了这样一次难得的学习机会，能够当面聆听各位专家的指导。作为一所成立近 5 年的新校，第一次接受全国教育界的翘楚进行全面检阅，热忱希望各位专家提出宝贵意见，我们一定认真吸纳，力争把学校办得更好。

学校创立于 2019 年，占地面积 29 亩，总建筑面积 1.6 万平方米，学校于 2019 年秋季开始招生，第一批学生在职教中心上课。当时我在一小任校长，根据局里集团办学的理念，同时主持十四小工作。2020 年秋季搬入新校，开始全面招生，我被任命为十四小第一任校长。作为一所承载县委、县政府重视教育情怀的新校，从零起步，从头开始，该以怎样的思路、怎样的眼光、怎样的布局来办学校，当时是摆在我和班子成员面前的头等大事。为贯彻习近平总书记对教育工作做出的落实"立德树人"根本任务的重要指示精神，经过多次商定，我校确立了"以爱育爱、以德培德"的办学理念。

确立了办学理念，明确了奋斗目标，就要找准实现路径。学校管理大同小异，但也各具特色。如何更好地体现并在教育教学中践行"以爱育爱、以德培德"的办学理念，我校结合实际，全方位谋划，综合性推进，突出重点，打造亮点。下面，我以《将爱的教育进行到底》为题，从 5 个方面向大家汇报一下教师发展学校建设情况。

一、明确办学理念凝聚爱，引领教师发展

著名教育家苏霍姆林斯基曾经说过：没有爱就没有教育。科学家爱因斯坦也曾说过：只有爱才是最好的老师。孔子以他博大的爱成就 3000 弟子 72

贤人，陶行知以他亲民的爱播撒乡村，张桂梅以她无私的爱创办女子学校。我从事教育工作35年，对教育的爱，对爱的教育，都有着深深的体会和感悟。成功的教育应该是爱的教育，只有爱的教育才能让孩子成长的道路充满阳光，只有爱的教育才会使孩子身心健康发展，只有爱的教育才能让孩子热爱他所生活的世界，从小沐浴在爱中的孩子，以后也会将爱给予别人、撒向人间。

建校之初，教师们来自四面八方，大都是新面孔，如何把老师们对教育的热爱、对工作的热忱、对学校的热情保持下去、提升上来。首先要明确办学理念、发展思路，全体教师结合各自从教经历纷纷建言献策，围绕办学理念明确了教师核心价值观：爱生、爱校、爱教育，乐教、乐业、乐提升。这些内容题写在学校醒目位置，时时映入师生眼帘，潜滋暗长，内化于心，外化于行。办学理念是全体教师的共同智慧和心愿，引领教师将爱的教育进行到底。

我们制作了"爱在每一天"暖心卡片，提醒老师和学生每一天从醒来到入睡的一些细节来体现爱的教育理念，同时让爱的教育理念从学校延展至老师和学生家里，带动更多的人为了孩子们的成长，共同携手形成爱的教育合力。

二、打造校园文化浸润爱，促进教师发展

学校从主题文化、红色文化、根亲文化三个方面打造和而不同的校园文化，营造爱的教育浓厚氛围，用环境优化吸引人、影响人、带动人，让文化浸润熏陶人、凝聚人、塑造人，让师生时刻都能感受到、触摸到、呼吸到，教师们以校为荣，教学有劲，工作舒心，展现自我。

我们在主题文化布置上注重以学生为主体，设置了笑脸墙和星空顶，突出爱的教育的互动性、渗透性和传承性。笑脸墙上是我校建校第一年招录的首批152名学子可爱灿烂的笑脸，他们有的自信阳光，有的安静内敛，有的灿烂夺目，各美其美，交相辉映。在这152名孩童旁边，是十四小建校第二年搬入新校时的58名创业老师，建校以来他们摸爬滚打，以校为家，爱岗敬业，无私奉献，以爱育爱，以德培德，扛起学校发展责任，滋润学生幸福成长。星空顶是人工手绘制作，举头仰望，繁星闪烁，熠熠生辉。群星璀璨的星空，总是能激发孩子们强烈的好奇和无穷的想象。它看似遥远，其实离我们只不过是踮起脚尖的距离，就像我们教育孩子，只要你努力踮起脚尖，梦想就不曾遥远。星空穹顶激励着学子们努力学习，仰望自己梦的星空，成为

自己星空的主宰。同时，开展办公室文化和班级特色文化创建活动，让每一面墙壁都会说话，让每一个角落都洋溢着文化的气息，让每一寸空间都飘逸着浓郁的书香，陶冶师生情操，滋润师生心田。

在红色文化上，固始籍烈士张建刚的雕像坐落我校，学校又名建刚小学。学校打造了"红色文化"长廊，在教师队伍中打造"红色套装"，主要是开展"每日一句""党史周周学""每月主题党日"活动，在活动过程中，带动非党员同志共听优秀党课、共过政治生日，提高全体教师的政治素养，进一步增进团结、凝聚力量。

我校将根亲文化作为传统文化融入德育教育之中，根据不同年级学生特点，把《三字经》《弟子规》《千字文》等国学经典分别列入一到六年级国学课教学内容，每年级还穿插15首古诗词，推动国学经典进课堂，我校有全校学生参与的"每日一诵"的诗词学习，还有"每周一学"名言佳句的积累背诵，引导师生走近优秀传统文化，丰富人生底蕴。

三、开展校本教研活动激发爱，推动教师发展

我校的办学愿景是"做好爱的教育，让师生过上一种幸福完整的教育生活"，怎样才是幸福完整的教育生活呢？通过全体教师的讨论认为，教师首先要有专业认同感和职业幸福感才能走向相对理想的教育生活。因此，教师专业素质和学科素养的提升是亟待解决问题中的重中之重，基于对教研现状的调查和十四小教师基本情况的了解，学校围绕三个核心问题让校本研修的实施落在实处，校本研修活动的意义是什么？教师专业成长的内涵是什么？如何有效组织与实施研修活动？

校本研修活动的意义就是促进教师专业成长、为了学生更好地学。

教师专业知识包括通识性知识、学科性知识、实践性知识。教师专业成长需要教师强烈的问题意识和聚焦意识，在教育教学活动中，教师只有怀有高度负责的态度，对课堂教学等出现的问题，采取批判反思的态度，积极寻求更优质教育的路径，才能聚焦研究，拥有朴素的学术态度。

因此，学校立足课堂教学主阵地，狠抓教师教学基本功的培养训练，提升教师教育教学素养和能力。课堂是最能体现教师生命价值的地方，对教师来说，打磨课堂，就是打磨自己的教育人生。

开展校本教研活动。每学期在各学科开展多轮课堂达标听、评课活动，前年我们仅仅58名教师，但我们听了100多节课，通过反复磨课、达标课、示范课以及说课、评课等多种观课、议课活动，人人参与，人人过关。同时

开展新教师"见面课"、骨干教师"展示课"、优秀教师"示范课"等形式多样的赛课活动，以赛促教，以教促研，推动教师之间互听互学互评互鉴，共同成长。建立集体备课制度，每周二、周三、周四分别是语、数、英语及常识学科的集体教研日，以各年级组为单位开展集体备课，教师们共同探讨，各抒己见，相互补充，达成共识，有效促进教学质量提升。

搞好联盟结对。与河南师范大学结成对口帮扶学校，开展为期三年的合作交流，对我校教师分层次、按需培训，有力促进教师专业成长。与本县张广、武庙2个乡镇中心校结成城乡教学联盟，经常组织教师开展以"聚焦课堂改革、推进有效教学"为主题的教学教研活动，搭建互助成长平台。每年开展送教下乡活动，每次活动学校参与教师均不少于6人次，在每次的公开课、示范课、研讨课、学术报告、经验分享等教研活动中互动交流，教师专业发展路径不断拓宽，辐射引领效能不断扩大。

实施校园巡课。由班子成员、年级负责人等组成巡课人员，对教师到位、教师上课、教师仪表教态以及各班课堂纪律等方面情况进行巡查。对巡课过程中发现的问题，如实记载，及时反馈，及时整改，对好的做法跟踪观察，总结梳理，推广借鉴。巡课制度的实施，促进教师精心备好每一堂课，让课堂成为师生自主发展的沃土，让学生学得自主自信，让老师教得快乐有成就感。

教师是立校之本、兴教之源，教师强，则学校强。要实现"以爱育爱、以德培德"的办学理念，就必须由教师通过教育教学活动去完成，否则，只能是挂在墙上的风景、喊在嘴上的口号。

四、名师示范带动传递爱，指导教师发展

学校依托汪静名师工作室，发挥传帮带作用，全方位、多向度、立体化地培养一批育有思想、教有主张、学有专长、研有实效、导有魅力的优秀教师。

强化课题研究。强化课题研究包括微课研究、课题研究，课题研究要在行动与反思中寻求突破：①发现问题，分析问题，确定研究主题；②制订研究方案；③行动与反思；④总结与提升；⑤形成研究报告。

以汪静名师工作室承担的省级课题助推，鼓励骨干教师申报县级以上课题，不断提升教师的教育科研能力。在名师工作室开展省级课题"基于语文要素的小学高年级精读课文教学模式的案例研究"的研究时，十四小5名教师参与，带动全体语文教师在课题研究中自我对照、丰富思路，形成自己的

教育特色和教学风格。学校针对低年级学生不好教、课堂难组织等问题，开展"让童趣植根课堂的小学低年级组织教学攻略"课题研究；结合目前教育形势，通过集体教研形成"'双减'背景下的优化作业设计的教学策略"的课题研究，都取得了预期效果。

实施梯队培养。书籍阅读是成长的必经之路，教学反思是成长的关键，课例研讨是成长最有效的途径，讲座交流是走向成熟的重要契机，论著发表是提升专业的重要台阶。

根据教师日常课堂表现和现有发展状况，制定了教师分层培养目标，将教师授课水平分为需要达标、已经达标、进一步提升三个层次，将教师分为"新秀成长团""骨干成长团""精英成长团"三个成长梯队。对各成长团提出不同的发展目标，制定专业发展教学达标标准，每学期分层开展技能培训和竞赛等活动，促进不同成长团队教师在不同阶段实现不同发展。随着教师专业的不断成长，突出关注个性需求和特长培养，对各梯队成员进行动态调整，激励大家专业成长路上永不停步，教育教学质量不断提高。通过对教师队伍精心培养，逐步向"打造一批队伍、成长一批骨干、影响教师群体、带动共同提升"的教师专业发展目标迈进。

注重外出学习。强化外出学习实效，凡是参加外出学习培训的教师，回校后根据培训内容，结合学校实际以及个人体会，做到"三个一"，就是在全校教师会上开展一次高质量心得交流，在教研组内上好一节汇报课，在学校网络上上传一份课堂实录，实现一人学习、众人受益。

五、注重人文关怀倾注爱，服务教师发展

一所学校不能被复制的竞争力是由教师创造的。作为学校领导班子，我们一方面身体力行、示范带动，一方面特别重视教师的情感体验和专业成长，让教师真切体会到组织的信任、关怀和培养，从而统一思想、凝聚共识，人尽其才、各展其能，向同一个目标齐心协力迈进。我校在教师发展过程中主要从参与式管理、人文化关怀、多途径培养三个方面，提高主动性，调动积极性，激发创造性。

（一）参与式管理碰撞爱

在学校管理上，实行领导班子民主决策制度。定期召开校长办公会，对学校的大事、要事进行集体商讨，增强决策的公正性、科学性、合理性。依托学校办公会、教研组会、家长委员会等途径，广泛征求教职工及家长的意见建议，真正让教职工有话可以说，有意见可以提，有委屈可以诉，切实将教职工的主人翁地位落到实处。以民主生活会、组织生活会为主阵地，加强党内民主建设，引导广大党员积极开展批评与自我批评、互相监督、互相学习、加强沟通、增进感情、共同提高、携手发展。

（二）人文化关怀激发爱

老师都是普普通通的人，不能把他们简单比作园丁、比作蜡烛，照亮别人，燃烧自己，要看到他们每日忙碌的那份辛劳，看到他们的朴实与坚守，他们也需要理解与关爱，要让他们体验到学校大家庭的温暖。这种理解和关爱不仅局限于工作上，也要体现在生活上，触及思想上。新年伊始，开启以办公室为单位的新年团拜活动；每周一例会开始前，组织老师们唱唱歌、做做操，卸掉疲惫、放松身心；职称评定、评优评先与平时业绩直接挂钩；每年举办以"绽放"为主题的素质教育成果展，让老师们展示才艺和才情；组织教师进行读书交流，丰盈教师的精神世界；利用传统节日，开展"感恩在行动"系列教育实践活动；精心打磨学校每一期公众号，做到有温度有高度有品质有品位，成为学校亮闪闪的名片，不仅宣传学校，同时展示老师的魅力和成果，让大家有成就感，弘扬了正能量，提振了精气神；每当老师们遇到困难，班子成员都会主动关心、帮助解决。

十四小是有爱的集体，大家在共事、谋事、干事中加强沟通、增进团结，把个人的目标追求和价值理念融入共同的理想和事业中，把个人的成长与进步融入学校健康发展和整体战斗力提高之中，真正把心思用在事业上，精力用在工作上，能力用在奉献上。我们看到，有的老师克服病痛坚守一线，有的老师主动兼任多个学科，有的老师不顾娃一心扑在工作上，确实令人感佩。

（三）多途径培养传递爱

关注教师的发展需求，为教师成长搭建各种平台。学校从选、育、管、用全方面进行科学布局、系统谋划、整体推进，加强对教师的培养，既立好政治标准的高度，也夯实能力素质的厚度。通过早压担子、多压担子、压重担子，让他们在解决问题过程中砥砺品质，增长才干，提高教育教学管理能力，全方位、多向度、立体化地培养一批育有思想、教有主张、学有专长、研有实效、导有魅力的优秀教师。

建校 5 年来，学校先后荣获"河南省实践教育工作先进集体""河南省装备工作先进集体""河南省优秀少先大队""河南省教育系统家庭教育工作示范家长学校""河南省义务教育阶段作业评价改革示范校""河南省首批学校家庭社会协同育人实验学校""信阳市文明校园""信阳市优秀家庭工作单位""信阳市党建示范校""固始县师德师风先进单位""县中小学书香校园"
"县平安校园""县教学教研先进单位""县教学质量先进奖""固始青年五四
集体奖章""县教体系统宣传工作先进单位""县语言文字达标示范校""县
美术教师技能大赛优秀组织奖""县才艺大赛舞蹈一等奖""县才艺大赛合唱
一等奖""县鼓号队展演一等奖""县诗词大赛优秀组织奖"等荣誉称号，被
县教体局授予教育教学工作综合评价"先进单位"等，先后有 200 多名师生
在省、市、县各级各类比赛中取得骄人成绩，校长汪静经层层遴选和考评，
荣获"中原名师"称号，经河南省教育厅授牌，成立了"中原名师汪静小学
语文工作室"，我校被河南省教育厅确定为固始县目前唯一一所"河南省教师
发展学校"，被县妇联、团县委、教体局分别确定为"固始县中小学家风家教
示范校""固始县中小学教师培训实践基地""固始县中小学德育实践基地"。

各位专家，各位领导，在教师发展学校的建设中，我们一直在探索、在
努力。我校将以此次考核为契机，认真落实各位专家提出的意见建议，聚焦
教师专业发展，提升教育教学质量，办好人民满意的教育。

汇报完毕，谢谢大家！

本文写于 2023 年 2 月 20 日

奋斗不辍忆往　且歌且行扬帆

——汪静名师工作室2023年度建设工作报告

尊敬的各位专家、各位领导、各位同仁：大家好！

岁月辗转成歌，时光流逝如花。2020年11月，我成为固始县唯一一名中原名师培育对象，在北师大培育基地参加了为期三年的系统性、专业性、递进式培育。三年求学路，坎坷不平，有工作的挑战，有学习的感悟，有生活的磨炼，有奋进的喜悦，一程又一程，攻坚克难，收获成长。

而今，中原名师的学习已经走到了第三年，虽然很快就要结业，但我对中原名师培育之路和汪静名师工作室一起走过的1000多个日子的历程，感触很深，尤其是在2023年，工作室以2月20日接受中原名师培育项目北师大基地专家组认定考核为契机，以更新教育理念、提升专业素质、激励教师成长为核心，集教师培训、教育科研、教学相长于一体，全体成员坚守着、奋斗着，以自身的成长进步不断为工作室增添能量，以工作室建设引领带动全县小学语文教师成长进步，推动全县小学语文教育教学质量整体提升。

今天，易教授一行听取工作室汇报，我也借此机会，向考核组各位专家3年来对工作室建设，特别是对我个人的关心、帮助，表示衷心感谢！

回望也是一种成长，是为了更好地眺望远方。下面，我主要从个人的学习成长、工作室建设及取得的成果三个方面，将2023年的情况向考核组的各位专家做以汇报，希望继续得到各位专家的批评、指导。

一、关于个人学习成长

我是汪静名师工作室的主持人，也是固始县第十四小学的校长。我的工作室设在十四小校内，有独立的办公活动场所，办公设施齐全，图书资料丰富，是每位成员的静思之地、研讨之家、成长之源。我个人的成长与工作室的建设发展息息相关、相辅相成。

（一）加强自身学习

"问渠那得清如许，为有源头活水来。"我始终把学习摆在首位，采取多样学习方式，不断丰富学习内容，积淀专业素养。我先后8次参加中原名师培育对象高级研修班培训，北师大昌平校区、辅仁校区、珠海校区、华东师大、重庆谢家湾学校等，都留下学习的足迹。每次培训，我都带着学习的激情，交流的热情，感恩的温情，秉持百年树人的信念，坚守教书育人的情怀，选择"衣带渐宽终不悔，为伊消得人憔悴"，宁愿"路漫漫其修远兮，吾将上下而求索"，认真聆听专家报告，紧跟专家指导，积极互动交流，谈体会写心得，及时吸收内化，经常从早上开始学习并坚持自我研修至深夜。2023年10月，在北师大培育基地的精心安排下，我到重庆谢家湾学校跟岗学习，沉浸式校园参观、开放式随班体验、互动式师生随访、驱动式主题交流、跨学科课例研讨，从"课"到"课程"，从"学科"到"素养"，从"教书"到"育人"，我都有了全新的感悟，打开了教育思想新格局，努力成为塑造学生品格、品行、品味的新时代好老师，坚持立德树人，以实际行动践行铸魂育人的崇高使命。

（二）勤于积累总结

3年来，结合教育教学实践经历，我将学习感悟都诉诸笔端，撰写了《向着教育理想一路前行》《星光不问赶路人，时光不负有心人》《改变，从阅读开始》《聆听花开的声音》《业精于勤钻而研，师成于名持且坚》《让每一个生命因教育而美好》等心得体会，发表《经典阅读浸润学童心灵》《新课程标准下小学语文综合性学习活动策略的研究》《活动化习作教学之我见》《"素·养"课堂促进学生核心素养培养》4篇论文。我撰写的研修报告《不辜负每一个孩子的潜能》，从"构建多元课程体系，支持孩子们差异化需求；改革教育评价方式，树立正确学生观人才观；激发孩子潜能，铸炼校园精神文化；开展深度教研，更新教师教育教学观念"四个方面进行了阐述，并与工作室成员进行交流分享，真正做到学有所思、学有所悟、学有所获。

（三）做好带头示范

"教书者先强己，育人者先律己。"作为工作室主持人，我时刻提醒自己，一定要掌稳舵、把好向，不能有丝毫懈怠，坚持以身作则，在做中学，做中求进步，带动工作室成员共同成长。在抓好工作室常规管理、坚持参加教研活动的同时，我与工作室成员一道深入课堂，讲授《伯牙绝弦》《搭石》等示范课，积极承担县内新教师入职培训、语文新课标培训、乡村首席教师工作室建设等培训任务，做了《阅读教学如何落实语文要素案例简析》等5场专题讲座，为工作室成员做理论学习和实践成长上的引领示范。

二、关于工作室建设情况

立足于"找准一队人、带动一批人、影响一群人"的工作室建设思路，高起点规划、高标准启动、高效率推进、高质量发展。

（一）强化成员管理

工作室成立之初，我带头制定个人发展规划，全体成员都制订培养期内切合实际的发展计划，确保能落实、有实效。每学期开始的第一次成员集中，大家分享上一学期的收获、分析存在的问题、明确今后的努力方向以及本学期的打算，引导全体成员树立团队合作意识，有效完成培养任务。工作室为每位成员建立了个人成长档案，按计划有效开展读书活动，按时参加听评课及教学研修活动，认真做个人研修笔记，促进工作室成员专业化成长。

（二）促进共同学习

工作室每周下发学习内容，通过日常自学、云端分享、共同研讨、外出研修等方式，不断加强成员自身理论学习。持续开展"共读一本书"星空读书会活动，2023 年共读了《叶圣陶语文教育论集》和雷夫的《第 56 号教室的奇迹》两本好书，以"阅读+研讨"形式，提高阅读收获。2023 年 7 月起，工作室开启名师课堂专业阅读，大家从韩素静老师的《上一堂朴素的语文课》等教学案例中得到启发和感悟，不断丰富自己的教学主张，探索成功的育人模式，工作室微信公众号已呈现伙伴们 28 期读书分享。我在北师大珠海校区学习期间，组织工作室成员齐聚云端，共同聆听北师大教授郑国民所做的《语文课程改革的现实与挑战》专题报告，让大家及时了解新课程标准的主要内容和变化，按照课标解读任务分工，有计划开展自学和集体学习，促进大家从教育思想到教育行动的改变，更好服务于语文教育教学。2023 年 8 月 6 日晚，我带领工作室全体成员和我校全体语文教师相聚云端，参加北师大中原名师培育项目的星空读书会第十一期，徐美展、杜娟、朱惠平三位老师的读书分享为我们进一步指明了"整本书阅读"的教学方向。2023 年 11 月，工作室成员胡明文、许静、袁冬梅作为省名师和省骨干教师培育对象，分别到北师大、湖南第一师范学院参加培训，3 位成员在学习研讨中汲取力量、深悟精进。工作室成员每一次学习培训，都把自己的学习感悟通过工作室公众号与大家分享交流，引导其他成员学习借鉴。胡明文、袁冬梅制作的公众号还得到了赵老师、李老师及中原名师团队中诸多伙伴的好评。3 年来，工作室组织一次又一次培训之旅、问道之行，有效提升了工作室成员专业理论修养和教育教学能力，每位工作室成员在学与研、读与写中悄然成长。

（三）加强学科教研

工作室立足语文教学主阵地，坚持扎根教学实践，积极开展教学研究，注重把实践、学习、反思、再实践作为提升工作室成员能力和水平的重要途径，推动每位成员在教研实践活动中成长进步。2023年5月24日，大家齐聚名师工作室，围绕《新课程标准》，开展"聚焦语文要素，提升核心素养"教学研讨，大家从不同方面对新课标进行解读，了解任务群和大单元教学的概念，明确语文要素的类别和核心素养的内涵。伙伴们通过讨论，进一步拓宽了知识视野，提高了认知思维，积淀了专业素养。2023年11月7日至10日，在十四小录播室，我们围绕如何利用统编教材实现从"教课文"到"教语文"的转变、如何利用"旧教材"落实新课标中提升学生学科核心素养的要求，进行了广泛、深入的讨论。同时，伙伴们展示了9节教学课例，在"同课异构"中对比课堂教学行为的变化和进步。我对每一节课都进行点评，启发大家积极交流，深入探讨，凝聚共识。

（四）聚焦课题研究

工作室成员在开展常规教育教学工作之余，积极参与课题研究。中原名师培育工程立项课题"基于语文要素的小学高年级精读课文教学模式的案例研究"自开题以来，我带领课题组成员，从课题的核心概念、研究内容、研究方法、预期研究成果等方面入手，把课题研究和教育教学工作紧密结合，用好统编教材，把握教学重点，在实践中探索、总结、提高，提升了教师整体的科研能力。在此，特别感谢课题组导师——北师大易进教授给予多次具体的指导。在2023年9月课题结项时，评审专家一致认为，该课题选题符合教育改革方向与要求，研究重点突出，研究方法得当，研究思路清晰，研究过程完整，研究工作扎实，数据支撑坚实，特别是所提出的教学模式、教学策略及汇编的典型案例读本，具有一定的借鉴价值，较好地完成了研究任务，同意结项并获得良好等级。课题结题并不意味着课题研究的结束，而是其发挥效应的开始。围绕课题研究成果，按照实践、总结、提高的课题研究思路，继续将"基于语文要素的小学高年级精读课文教学模式的案例研究"进行小问题、深研究，推出更多优秀的案例设计、教学模式等成果，引领教师积极推进语文教学的有效变革。

在中原名师培育工程的课题研究带动下，工作室成员杜淑玉主持的市级课题"小学低年级古诗词启蒙教学模式的研究"于2023年7月立项，省级课题"双减背景下小语作业评价与教师作业设计能力提升的实践研究"正处在申报阶段。

（五）凝练教学思想

2022年版的《义务教育语文课程标准》中明确提出，学生核心素养的形成与发展是语文课程要落实的重点。鉴于部编小学教材按照"双线"组织单元教学内容，一线小学教师在教学中，应当如何准确把握语文要素、科学处理"双线"关系，以提高学生核心素养呢？工作室伙伴在线上线下进行了高效备课和多次交流与探讨，连续制作30多期专题案例公众号，逐人分享了自己在落实语文要素、提升学生核心素养方面的成功课例。

通过"基于语文要素的小学高年级精读课文教学模式的案例研究"课题的研究，按照高年级单元语文要素的分类，课题组构建了精读课文语文要素分别侧重于阅读理解、阅读策略、习作方法、不同文体的四类教学模式，并在十四小及兄弟校推广。两年的扎实研究，我们汇编了478页的成果资料，为精读课文教学提供案例指导。

经过大量的实践探索，我们提出了统编教材下的语文课堂应践行"素·养"课堂的教学思想，"素"即统编教材的单元语文要素，"养"即语文课程要培养的核心素养。形成素养课堂的四个路径：聚焦要素重积累，增强语用意识；聚焦要素寻路径，发展思维和表达；聚焦要素探意境，培养审美情趣；聚焦要素找支架，促进文化自信。教师通过践行"聚焦语文要素、提升核心素养"这一教学理念，进一步构建并实施"素·养"课堂教学模式，以努力实现"基于语文要素的教学过程优化和核心素养提升"的高品质课堂教学目的，2023年10月，我撰写的论文《"素·养"课堂促进学生核心素养培养》在《河南教育》发表。

教学思想提炼的过程很煎熬，但同时也是一场灵魂的唤醒，思想有声，行动有痕，在赶路的岁月里，我们期待在一场场教研实践活动中寻求进步和成长！

（六）发挥引领作用

工作室主动履行示范引领、辐射带动职责，举办了8场送教下乡和城乡教学联盟活动，开展了10多次"集体研修"，在全面提升工作室成员能力水平的同时，助力全县小学语文教育均衡发展，进一步擦亮名师工作室品牌。

一是以课堂教学引路。工作室成员深研教材、深耕课堂，积极参加各级各类讲课、听课、评课活动，当好同仁们的引路人。工作室借助十四小与武庙中心校、张广中心校结成教学联盟这一平台，组织工作室成员韩春玲、胡明文、刘韵歌、马月华等老师4次走进2所学校，开展观摩示范课、学科教学指导等教学联盟活动。2所学校组织近60人到十四小和工作室观摩学习，胡明文、刘韵歌分别进行了课堂教学展示，与2所学校老师进行交流互动。我进行评课后，以《温暖的分享——新课程背景下的作文教学》为题做了专题讲座，总结出一套作文教学的基本流程和框架，以名师的示范引领，丰富工作室成员和2所联盟学校老师的教学思想，推动教育教学资源优势互补、城乡教育共同提高。2023年11月2日，固始县第五教研协作区举行以"立足小语课堂，构建素养课堂"为主题的小学语文优质课观摩活动，工作室成员刘韵歌主持活动，十四小李丹丹等4位老师现场执教，引导参加活动教师在课堂教学中聚焦语文要素，提升学生核心素养。2023年12月6日，固始县乡村首席教师刘丽小学语文工作室教研活动在郭陆滩镇中心小学举行，我工作室成员刘韵歌、马月华在听评课环节充分发挥示范引领作用，让与会老师深化对"新课标、新理念、新课堂"的认识与思考，进一步明确课堂教学方向。工作室成员韩春玲、胡明文、刘韵歌、袁冬梅、王雪等老师到固始县北关小学、丰港乡中心校、陈淋子镇红花小学进行示范课展示，以课堂教学引导全县小学语文教学改革发展。

二是以座谈研讨指导。3年来，工作室建设不断拉高标杆，当好同行们的领路人。2023年3月28日，我参加固始县第十三小学校长开放日活动并做了交流发言。我从"让每个学生都能够成为最好的自己""一位好校长就是一所好学校""从一个人的行走到引领一群人的成长再到引领一所学校的蓬勃发展"三个方面与参会校长们做了分享，通过经验交流，也促进我对工作室团队及学校管理能力的提升。2023年11月24日，固始县乡村首席教师工作室发展座谈会在我工作室举行。工作室助理胡明文从工作室建设、管理、发展以及工作室成员学习研修等方面做了全面介绍。工作室成员刘韵歌带领大家参观工作室硬件设施、档案材料，详细介绍工作室各项活动开展情况，为乡村首席教师工作室建设提供了可资借鉴的经验和做法，指导全县工作室高质量建设、高水平发展。

三是以专题讲座带动。工作室紧紧围绕建设目标和职责定位，结合自身发展实际，由点到面，由浅入深，不断扩大工作室的影响力、带动力，当好同道者的带路人。工作室成立以来，我于2021年5月26日、9月28日、12月26日以及2023年3月9日、7月31日先后在工作室、十四小学、北关小学、县教师进修学校等，分别以《温暖的分享——新课程背景下的作文教学》《阅读教学如何落实语文要素案例简析》《统编教材下如何把握阅读教学的重点》《新课标背景下关于阅读教学重点的思考和探索》《迈向明亮那方》为题，做了5场专题讲座。

2023年3月9日，全县400多名语文教育工作者齐聚县教师进修学校，参加由我工作室承办的以"聚焦核心素养，践行新课标"为主题的小学语文教研观摩活动。工作室成员马月华以《池上》为例，向与会人员展示如何在小学语文低年级古诗词教学中将学生核心素养落到实处；工作室助理、县教研室副主任韩春玲进行点评，就如何更好创设情境性与实践性课堂与大家交流了看法；我以《新课标背景下关于阅读教学重点的思考和探索》为题做专题讲座，从关于阅读教学的思考、如何把握阅读教学重点、典型课例分析三个方面，指导与会老师怀着空杯心态，聚焦问题，打磨课堂，提升专业品质，用专业成就感提升职业幸福感。

2023年7月31日，县教体局在教师进修学校举行河南省乡村首席教师工作室授牌仪式及专项培训，省教育厅教师教育处负责人，许昌市襄城县文昌小学校长，县教体局主要领导、分管领导及相关人员等线上、线下千余人参会。我以《迈向明亮那方》为题做专题讲座，从强化主持人自身学习、加强工作室建设、发挥工作室作用等方面对参加人员进行专项培训。我与大家共同回顾工作室一路走来的点点滴滴，赢得了与会人员的一致称赞。

三、关于工作室取得的主要成果

2023年2月20日，中原名师培育项目北师大基地专家考核组欧群慧、王君、胡迪、郭梦园、沈建群一行5人莅临十四小，对中原名师培育对象汪静名师工作室和十四小河南省教师发展学校进行首次认定考核，考核组对工作室的建设发展、团队培养、作用发挥以及教师发展学校建设等方面给予了肯定，同时也提出了很好的指导性很强的意见建议。过去的一年，我们认真落实考核组的建议，携手同行，不惧迷惘，聚力向前，笃行不怠。星光不问赶路人，时光不负有心人，工作室收获累累硕果！19名成员中，胡明文、许静被评为省级名师培育对象，袁冬梅被评为省骨干教师培育对象，8人分别被评为市骨干教师、县级名师、县骨干教师，3人优质课获省二等奖，11人优质课获县一等奖，4人发表了9篇论文，18人分别获得省、市、县荣誉称号，18人分别参与省级、县级课题并分别结题，2个市级、1个县级社团分别通过了评审结项。2023年12月7日，固始县人大常委会对全县"三名工作室"开展情况进行专题调研，在听取我工作室建设情况汇报后，对工作室所做的工作和取得的成绩给予高度肯定。

今天，我们很荣幸接受赵老师一行的考核，再次聆听各位专家的当面指导，倍感亲切，也必将推动工作室建设再上新台阶。奋斗不辍忆往，且歌且行扬帆。回顾过往，感受到的是充实与快乐，我和伙伴们在求知中行走，在坚定中执着。展望未来，站在教育发展的新起点，我们不忘初心，继续努力，着力构建工作室发展新生态，奋力开拓工作室发展新局面，努力取得工作室发展新成效，为教育事业发展做出新的更大贡献。

2024 年，我们向着既定目标前行：

让阅读成为一种习惯，让行动成为一种路径，让团队成为一种力量。一手拾时光，一手种芳华。梦，在前方；路，在脚下。

我的汇报完毕，谢谢大家倾听，敬请批评指正！

本文写于 2024 年 1 月

第七辑

07

课题研究

"纸上得来终觉浅，绝知此事要躬行。"课题研究既是校本教研中的一项重要内容，又是促进教师专业成长的重要途径，还是营造良好校园文化氛围的重要方式。我作为全县小学开展课题研究的先行者，从 2007 年至今，先后进行了 8 项课题实验研究，其中 2007 年至 2011 年主持的中央电教馆"十一五"课题"信息技术环境下小学语文综合实践活动课的研究"顺利结题并获良好等级，2012 年该课题荣获全国信息技术优秀教学成果奖；2016 年至 2018 年主持河南省教育科学规划一般课题"信息技术环境下小学活动化作文的研究"，于 2019 年荣获河南省优秀成果一等奖；2022 年至 2023 年主持的河南省基础教育教学课题"基于语文要素的小学高年级精读课文教学模式的案例研究"顺利结题并获良好等级。本辑精选的四篇文章主要围绕"为什么要开展课题研究""怎样开展课题研究"等进行了较深入的研究。

抓住主要环节　开展课题研究

——在固始县 2013 年课题培训会上的发言

尊敬的各位领导、老师们：大家好！

　　首先，感谢教体局领导给我提供了这次向各位同仁汇报交流的机会，经验谈不上，只是在此和大家分享一下我们课题组一路走来的一些做法和感受，不妥之处，敬请大家批评指正！

　　我主持的国家级"十一五"课题"信息技术环境下小学语文综合实践活动课的研究"，自 2006 年 9 月立项，经过五年辛勤的探索和不懈的努力，于 2011 年 3 月，在中央电教馆结题会议上，因为我们精心准备的 PPT 汇报和现场面对评审组质疑时沉着的答辩而获得与会专家的充分肯定与一致好评，该课题顺利通过并获得良好等级。2012 年 9 月，我们又荣获"全国教育信息技术研究优秀成果奖"，也是最高奖，河南省获得本次"优秀成果奖"的学校仅有 7 所。

　　继此之后，我们又于 2011 至 2013 年承担了省级"十二五"课题"信息技术环境下活动化作文的研究"并荣获了河南省科研成果一等奖，同时其研究方案和研究报告被选编进省电教馆汇编的《河南省优秀科研成果》一书。我和课题组的王灿老师及其他同志经过三年辛勤的思考、探索与总结，汇编出的 330 页 10 余万字的课题成果得到了省、市、县相关学校的广泛借鉴与一致好评。

　　我校课题研究工作成绩的取得首先受益于上级领导、专家给课题组的鼓励、引导和无私的帮助。2006 年课题立项后，我们感觉无从下手，当时没有一点可以借鉴的版本和范例，电教馆领导亲临指导并为我们搭建平台，为我们联系学习的机会，提供专家的联系方式，使我们能够直接面对高水平的专家，聆听他们的指导意见，直观感受什么是真正意义上的课题研究，在工作思路、研究方法、探索问题的深度等方面，获得了多层次的零距离的指导，因此在相当程度上获得了专业化的成长与提升。电教馆李书记、倪馆长、曹主任等领导、专家不辞辛苦地反复审阅、修改我们交送的课题材料，让我们相互观摩、交流、修改 PPT，我们课题组以思想认识到位、责任意识到位、工作落实到位的工作状态，最终迎来课题的顺利实施。

其次，课题能够得以顺利开展的有力保障，就是学校给予科研经费、政策方面的大力支持。向校长纵览全局、统筹协调，整合各方面的力量，例如：资助立项的教研课题，经费上给予有力的保障，提供方便，大力支持课题组外出学习培训，政策给予扶持，与课题相关的课、论文等在评聘职称时，列入业绩积分，课题结题获得优秀等级的，在评选教学成果中享有优先权，职称评聘、年终考核等涉及教职工切身利益的考评中，都有专门的关于课题的奖励加分细则等，以此调动老师从事课题研究工作的积极性。

下面，我就课题研究主要环节与大家做以简要的汇报交流。课题研究主要环节，是开展课题研究的核心。我们认为，要抓好课题研究必须认真落实方案制订、活动开展、过程检查、阶段总结、资料积累、成果汇总这六个环节。

一、方案制订

如果说设计蓝图、制订工程计划决定着一项工程的质量，那么一份研究方案就直接关系到一项课题研究的质量、研究价值乃至成败。从某种意义上说，制订出具体、可靠的课题研究方案，就等于完成课题研究的一半。在制订研究方案时，要注意克服"假、大、空"的形式主义的做法，要求课题组遵循规范性、导引性（导引研究进程、导引老师的研究行为）、可操作性的原则认真制定，使研究方案真正成为课题研究的"行动指南"，我们国家级课题的研究方案随着研究时间的深入反复修订了三次，才形成最终的研究方案。对于研究方法，由于实验研究法中自变量、因变量、干扰变量等不易操作、不易控制因素的存在，我们最后都修订为行动研究法为我们最主要的研究方法，行动研究法要画出所采用的行动研究法模式图，行动研究法常和问卷调查法相结合。

研究过程，主要反映研究内容的变化情况。包括：

（一）准备阶段（年 月—年 月）

（二）实施阶段（年 月—年 月）

行动研究法的实施阶段要反映研究方案的修改变化情况。行动研究法一般要经过三轮研究，通过三轮计划、行动、观察、反思、修改方案，形成最终研究方案。

第一轮研究（年 月—年 月）

经过一轮研究后，发现新的问题或缺陷，对原方案进行修改（主要是对研究内容操作层面的修改，若有必要，也可以对研究目标补充理论依据），修改内容要说清楚。

第二轮研究（年 月—年 月）

经过第二轮研究，又发现新的问题或缺陷，对研究方案第二稿进行修改（主要是对研究内容操作层面的修改）。

第三轮研究（年 月—年 月）

经过第三轮研究，又发现新的问题或缺陷，对研究方案第三稿进行修改（主要是对研究内容操作层面的修改），完成最终方案。

（三）总结阶段（年 月—年 月）

研究方案中还包括重要的一项就是研究检测、效果、分析和结论。

关于研究效果，包括问卷调查情况及教学成绩检测情况，可用成绩表或图表说明研究过程中教学成绩的变化情况。

（四）研究分析

阐述研究内容操作对教学效果的作用分析，是如何起作用的，道理是什么。

（五）研究结论

说明排除干扰因素措施情况，肯定教学效果的取得是研究内容操作造成的，从而肯定研究内容操作是客观有效的，说明结论的可靠度。

研究方案其实就是让课题组每一个成员明确课题的研究阶段和自身任务，了解课题研究的一般程序及每个阶段的工作目标。

二、活动开展

教育科研的生命在于开展研究活动。研究活动是教育理论向教育行为转化的"催化剂"。通过这个"催化剂"，教师就能更快、更好、更有成效地把各种先进的教育教学理论、课题研究的具体方法和措施落实到具体的教育教学中，从而保证课题研究的有效开展，促进课题研究成果的形成和总结。因此，我们学校历来都把组织开展各种教育科研活动作为教育科研课题研究的重要工作来抓。

我们开展"五个一"活动，即：课题老师每人确定一个小专题、备一节小专题研究课、上一节小专题研究课、做一节小专题研究课的课后反思、写一篇小专题研究论文。阶段性课题研究汇报活动，即课题研究的每一个阶段都要举办的大型教育科研活动，如教研月活动、专题研讨活动等。就国家级课题来说，我们分别开展了 17 次信息技术环境下的语文综合实践活动，并汇编整理成语文综合实践活动课例活页夹读本。

信息技术环境下语文综合实践活动安排表

四年级	2007 年 3 月:《大别山下我的家》《安全伴我行》《快乐"六一",我做主》 2007 年 9 月:《走进中秋》《莲塘的消失》《我爱家乡》
五年级	2008 年 3 月:《大别山下茶韵悠悠》《生日怎么过》《改变学校门前街道拥堵现象》 2008 年 9 月:《菊花风采》《走进古诗大观园》《一起玩吧!》
六年级	2009 年 3 月:《走进春天》《我的爸爸妈妈》《当地气候条件对茶叶生长情况影响的调查》 2009 年 9 月:《珍惜水资源》《我读书、我快乐》

我们在信息技术环境下,开展语文综合实践活动课的研究,虽然立足于小学语文教材中综合性实践活动,但具体操作却是在无参考、无模式、无经验的情况下进行的。因为综合实践活动课具有综合性、开放性、实践性、生成性的特点,所以课题研究过程中,我们也致力于探究如何引导学生开发课题,全面关注、多角度开发语文综合实践活动课内容,使活动课更利于学生发展,更贴近本校本地学生生活。同时,课题组成员通过随堂听课,观察记录研究对象的学习行为和语言表达,按研究目标检测体系对学生分别进行了阅读能力、写作能力、综合素质等方面的检测。根据检测数据,分析研究得失。还对学生分别进行了实验前、中、后三次问卷调查。对收集整理的资料加以统计、分析、讨论,进行总结,形成了课题结题报告。这些丰富多彩的活动有力推动了我校校本科研工作的和谐发展。

三、过程检查

教学是小学教育科研的"土壤",课题研究的方法和措施只有扎根于这一"土壤"中,才能"开花、结果"。因此,在认真抓好研究课题的组织、研讨、交流及阶段成果总结的同时,我们注重教育科研与教学研究的有机结合,促使课题研究走向科研化,管理规范化。我校在课题研究管理中,着重进行课题研究过程检查,科学设计相关表格、问卷、测试卷等,通过表格的填写和检查落实课题研究的具体实施情况,为课时提供第一手资料。课题管理小组定期召开由课题组全体成员参加的阶段工作会议,通过课题研究过程性活动的记录检查,及时掌握课题研究的进展,发现存在的问题,并予以解决。

四、阶段总结

阶段总结是课题研究过程性管理的关键性环节。抓好阶段性成果的管理工作，能准确掌握研究的进展情况，及时调整下阶段的研究进程，同时为课题研究最终的成果鉴定和成果总结打下良好的基础。因此，学校要重视做好课题研究阶段总结工作，按照课题计划，对照该阶段的工作目标，检查完成情况。在每一阶段总结中，要由实验教师、课题组进行总结，再由课题负责人进行总的课题总结。此外，积极参加电教馆、教研室等组织开展的"优秀课题研究论文评选""优秀课题研究案例评选"等活动，调动教师进行阶段总结的积极性，提高阶段总结的质量。

五、资料积累

课题最终研究成果是在研究过程中对事实资料进行分析综合而推理总结出来的，因此搜集整理的事实资料是否真实、准确，将直接影响到成果的信度、效度。可以说，做好资料的积累、整理工作是获得研究成果的前提。因此，我校重视课题研究过程性资料的积累工作，专门邀请了市电教馆尹主任为我校的教研课题资料的吞吐量做了专题指导，引导老师们要认真收集课题研究的申报立项、计划、总结、活动记载、检查评估、典型教案（课例）、效果测查、学生个案、阶段成果等资料，分类进行整理，在资料整理时要力求做到规范与精细，并实行专人、专橱保管。

六、成果汇总

有了坚实的资料积累做基础，总结科研成果便水到渠成。实验报告或研究总结，要用数据和事实说话，要经得起时间和实践检验。

学校在教育教学工作中加强课题成果推广活动，促进已有课题成果的转化工作，进一步提高了广大教师的课题研究水平。

研究的主要成效是：

（一）全面提高学生综合素质

学生学会利用网络资源查找并整理信息，学做电子贺卡、多媒体课件，利用博客发布交流信息，互访互评。阅读能力、写作能力、信息技术能力、合作能力、综合实践活动能力等大大增强，活动化作文的研究极大地调动了学生的兴趣，丰富了生活，拓宽了思路，学生们的作文能力迅速提高。与平行班相比，差异极为显著。

（二）提高了教师的教科研水平

实验过程中，通过多阶段、多渠道、多层次的培训，教师的业务能力、信息技能和信息素养都有了飞跃式发展，已成为学校教科研主导力量。其中王灿和汪伟两位老师在县多次做公开课、示范课，并分别荣获河南省优质课一等奖。老师们不仅掌握了较熟练的计算机操作技术，而且掌握了信息技术与语文综合实践活动整合的模式与方法。涌现出一批高质量的教科研论文和综合实践活动优秀案例。

（三）促进了学校现代化的建设，提高了办学质量

随着课题研究的不断深入，学校不断完善和充实硬件设备，加大对信息技术教育的投入，有力支持了课题研究。同时课题实施也极大推动了学校现代化发展进程，学校继先后获得省、市、县各级单项表彰后，2009 年又荣获"全国教育系统先进集体"，居河南省五个全国表彰的小学之首。

（四）为推进综合实践活动课程和活动化作文的实施提供了范例和途径

我们构建了信息技术环境下小学语文综合实践活动课和活动化作文课的模式，形成了活页夹读本。这两项成果将对我县信息技术与综合实践活动的课程、活动化作文的整合及实施，都具有较大的实践意义和应用价值。

最后一点和大家分享的是：课题能否顺利结题，除过程性资料外，主要还看四大块，即开题报告、研究方案、研究报告及现场结题的 PPT 汇报和质疑答辩。

总之，通过课题研究，我们深深体会到：全面整合电教资源、学生资源和教材资源，科学选题，周密策划，是实验成功的前提；重视理论指导，强化管理，研究科学规范是实验成功的关键；边实验边学习，边研究边验证，是实验成功的重要途径。

由于我校一直积极开展课题研究工作，取得了一定的成效，陆续有课题结题并获奖，我校的课题研究工作获得了一定成绩，也取得了一些经验。但我们深知，我们的研究还处于初级阶段，课题的学术性有待加强，课题的实验范围有待推广，课题的社会价值有待检验。成绩只属于过去，面对日新月异的教育形式，面对教育教学中不断遇到的新问题，我们有太多太多的研究课题。在未来的工作中，我们需要做的还很多，我们将继续投身课改和课题研究工作，为构建"科研兴教，科研兴校"的宏伟工程而努力。谢谢！

本文写于 2013 年 9 月 19 日

222

《信息技术环境下小学语文综合实践 活动课的模式研究》研究方案

一、课题的提出

（一）研究背景

21世纪是信息化时代，社会生活的信息化和经济活动的全球化，使综合素质日益成为对外开放和国际交流的主导力量。随着国际交流和日常交往的日益频繁，社会对每个人的综合实践活动能力的要求也越来越高。

随着教育与信息技术的整合力度不断加大，现代教育技术的运用空前广泛。多媒体和网络技术的强大功能，更是为学生提供了多样的感性替代经验和自由驰骋的广阔发展空间。信息技术环境下综合实践活动的研究实施理念也逐步得到了广大老师的认可，在研究过程中积累整理了一些示范性案例和课例，获得了一些有效实施的经验。但如何科学有效地利用信息技术创设和营造真实而有意义的语文学习环境和应用环境，充分利用信息技术，整合学科教学内容，采用多种形式，以活动为核心，以完成教学任务为目标，实现信息技术与语文综合实践活动课的有机整合，依然是老师们亟待解决的问题。

（二）研究现状综述

20世纪90年代以来，世界各国、各地区都推出了旨在适应新世纪挑战的课程改革举措，共同趋势是倡导课程向儿童经验和生活回归，追求课程的综合化。综合实践活动作为一门学习化的课程，通过学习、互动自然而然地生成，与学生的自身生活、社会生活和时代发展紧密联系，是"基于载体的活动"，更是"基于资源的学习"。

2003年我国增设综合实践活动课程，综合实践活动成为改变学生学习方式，培养学生主体意识，提高学生实践能力和创新精神的一大亮点。省级很多学校开展了综合实践活动课，积累了经验，取得了一定成果。但作为县级学校，受条件限制，很多学校没有从真正意义上开展综合实践活动课，无论是实践还是理论研究经验都比较缺乏。目前我校致力于"信息技术环境下小学语文综合实践活动课"的研究工作，正是顺应了当前国内外的教育形势，填补本地区实践活动研究空白。

（三）理论依据

1. 建构主义理论

它重视学习环境对学习的影响，重视学习环境帮助学习者构建知识的意义。建构主义学习理论认为"情境创设""协作学习""会话交流"和"意义建构"是学习环境中的四个基本要素。

就本课题而言，在信息技术教育和语文综合实践活动的整合中，围绕着建构主义理论四大学习环境要素，把多媒体计算机当作建构主义学习环境下理想的认知工具，让学生在教师的指导下进行学习和求知。

2. 人本主义理论

人本主义心理学派提出的教学观点和主张，强调人的因素和"以学生为中心"，主张意义学习及自发的经验学习，促进学生学会学习并增强适应性。倡导学生的自我评价。

3. 布鲁姆关于"综合学习"的论述

教育之所以把综合看作是重要的，还因为它总伴随着创造者的自豪、他们对创造能力的意识，以及他们在创造一些独特事物的过程中产生的交流感，特别是当学生们感到他们是用属于自己的想法和资料做了恰当工作时，更是如此。

（四）研究价值

1. 基于信息时代教育教学改革的需要

信息时代，学校如何学与教，是关系到新世纪创新人才的培养及教育能否跟上信息时代的发展步伐，能否与世界发达国家的教育接轨的大课题。语文综合实践活动课，引导学生充分运用信息技术，自主学习语文，从实践中自主获取知识、形成能力已是广大教师的共识。但在信息技术环境下加强语文综合实践活动还普遍存在着"号召多、务实少、形式多、效果微"的现象。这种现象使我们充分意识到，必须把信息技术环境下开展语文综合实践活动课的研究提高到教育科研的层次上，以当代教育科学的思想和方向为先导，系统地探索其内在规律，进而建立起一套要素优质、结构优化、功能优异的科学的信息技术环境下语文综合实践活动的模式。

2. 基于语文新课程标准的要求

新课标明确指出：语文是时间性很强的课程，应着重培养学生语文实践能力，而培养这种能力的主要途径也应是语文实践，不宜刻意追求语文知识的系统和完整，语文又是母语教育课程，学习资源和实践机会无处不在，无时不有。因而，应该让学生充分利用信息技术，在大量的语文实践中掌握运用语文的规律。为此，提出这一课题更具时代性。

3. 基于语文综合实践活动的特点

语文综合实践活动是语文课的重要组成部分，是语文基础课的延续和必要的补充。它是以实践活动的方式把素质教育的因素组织起来加以施教的一种课型，既不同于常规语文课，又有别于语文课外活动课。

由于不受学科教材的束缚，具有非常广泛的选材领域和宽广的采摘范围，因此它拓宽了语文学习的内容、形式和渠道，使学生在广阔的空间里学语文、用语文、丰富知识、提高能力。

4. 本课题具有广阔的运用前景

信息技术环境下的语文综合实践活动的研究，强调语文综合实践活动与信息技术的整合。旨在探索信息技术环境下小学语文综合实践活动课的模式，有利于培养学生利用信息技术的意识和能力，将实现对学生语文实践能力的训练和创新精神的培养，从而极大地促进信息教育的发展、素质教育的实施。通过综合实践活动的研究开展，营造全校师生的综合实践活动意识和研究氛围，全面推进学校素质教育，促进教师专业发展。开发出信息技术环境下语文综合实践活动的课例集，为学校和本地区语文综合实践活动提供参考资料，课题研究成果具有广阔的运用前景。

（五）课题关键词界定

1. 信息技术环境

信息技术环境指多媒体环境和网络环境。

2. 语文综合实践活动课

立足小学语文课本中综合实践活动课的设计，学生在教师的引导下，自主进行的语文综合性学习活动，是基于学生的经验，密切联系学生自身生活和社会实际，体现对知识的综合应用的实践性课程。基本特征是：综合性、实践性、开放性、生成性、自主性。

二、研究设计

（一）研究目标

1. 构建信息技术环境下语文综合实践活动课的模式。

2. 培养学生的语文综合素养，形成探究性学习方式，提高评价与自我评价能力，促进学生全面发展。

3. 形成具有学校特色的语文综合实践活动课序列活页夹读本。

（二）研究对象、实施教师

1. 研究对象

我们把四（5）班和四（1）班作为实施对象。准备对这两班学生有针对性地进行对信息技术与综合实践活动课参与的认识及相关能力的检测，通过分析统计结果，从两班中各选取背景、知识技能水平相当且能代表高、中、低三个层次的数量相同的学生，作为本课题的研究样本。

2. 实施教师

课题组成员按照要求，首先在查阅有关本课题的教育教学科研资料、分析本校校情及咨询专家的基础上，选择了具有一定理论素养和实践经验、学历、能力的两位年轻教师王灿和汪伟作为课题研究实施教师。

（三）研究内容

1. 信息技术环境下小学语文综合实践活动课模式研究

信息技术环境下小学语文综合实践活动课模式研究的基本环节为：

（1）调查研究、确定主题（培养问题意识，激发研究内在动力）；

（2）设计目标、制订方案（培养根据明确目标设计规划能力）；

（3）分组研究、收集资料（有效活动，记录收获）；

（4）整合资源、记录成果（培养信息处理整合的能力）；

（5）成果展示、交流汇报（展示交流，体验成功快乐）；

（6）多向评价、撰写报告（提高自我评价反思能力，促进学生全面发展）；

（7）关注过程、反思提升（总结反思，修正提升）。

2. 运用探究式学习方法及多元评价方式，提高学生语文综合实践活动能力

学生在教师的指导下，开展丰富多彩的语文综合性实践活动，充分利用现实生活中的语文资源，积极合作，进行探究式学习。在广阔的空间中学语文、用语文，全面发展学生的语文素养。

依据网络环境，利用博客对学生采取多元化、过程性评价，重视评价的激励与改进功能。评价重点在学生的发展层次和发展水平上，以过程性评价为主，评价时突出学习过程的体验、情感、态度、价值观和综合实践活动能力。

3. 汇编整理语文综合实践活动课例活页夹读本

在课题研究过程中，我们有意识地将理论学习体会与实践后的心得结合，将实践活动课活动方案及活动反思汇编成课例集，形成语文综合实践活动课活页夹读本。

（四）研究方法

本课题研究方法主要采用行动研究法，辅以问卷调查法等。

行动研究法的具体模式为：

进入下一轮研究

问题——计划——行动（实践）——观察（检测）——反思

在实践中研究，在研究中反思，然后在反思中改进，循环反复，以此实现研究的目标。坚持边学习、边实践、边研究、边交流，及时总结经验，经过再研究上升到理性的认识。

三、研究计划

（一）准备阶段（2006 年 3 月—2006 年 8 月）

（1）组建课题领导小组、指导小组、实验小组；

（2）确立并论证课题；

（3）设计实验方案；

（4）培训实验教师。

（二）实施阶段（2006 年 9 月—2009 年 1 月）

本课题根据实际情况，进行了三轮行动研究。每一轮研究过程都包括计划、行动、观察、反思、修改方案，形成最终研究方案。

第一轮研究（2006 年 9 月—2007 年 9 月）

计划：

1. 设计发放课题开展前的调查问卷，写出问卷调查数据分析。

2. 对学生进行阅读、写作、语文综合实践能力的相关测试。

3. 开展信息技术环境下小学语文综合实践活动，构建小学语文综合实践活动课的模式；根据需要及学生兴趣，每学期各开展三次语文综合实践活动，每次活动历时一个月。

模式：调查研究、确定主题→设计目标、制订方案→分组研究、收集资料→整合资源、记录成果→成果展示、交流汇报→师生评价、撰写报告。

行动：根据计划开展活动。

观察：学生的行为及反应，包括语言表达、动手操作、参与热情、团结协作等；观察了解学生对信息技术掌握的能力和网络资源的利用能力。

反思：分析活动模式及其构成的教学结构在活动过程中的成功点及存在

的问题，调整下一次行动的活动设计及实施方案。

第二轮研究（2007年9月—2008年9月）

计划：

1. 继续研究构建信息技术环境下小学语文综合实践活动课的模式。

2. 指导学生运用探究式学习方式，开展语文综合实践活动，利用博客进行多元评价，提高学生综合实践活动能力。

3. 进行第二次问卷调查，撰写分析报告。

模式：调查研究、确定主题→设计目标、制订方案→分组研究、收集资料→整合资源、记录成果→成果展示、交流汇报→多向评价、撰写报告→活动反思、总结提升。

行动：根据计划开展活动。

观察：活动过程中学生的行为表现及学生活动产品。

反思：分析活动模式、探究式学习法及多元评价在活动过程中的成功点及存在问题，调整下一次行动的活动设计及实施方案。

第三轮研究（2008年9月—2009年9月）

计划：

1. 完善信息技术环境下语文综合实践活动课的模式。

2. 自觉运用探究式学习法进行语文综合实践活动，对学生进行多元评价。

3. 汇编语文综合实践活动课例活页夹。

4. 第三次问卷调查；进行活动能力的分项检测，撰写分析报告。

模式：调查研究、确定主题→设计目标、制订方案→分组研究、收集资料→整合资源、记录成果→成果展示、交流汇报→多元评价、撰写报告→关注过程、反思提升。

行动：根据计划开展活动。

观察：活动过程中学生的行为表现及学生活动成果。

反思：分析活动模式、探究式学习法及多元评价在活动过程中的成功点及存在问题，总结课题研究成果。

（三）总结阶段（2009年9月—2009年12月）

广泛征求意见，汇集实验资料，进行全面分析总结，形成实验结题报告。

四、研究检测

（一）问卷调查：设计进行实验前、中、后三次问卷调查。

（二）检测标准：

1. 观察分析学生的信息技术环境下开展语文综合实践活动的活动产品，包括活动制作的汇报课件、评价及自我评价、撰写的活动调查报告等，分项评定等次，以此进行检测；

2. 设计实验前后学生综合实践活动能力检测试卷，其中包括学生阅读能力、写作能力和分析处理资料信息能力的检测，对比分析试验研究效果。

五、预期成果

研究报告、优秀论文、教学案例、教学课件、案例活页夹、学生作品等。

六、研究创新

1. 形成体现现代教育新理念，具有现代信息技术与语文实践活动充分整合为特色的小学语文综合实践活动课的模式。

2. 致力于改变学生的学习方式，引导学生运用探究式学习方式，使学生乐意并有更多的精力投入现实的、探索性的语文实践活动中去。

3. 广泛引导学生利用网络庞大的信息资源进行开放性学习和协作学习，充分依托网络环境开展多元评价，提高学生评价与自我评价，不断反思、提升自我的能力。

4. 变革教师的教学方式，通过研究，使语文教师的现代信息技术素养及能力能够适应现代教育教学的需要，促进教师专业化成长。

七、研究组织

1. 课题小组成员：

汪静（副校长，中小学高级教师、河南省学术技术带头人、课题主持人）

王灿（小学高级教师，实验教师）

汪伟（小学一级教师，实验教师）

陈健（小学二级教师，计算机教师）

2. 课题实验指导：

陈　林：县电教馆馆长

李启明：县电教馆书记

曹正红：县电教馆电教教研员

王道志：县电教馆电教教研员

2007 年 3 月

《信息技术环境下小学语文综合实践活动课的模式研究》中期研究报告

2006 年秋，我校承担了国家级课题"信息技术环境下小学综合实践活动课的研究"。在实验过程中，我们发现，很多学科都有综合实践活动的内容，综合实践活动本身所涵盖的内容又十分丰富，在各学科全面铺开这项研究需要各个学科老师的配合，因为师资水平不一和课题结题时间的限制，给我们在短时间内开展实验工作带来一定难度。

同时，在课题开展的过程中，我们发现多学科共同参与研究，分散了实验老师的研究精力，很多研究不能具体扎实地开展，影响了实验数据的分析，也必定会影响到实验成果的有效性、实用性。

基于以上原因，加上我们的主要实验教师是语文教师，因此我们缩小了课题界定的范围，将课题改为"信息技术环境下小学语文综合实践活动课的研究"。

从 2006 年 12 月以来，我们致力于"信息技术环境下小学语文综合实践活动课的研究"的实验研究，认识由感性到理性，由肤浅到深化，我们以实验班为龙头，带动全校 39 个教学班，有目的、有计划、有步骤、有实效地开展此项专题研究，通过信息技术与小学语文综合实践活动的整合，来加强课程教学与学生生活和社会实践的联系，促进学生学习方式的多样化，从而培养学生创新精神与实践能力，努力促进学生综合素质的提高。两年多来，我们欣慰地看到，通过本课题的研究，学生的创新精神、实践能力及综合运用学科知识的能力有了明显的提高，学校的整体教学也因此焕发出生机和活力。

一、研究背景

21 世纪是信息化时代，以现代信息技术为主要标志的科技进步日新月异，社会生活的信息化和经济活动的全球化，使综合素质日益成为对外开放和国际交流的主导力量。随着国际交流和日常交往的日益频繁，社会对每个人的综合实践活动能力的要求也越来越高。

随着教育与信息技术的整合力度不断加大，从传统的电化教育到计算机辅助教学，多媒体辅助教学，再到网络环境下的课堂教学，现代教育技术的运用空前广泛。多种媒体的组合运用和交互活动，使得真实的教学素材既丰富多彩又生动形象；网络技术强大的储存量和灵活多变的交互性，更是为学生提供了多样的感性替代经验和自由驰骋的广阔发展空间。在课程的实施过程中，信息技术教育得到了有效加强，学生利用信息技术的意识和能力日益增强。我校具备扎实的硬件基础和厚实的软件设施，这为现代教育技术研究的开展提供了坚实的物质基础。同时，我校从 2005 年起开始进行综合实践活动课的实验研究。为此，我校提出了"信息技术环境下小学语文综合实践活动课的研究"这一课题的研究，旨在探索运用现代教育技术媒体提高学生综合实践活动的能力。

二、理论思考

（一）概念界定

1. 信息技术环境

信息技术环境指多媒体环境和网络环境。

2. 语文综合实践活动课

立足小学语文课本中综合实践活动课的设计，学生在教师的引导下，自主进行的语文综合性学习活动，是基于学生的经验，密切联系学生自身生活和社会实际，体现对知识的综合应用的实践性课程。基本特征是：综合性、实践性、开放性、生成性、自主性。

（二）理论基础

1. 建构主义理论

它重视学习环境对学习的影响，重视学习环境帮助学习者构建知识的意义。建构主义学习理论认为"情境创设""协作学习""会话交流"和"意义建构"是学习环境中的四个基本要素。

就本课题而言，在信息技术教育和语文综合实践活动的整合中，围绕着建构主义理论四大学习环境要素，把多媒体计算机当作建构主义学习环境下理想的认知工具，让学生在教师的指导下进行学习和求知。

2. 人本主义理论

人本主义心理学派提出的教学观点和主张，强调人的因素和"以学生为中心",主张意义学习及自发的经验学习,促进学生学会学习并增强适应性。倡导学生的自我评价。

3. 布鲁姆关于"综合学习"的论述

教育之所以把综合看作是重要的,还因为它总伴随着创造者的自豪、他们对创造能力的意识,以及他们在创造一些独特事物的过程中产生的交流感,特别是当学生们感到他们是用属于自己的想法和资料做了恰当工作时,更是如此。

(三)研究目标

1. 构建信息技术环境下语文综合实践活动课的模式;

2. 培养学生的语文综合素养,形成探究性学习方式,提高评价与自我评价能力,促进学生全面发展;

3. 形成具有学校特色的语文综合实践活动课序列活页夹读本。

三、研究的内容与方法

(一)研究内容

(1)基本内容

①在信息技术环境下开展综合实践活动,利用网络资源拓宽学生的视野及学习的时空,实现学习方式的多样化。

②利用信息技术,创设综合实践活动课程学习环境,培养学生创新精神和自主探究学习能力。

③利用信息技术,提高学生综合实践活动的学习兴趣,增强学生信息意识和能力。

④利用信息技术的交互性,实现对综合实践活动评价的多元性,丰富学生的认知和经验。

(2)研究重点

信息技术与小学语文综合实践活动整合的模式探讨。

(3)研究难点

引导学生确定活动主题,有效指导学生开展活动,深入探究。

(二)研究的方法

本课题的研究中,我们以行动研究法为主,在研究中反思,然后在反思中改进,循环反复,以此实现研究的目标。同时辅之以经验总结、个案研究、调查分析等。

四、研究过程

（一）精心筹划，反复论证，做好前期准备

实验开始前，我们首先成立了课题领导小组、课题指导小组、课题实验小组。中学高级教师、校长向文忠亲自担任本课题领导小组组长，县教体局副局长梅家新、教体局基教科科长曹联合都亲自参与并过问了这项实验工作，从组织到管理、经费保障等方面及时解决实验前期及实验运行中的一些问题。还聘请了县电教馆馆长陈林、书记李启明及县电教馆教研员曹正红老师和王道志老师指导本课题的实验。小学高级教师、省级学术技术带头人、市级学科带头人副校长汪静担任课题实验小组组长，成员包括教导处主任张青贞、政教主任付珺、语文教研组长王灿、汪伟，专职电教员陈健等，队伍建立后，向文忠校长亲自召集领导组、实验组所有成员开会，研究讨论本课题实验方案，安排实验进程，制定了课题组管理制度，并给课题组成员具体分工，要求实验组同志必须认真开展实验，实验工作要科学、规范、有序。

课题组成员按照要求，首先在查阅有关本课题的教育教学科研资料、分析本校校情及咨询专家的基础上，选择了具有一定理论素养和实践经验、学历、能力及教龄均在一个水平线上、使用教材相同的两位年轻教师作为实验教师。我们把四（5）班和四（1）班作为实施对象。在2006年7月对这两班学生有针对性地进行对信息技术与综合实践活动课参与的认识及相关能力的检测，通过分析统计结果，从两班中各选取背景、知识技能水平相当且能代表高、中、低三个层次的数量相同的学生，作为本课题的研究样本。

表1　实验班与平行班调查统计表（2006年7月）

班级	全班人数	男生人数	女生人数	家长重视学生信息技术与综合实践活动能力培养的人数
实验班四（5）班	98	66	32	56
平行班四（1）班	96	58	38	64

表2 实验样本背景调查统计表（2006年7月）

班级	人数	男生	女生	优生	中等生	学困生	家长重视学生信息技术与综合实践活动能力培养的人数
实验班四（5）班	55	35	20	34	15	6	38
平行班四（1）班	55	33	22	37	14	4	39

在上述工作基础上，实验组成员开始设计、论证、制订研究方案。为保证方案设计具有科学性、可行性、操作性与创新性，我们在广泛阅读相关教育专著的基础上，还通过当面请教、写信、电话咨询的方式征求省、市、县电教馆一些专家的意见，反复论证制订了研究方案。

（二）积极实践，大胆创新，上好实验课

在2006年8月，此实验方案通过有关专家的审定后同意开题，于2007年初正式进入实验阶段，实验教师设计开展了一系列信息技术环境下小学语文综合实践活动，取得第一手实验资料。上实验课前实验组成员共同钻研资料，设计语文综合实践活动教案、制作教学课件等，突出学生学习方式的转变，教师教学方式的转变。上课时，课题实验组成员随堂听课，观察记录实验对象的学习行为和语言表达，帮助实验教师按照方案中设计的实验目标检测体系对学生进行随堂检测。课后，大家观察资料、测试成绩，并对其加以分析、讨论，从而发现活动模式是否合理，是否利于学生语文综合实践能力的提高，是否需要修改。现将实验半年后实验班学生综合素质对比测试成绩统计如下：

表3 实验班综合素质测试表（2007年6月）

能力类别/班档级次		合作能力				收集、整理信息能力				口语交际能力				阅读分析能力				作文能力			
		A	B	C	D	A	B	C	D	A	B	C	D	A	B	C	D	A	B	C	D
四五班（55人）	前测	11	18	21	5	6	20	22	7	18	20	11	6	8	19	17	11	10	22	14	9
	后测	16	25	11	3	15	25	11	4	27	20	5	3	20	20	7	8	21	18	11	5

续表

能力类别 班档 级次		合作能力				收集、整理 信息能力				口语交际 能力				阅读分析 能力				作文能力			
		A	B	C	D	A	B	C	D	A	B	C	D	A	B	C	D	A	B	C	D
四一班（55人）	前测	11	20	15	9	10	19	16	10	17	19	13	6	13	25	12	5	12	24	14	5
	后测	15	22	13	5	16	20	11	8	25	17	10	3	21	16	16	2	18	25	8	4

从表3可以看出，虽然实验班各项测试较实验前略高，但是实验前后差异水平不显著，分析存在的主要原因是实验过程中制作的课件没能很好地激发起学生探索的兴趣、参与活动的欲望。实验组成员经过讨论分析，发现对学生有意识运用探究式学习方法进行实践活动及多方面评价反思还需进一步加强，目标检测体系还需进一步完善，认识提高后将更有利于下一步的实验。

（三）关注实施重点，突破实验难点

在以上调查研究基础上，我们边实验、边总结、边调整实验方案，进一步关注实施重点，突破实验难点。

信息技术平台有硬件、软件和人三大要素组成。其中处于第一位的因素是人。本课题研究中的人主要指学生和教师两个群体。根据自变量的操作过程我们主抓三点。

（1）在信息技术与综合实践活动学科整合的过程中，以提高学生的学习效率和质量为核心。

在课题研究过程中，我们努力寻找多媒体手段在教学中应用的着力点和最佳时机，探寻小学语文综合实践活动课程中运用信息技术提高教学效率的途径，最终努力达到提高课堂效率，促使学生和教师都得以发展。

个案：我们在以"茶文化"为研究主题的综合实践活动中就充分运用信息技术，挖掘信息技术在综合实践活动中更好的表现手法，以求让每一个学生都得到良好的发展。例如，实验教师充分利用网络资源，首先组织学生展开网上问卷调查、确定研究课题为"信阳市茶文化"，学生自主搜集、整理有关"茶文化"的资料，建立学生的"研究资料袋"；而后教师带领学生走出课堂，实地参观游览，引导他们深入社会、走进生活，感受浓郁的茶香茶韵的文化氛围，进而启迪学生思索社会、提炼生活，学生在教师指导下有感而发进行网上创作，写下自己的所得所获，然后师生互动，利用网络技术共同评改习作，完成网上再创作；最后畅通发表渠道，开设网上"作文论坛"，展示活动交流成果，可以自己绘画，收集、拍摄照片互相交流，也可以将收集整理的有关"茶文化"的民间传说以课本剧的形式表现出来，也可以设计导游词、广告、标语，撰写研究报告、小论文、资料专刊，还可以自己拍摄录像，制作成实况录像以及有关"信阳地区茶文化"的电视散文，将综合实践活动成果用专题网站的形式在网上展示。

（2）以提高教师的信息素养和相应的计算机应用能力为基础。

运用信息技术，优化综合实践活动课程，必须突出教师的主导作用。没有一定的信息素养和相应的计算机应用能力，就不可能当好指挥。针对原来广大教师的计算机基础差、应用能力较弱的现状，我们采取了三条措施：一是学校定期开展计算机基础知识和课件制作的培训。针对教师计算机水平的现状，学校委托电教组，定期进行计算机基础知识与技能的培训与学习，并充分利用星期天和寒暑假，花大力气进行课件制作的培训，以帮助广大教师迅速提高计算机操作水平；二是开展课件的展示与评析。在学校的教学研究活动中，经常穿插优秀课件的展示与评析。这种做法极大开阔了课题组成员和广大教师的视野，促使他们更好地把握课件的制作与使用，提高课题研究水平；三是经常组织各年级的研究观摩课，通过这些研究课探讨信息技术在综合实践活动课程中运用的切入点，提高教师的理论研究与实践相结合的水平。

（3）实施信息技术与综合实践活动优化整合评价策略。

我校率先在全县试行综合实践活动整体评价标准，采用"实践—评价—开发—实践—评价"的模式，将信息技术与综合实践活动优化整合作为重要评价标准，实施"自下而上"解决问题的策略，培养学生自主学习、自主实践能力和形成利用网络进行专题探究的基本技能和方法，以此带动学校综合实践活动课程的全面开展。

实验在不断探索与总结中进入了中后期，现将实验班各项专项测试成绩统计如下：

表4 四（1）班从四年级升入六年级后（实验两年后），
学生参与语文综合实践活动课的兴趣对比调查（2008年11月）

四（1）班	全班人数	很有兴趣		有兴趣		一般		没有兴趣	
		人数	比例	人数	比例	人数	比例	人数	比例
四年级初	55	4	7.27%	8	14.55%	26	47.27%	17	30.91%
六年级末	55	20	36.36%	31	56.36%	4	7.27%	0	0%

表5　四（5）班从四年级升入六年级后（实验两年后），
学生参与语文综合实践活动课的兴趣对比调查（2008年11月）

四（5）班	全班人数	很有兴趣		有兴趣		一般		没有兴趣	
		人数	比例	人数	比例	人数	比例	人数	比例
四年级初	55	3	5.45%	8	14.55%	35	63.64%	9	16.36%
六年级末	55	26	47.27%	25	45.45%	5	9.09%	1	1.82%

从上表对比中可以看出：四年级初与六年级末，两班学生对语文综合实践活动的学习兴趣前后有极其显著差异。

表6　四年级升入六年级后学生阅读能力对比（2008年11月）

总人数	第一题（优秀）		第二题（优秀）		第三题（优秀）		第四题（优秀）		第五题（优秀）		第六题（优秀）	
四年级110人	80	72.73%	95	86.36%	98	89.09%	62	56.36%	68	61.82%	79	71.82%
六年级110人	98	89.09%	108	98.18%	106	96.36%	101	91.82%	82	74.55%	90	81.82%

表7　实验班学生写作能力前测与后测对比（2008年11月）

	人数	一类文	二类文	三类文	人均字数	字数最多	字数最少
四年级末	110	24	58	28	380	650	150
六年级末	110	78	38	4	800	1500	500

表8　学生综合素质情况调查对比表（2008年11月）

能力类别 班档级次		合作能力				收集、整理信息能力				口语交际能力				阅读分析能力				作文能力			
		A	B	C	D	A	B	C	D	A	B	C	D	A	B	C	D	A	B	C	D
四（5）班（55人）	前测	11	18	21	5	6	20	22	7	15	18	15	7	8	19	17	11	10	22	14	9
	后测	30	16	9	0	28	15	11	1	33	20	2	0	27	16	11	1	31	18	5	1

续表

能力类别 班档 级次		合作能力				收集、整理 信息能力				口语交际 能力				阅读分析 能力				作文能力			
		A	B	C	D	A	B	C	D	A	B	C	D	A	B	C	D	A	B	C	D
四(1)班(55人)	前测	11	19	16	9	10	1	15	11	14	17	13	6	10	18	18	9	12	24	14	5
	后测	33	12	9	1	26	16	10	3	35	10	8	2	26	13	14	2	28	20	6	1

五、搞好实验的几点措施

1. 实验任务确定后，领导的重视是试验成功的关键。

省、市、县电教馆的有效指导和技术支持，学校主要领导向文忠亲自参与、亲自深入研究，为课题实验提供了组织、经费、技术、培训的有力保障，所以课题的实验才得以顺利开展。

2. 选拔了优秀的实验教师，组建了有一定理论研究基础的实验组队伍。理论上有指导者，实践上有排头兵，教师是实验的主体，为了搞好实验，我们对课题组成员进行了系统的学习培训。

①深入自学

课题组成员利用学校图书馆、县图书馆、书店、上网浏览、下载等多种渠道，只要与课题有关的国内外信息资料都能认真阅读，记录笔记，细心揣摩领会，从理论上对综合实践活动以充足的认知、领会、感悟、实践、总结、反思，然后再阅读、认知……循环往复，乐此不疲。像华中师范大学基础教育课程中心郭元祥博士的《综合实践活动课程的设计与实施》、辽宁省基础教育教研培训中心刘天成博士的《综合实践活动的理解与实施》《综合课程研究与改革》《中国中小学课程教材改革概览》《教师如何走进新课程》等都是我们反复阅读认真领会的内容。

②组织培训

学校采用同步培训的策略，搜集有关综合实践课程的资料，组织相关教师集中培训，共同讨论如何设计、撰写综合实践活动课程开发方案；信息技术教研组定期对教师进行基础理论、操作技能和"信息技术与课程整合"培训，还多次邀请县教研室、电教馆有关专家就"如何开展课题研究""如何运用信息技术优化小学语文综合实践活动课程"进行专题讲座，定期组织理论学习与实践交流会，发现问题，及时纠正，不断总结经验教训，促进综合实践活动课程发展。

3. 实验教师大胆实践，及时总结，是课题实验取得成效的关键因素。

克服困难，乐于学习。主要实验教师王灿第一次承担这样的课题实验，深感经验不足，压力之大，面对困难，敢于迎接挑战，工作之余，经常埋头钻研与课题相关的资料，善于合理选择和运用电教媒体，激发学生学习兴趣，善于营造民主和谐的课堂氛围，师生互动，生生互动，成为学生值得信赖的合作伙伴，从而调动学生参与综合实践活动与掌握信息技术的积极性。

4. 课题组成员通力合作，是课题实验良性发展的坚强力量。

课题组成员分工负责，搜集相关资料，精心制作课件，课题组搜集整理各级各类录像课40余节，各类试验档案20余卷，包括实验方案，阶段性实验报告，实验教案学案、论文、测评试卷，教学录音录像等，门类齐全。

课题组成员坚持每两周一次集体备课，实验教师讲课，集体听课，评课，四课活动扎实而有序地开展，不间断地对课题进行研究，并把所有实验研究的资料、数据、检测工具等存放在专设的实验研究档案中，实行集中统一管理。

5. 学校优化的教学条件，为实验提供了可靠的环境保障。

学校这几年，在教学实验上提供了大量的资金，有效保证了实验的开展。学校现有多媒体教室一个，电脑教室两个，电子备课室一个，为课题每个成员及教师办公室都配备了电脑，并全部上网，学校图书室向全体师生开放，为师生学习，查找资料提供了有力的保障。

六、研究成效

（一）促进了学生素质的全面提高

由于信息技术与综合实践活动课程整合的研究与实践不断深化，学生在这种环境的熏陶下，学生的学习兴趣和活动能力得到提高。首先表现为学生参与活动的热情高涨。学生学会了利用网络资源查找并整理信息，学做电子贺卡、多媒体课件。更重要的是，通过掌握信息技术及参与综合实践活动同学们发挥了最大的学习潜能，提高了学习能力。

从实验课题中期评估总结中的各项数据统计、结论与分析，充分说明了实验班学生的阅读能力、写作能力、搜集与整理各类信息的能力等大大增强，与实验前相比，差异极为显著。

同时，实验班建立了良好的班风，班集体的凝聚力、学生的上进心、集体荣誉感极强，学生的个性发展十分显著，特长更多。学生之间、师生之间关系和谐融洽。合作能力明显增强，实验班学生参与社会实践的积极性和能力特别显著，课题实验工作对学生素质的全面提高有着积极的促进作用。

（二）提高了教师的教育教学理念及科研水平

在近三年的实验过程中，课题组养成了尊重科学、尊重事实、探求真理的严谨的工作作风；磨炼了吃苦耐劳、坚韧不拔的毅力；发扬了不求名利、无私奉献、勇于探索、不断求新的精神。从他们的思想境界到业务能力都有飞跃式的发展，已成为学校教学、科研方面主导力量。在课题研究中发现，教师通过一次又一次的理论学习、课题研讨、活动研究，对信息技术的本质有了更深的理解，对语文综合实践活动有了更明确的认识，老师们不仅掌握了较熟练的计算机操作技术，而且掌握了信息技术与语文综合实践活动整合的模式与方法。

几年来，通过不断学习、实践、探索，涌现出一批高质量的现代教育技术的教科研论文和综合实践活动优秀案例。2006年11月汪伟老师主讲的《大别山脚下我的家》获省一等奖；2008年5月王灿老师主讲的《又是一年中秋时》参加全国优秀电教课评比、主讲的《大别山下茶韵悠悠》获市二等奖、主讲的《走进古诗大观园》获县一等奖；2007年11月王灿老师所写论文《又是一年中秋时》和《综合实践活动中信息技术的地位和作用》分别获全国二等奖和优秀奖，她指导的学生电脑课件制作《为小鸟建设家园》获市一等奖、省三等奖等；2008年6月，王灿老师制作的电脑课件《走进中秋》获县一等奖；2008年12月课题负责人汪静撰写的《上好语文综合实践活动的指导课》和《信息技术在综合实践活动中的作用》一文分别发表在《小学语文教学参考》和《教育城域网》上。

这些成果的取得，不仅推进了学校信息技术与综合实践活动课程整合研究的进程，而且有效提高了教师的素质，为实施新课程标准的试验创造了良好的条件。

（三）促进了学校现代化的建设，提高了办学质量

课题研究需要一定的物质基础，而电教课题研究更需要相应的设备条件等。反过来，积极、认真地开展电教课题研究可以加速学校现代化教育技术的建设。随着课题研究的不断深入，学校为每个办公室配备了计算机，改进了电子备课室，并接入国际互联网，促使每个教师学习、使用计算机，从而有力支持了电教课题的研究。学校每学期举办一次多媒体课件制作比赛，通过评比交流，使每个教师的计算机应用能力有了较大的提高。从而促进了办

学质量的整体提高。通过这几年的购置、自制等积累，学校已经配备了数量可观、种类齐全的电教资料，并在日常的教学中发挥了很大作用。

在此基础上，我们充分发挥校园网的优势，建立了固始一小综合实践专题网页，对课题研究实施网络全程管理，以便课题研究领导小组能随时掌握各课题组的研究动态，并进行有效调控，为课题资料的再利用、资源的共享提供了极大的方便。

（四）为推进综合实践活动课程的实施提供了范例和途径

把小学语文综合实践活动与信息技术教育内容系统地整合，从而探讨综合实践活动课程的"融合模式"，课题成果将对我县中小学综合实践活动的课程建设，对改革当前中小学信息技术教育存在的弊端，都具有较大的实践意义和应用价值。

七、困难与疑惑

由于处在不断探索摸索过程中，我们的综合实践活动课存在不足：

首先，对于信息技术与综合实践活动有机整合的问题，教师没能很好把握尺度。信息技术不仅是一种技术、一种能力，更是综合实践活动的重要组成部分，这一点在今后的活动实践中还要更深入地研究探讨。

其次，虽然力图凸显学生的主体性，但感觉教师引导的成分有些重，如在小课题的确立上，老师给予指导过多，忽视了主题生成的自主性。

最后，学生上网查找资料的时候，由于有些家庭没电脑，不懂得方法，也受资源限制，所以查到的资料过于单一，仅仅是原版照搬，资料累积，没能有选择性的处理信息。这些问题在今后的综合实践活动开展过程中，我们会尽力克服。

回顾走过的三个多年头的研究和探索之路，我们感慨万千，开展"信息技术环境下小学语文综合实践活动课的研究"课题研究是一项具有挑战性的任务，任重而道远。本项实验对提高师生的素质产生了无法估量的影响，为小学教育事业带来了无可争辩的效益，创新是成功的阶梯，将永远激励着我们在课题研究这片领域里踏实地工作，我们期待着"信息技术环境下小学语文综合实践活动课的研究"结出丰收的硕果，最后我们衷心希望电教馆专家和广大同仁给我们提出宝贵的修改意见，共同来做好这项开创性的工作。

该课题系我主持的2007年—2011年中央电教馆"十一五"课题，已按时结题并获良好等级，2012年该课题荣获全国信息技术优秀研究成果奖。

《基于语文要素的小学高年级精读课文教学模式的案例研究》研究报告

摘要：本课题是基于 2022 版《义务教育语文课程标准》中关于落实语文要素的具体要求，围绕"语文要素"这一抓手，通过对统编教材高年级精读课文所在单元语文要素的分析，构建了基于语文要素的小学高年级精读课文的教学模式，形成了基于语文要素的小学高年级精读课文的教学策略，汇编了活页夹式典型案例读本。通过本课题的研究，提升了教师专业化成长，推进了学生语文综合素养，全面提高了学校办学水平，课题研究具有一定的创新性、可持续性和推广价值。

关键词：语文要素；精读课文；教学模式；案例

一、问题的提出

《义务教育语文课程标准》指出：语文课程应激发和培育学生热爱祖国语文的思想感情，引导学生初步掌握学习语文的基本方法，养成良好的学习习惯，具有适应实际生活需要的识字写字能力、阅读能力、写作能力、口语交际能力，正确运用祖国语言文字 。

教育部课程教材研究专家崔峦教授指出：语文教学要实现"美丽的转身"，语文教学要跳出内容分析的"魔障"，要由领悟文章主旨、分析课文内容为主，转向以策略为导向的教学，注重读法、写法、学法的指导，以提升阅读理解能力、运用语言能力以及学习能力。

20 世纪八九十年代编写的人教版小学语文教材，一个突出的特点是以读写训练项目作为语文训练的主线。如今的统编教材为凸现语文素养，明晰教学目标，采用"双线组织单元内容"，即以宽泛的人文主题将单元课文组织在一起，同时将语文训练的基本要素，包括必需的语文知识、基本的语文能力、适当的学习策略和学习习惯等，分成若干个知识或能力训练的"点"，由浅入深，分布并体现在各个单元，形成一条贯穿全套教材的显性线索。"语文要素"是贯穿部编教材的主线，是小学语文教学中的一个核心内容。作为教学重点实施基于语文要素的阅读教学策略可以提高学生的学习兴趣，提高学生自主学习的能力并最终运用到课外学习中去，因此，如何巧用"语文要素"这一抓手，充分利用好新教材，真正把培养学生的语文核心素养在课堂中得到落实，是当前小学语文教学的当务之急。

我校在对语文课堂教学调查分析中发现，一是语文教师长期以来缺少语文教学的目标意识，教师根据个人喜好理解课文内容个性化，语文呈现教学目标模模糊糊一大片的样态，从而影响学生学语文、用语文等语文综合素养的提高；二是在实施新教材的过程中，由于受教师长期教学定式等因素影响，教学过程中出现了"穿新鞋、走老路"的现象，用老方法教新教材，课堂教学不能与时俱进，不能更好地提高学生学会学习的能力，学生对字、词、句的掌握，对文中所包含的最基本的语文知识的理解，以及书写、阅读、写作、审美和口语交际等丰富语言能力的提高，良好的学习习惯和有效学习策略的养成都没有得到很好的落实……如果不及时解决课堂教学中存在的种种问题，将会严重影响学生语文综合素养的形成，影响新课程标准对语文要素的实际落实。基于此，我们课题组将构建基于语文要素的小学高年级精读课文教学模式的案例研究作为我们的研究内容。

二、研究价值

（一）理论意义

《义务教育语文课程标准》明确指出：语文课程是一门学习国家通用语言文字运用的综合性、实践性课程。工具性与人文性的统一，是语文课程的基本特点。

《语文课程标准》修订专家组组长温儒敏先生说：语文教材最好放弃以人文主题组织单元的体例，回到学生语文习得的主线上来。

统编教材的单元组合是由人文主题和语文要素双线结构组成，本课题依据统编教材"双线组元"的编排特点，突出单元语文要素学习主线，以统编教材小学语文高年级精读课文为阅读教学资源，以提高精读课文课堂教学效率为前提，根据教材中单元和每课的语文要素，结合学生年龄特点和学段特点，以案例研究为抓手，构建基于语文要素的小学高年级精读课文的教学模式。

在教学实践中，我们要从"明确语文要素，深入研读教材"出发，切实做到"依托语文要素，确定教学目标"，并最终实现"落实语文要素，优化教学过程"的课堂教学追求，真正将语文要素落地，培灌滋养出"高品质课堂"的美丽花朵。

（二）实践意义

多年来，传统语文教学一直沿用"解题—读文—分析—归纳—练习"这种教学模式进行阅读教学，学生的语文素养得不到全面的发展与培养。

现阶段，国内外对基于语文要素的阅读教学模式有一定的研究，他们的研究视角比较广，从教学目标的确定，教学内容的甄选，教学流程的安排，教学方法的选择等方面来研究此课题，注重理论研究。国内外研究普遍认为：小学语文精读课文的教学，在小学语文课程中一直都是重要组成部分，也是语文教学中的重点学习内容，精读课文的学习为学生自学略读课文提供了方法上的指导和策略上的运用，因而精读课文教学的有效开展很有必要，同时，在精读课文教学中，语文要素属于十分重要的影响因素，语文要素的明确，解决了语文教学"教什么"的问题，使教材更加便教、利学。语文要素的编排，纵向层面突出目标序列的连续性和发展性，横向层面突出能力培养的整体性和综合性。根据"语文要素"这一线索编排教材，是部编版语文教科书的一大创新点。因此我们开展了基于语文要素的高年级精读课文的案例研究。

通过本课题的研究，我们力争在新课程标准的指导下，以落实语文要素为出发点，通过高年级精读课文教学模式的构建，提高教师课堂教学专业化水平，提升学生语文综合素养，使学生能够掌握正确的语文知识、技能及阅读方法、策略，进而能够迁移学法从课内到课外，达到"教是为了不教"的目的。

三、课题关键词界定

（一）语文要素

语文要素中"要"是必要，不可或缺的意思。在《现代汉语词典》中的解释是：构成事物的必要因素。语文要素就是语文训练的基本元素，包括：基本方法、基本能力、基本学习内容和学习习惯。

（二）精读课文

精读即精细深入地阅读，是以掌握阅读方法、发展阅读能力、理解文章内容、积累知识为目的的读书方法。精读课文和略读课文相比，担任着授之以"法"的角色。

（三）教学模式

教学模式可以定义为在一定教学思想或教学理论指导下建立起来的较为

稳定的教学活动结构框架和活动程序。

（四）案例

本课题中的案例是依托小学语文教材高年级的精读课文而进行的基于语文要素的教学设计。案例对于教师的教和学生的学具有借鉴等重要意义。基于案例的教学是通过案例向教师传递有针对性教学的有效载体。因此，人们常常把案例作为一种工具进行说服、思考和教育。

四、研究目标

本课题总的研究目标是构建小学高年级精读课文教学模式的案例研究，整体推进学生语文综合素养，力争使其具有创新性、可持续性和推广价值。

具体目标是：构建基于语文要素的小学高年级精读课文的教学模式。

五、研究对象、实施教师

（一）研究对象

我校五（1）班和五（2）班作为实施对象。我们从五年级五个班中选取知识背景、语文知识技能水平相当且人数相同的学生，拟作为本课题的研究样本，在 2021 年 9 月对这两个班学生有针对性地进行精读课文阅读教学的认识及相关能力的检测，通过分析统计结果，确定把以上两个班作为本课题的研究样本。

表 1　实验样本背景调查统计表（2021 年 9 月）

班级	人数	男生	女生	优生	中等生	学困生	家长重视阅读能力培养人数
五（1）班	59	39	20	40	15	4	39
五（2）班	59	37	22	41	14	4	40

（二）实施教师

课题组成员按照要求，首先在查阅有关本课题教育教学科研资料、分析本校学情及请教专家的基础上，选择了具有一定理论素养和实践经验、学历、能力及教龄均在一个水平线上、使用教材相同的两位教师作为实施教师。

六、研究方法

1. 行动研究法：本课题研究方法主要采用行动研究法。

行动研究法的具体模式为：

问题—计划—行动（实践）—观察（检测）—反思—进入下一轮研究

在实践中研究，在研究中反思，然后在反思中改进，循环反复，以此实现研究的目标。

2. 案例研究法：收集典型的案例实录，进行研究分析并进行案例反思。

3. 实物分析法：收集与研究问题有关的文字、图片、音像等资料，从中获取研究所需要的信息并进行相关分析。

七、研究内容

（一）分析小学高年级语文教材，分类整理语文要素

根据对统编教材小学语文高年级精读课文所在单元语文要素的分析，现把语文要素归纳总结为以下四类：

1. 侧重于阅读理解的语文要素；

2. 侧重于阅读策略的语文要素；

3. 侧重于习作方法的语文要素；

4. 侧重于不同文体的语文要素。

（二）依据各类语文要素的教学要求，构建相应的精读课文教学模式

1. 阅读理解中侧重于感知人物形象的语文要素，其精读课文教学模式如下：

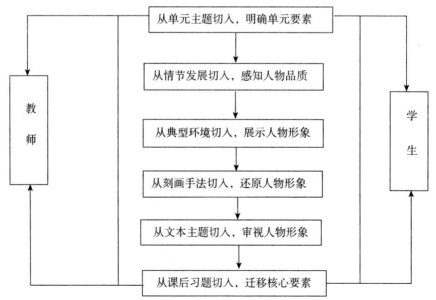

人物形象不仅指人的穿着、形态、外貌等方面的特征也包括人的精神和品质。其在文学作品中的作用大致有以下几点：线索人物；衬托主要人物的性格特征与品质；帮助展开故事情节；表现文本主旨，体现社会意义。

（1）从单元主题切入，明确单元要素

单元语文要素"分步呈现，由扶到放，先实践后梳理"是统编语文教材的编排理念，六年级上册第四单元的阅读提示和课后练习是将单元的语文要素细化为学习任务。该单元列举了"留意人物的语言、动作、心理活动，可以帮助我们深入理解人物形象""通过情节感受人物形象""借环境描写凸显人物形象"等感受人物形象的方法。因此，明确单元要素是感受人物形象的切入口。

（2）从情节发展切入，感知人物品质

情节是小说的构成要素之一，它由一系列展现人物性格、体现人物关系、揭示环境特点的具体事件构成。情节叙述的简与丰，可以形成故事情节节奏变化。《穷人》一文以桑娜内心矛盾为主线，设置"丈夫能否平安回来""丈夫是否同意收养孩子"两个悬念并交替展开，推动故事情节发展，让我们感知到人物难能可贵的善良。

（3）从典型环境切入，展示人物形象

环境是小说的三要素之一，文学作品中的环境通常包括自然环境和社会环境。环境描写能够推动故事情节的发展，人物形象也在环境的变化中变得丰富饱满，彰显人格魅力。《桥》一文的开头写了黎明的暴雨突然变大，山洪咆哮，都为后文营造灾难降临、人们惊慌失措埋下伏笔，目的是渲染气氛、推动情节发展，凸显老支书作为一名党员在突如其来的灾难面前的责任与担当，表现老支书的无私无畏。因此在教学本课时，我先让学生勾画出文中描写"大雨"和"洪水"的句子，通过朗读，分析体会其作用是为了渲染气氛、推动情节发展。

（4）从刻画手法切入，还原人物形象

文学作品中人物形象的刻画手法有正面描写和侧面描写两种。正面描写就是直接描写人物的外貌、神态、动作、语言、心理，而侧面描写就是以他人言行来突显人物。《桥》的语言凝练，但言简义丰，刻画人物的神情只有五个字："他像一座山"。通过品读，感受到老汉在灾难面前的镇定、魄力及在村民们心目中的威望、地位。在教学中我让一个孩子情景饰演老汉做"揪""推"的动作，通过这组矛盾的动作，感受人物具有"村支书、父亲"的双重身份。作为一名"村支书"他坚持原则，不徇私情，将自己的儿子从队伍里"揪"了出来；而作为父亲，他舐犊情深，深爱着自己的儿子，在生死抉择之际，把儿子"推"上木桥；学习《穷人》时，让学生体会心理描写的不同表达效果；而在教学六年级下册第四单元《十六年前的回忆》一文时，则着重引导学生学习并掌握通过外貌、神态、言行描写刻画人物形象，体会人物品质的方法。同时课文刻画了不同类型的人物：《桥》《穷人》刻画的都是生活中的平民百姓形象，《十六年前的回忆》《董存瑞舍身炸暗堡》《金色的鱼钩》刻画的则是革命英雄人物。小学高年级的学生正处在人格发展的重要时期，这些人物形象也有助于促进学生人格塑造，树立正确的人生观。

（5）从文本主题切入，审视人物形象

统编教材每单元都有特定的"人文主题"。六年级下册第四单元编排了《古诗三首》《十六年前的回忆》《为人民服务》《董存瑞舍身炸暗堡》四篇课文，题材多样，内容丰富，从不同侧面展示了本单元的人文主题"人生自古谁无死，留取丹心照汗青"，有助于学生树立正确的人生观和价值观，培养崇高的道德情操。教学本单元时，从课文的主题切入，着重引导学生在品读课文的基础上，通过对人物语言、动作、神态、外貌等描写，体会人物品质，真切感受革命先烈的坚强不屈，为革命为理想而献身的伟大精神，从而对学生进行革命文化教育，丰富对革命英雄人物的认识。

（6）从课后习题切入，迁移核心要素

课后习题是教材体系中的重要内容，不仅与课文密切相关，同时与单元所设置的人文主题、语文要素密切关联，是教学之教和学生之学的抓手。对课后习题的研究，可以精准把握文本内容和表达特点，最大限度彰显文本的教学价值。所以在教学中我们常常以课后题为切入点，如在教学六年级上册第四单元小说单元《桥》一文时，我就重点引导学生从课后题入手，找出文中描写雨和洪水的句子，结合老支书的动作、语言、神态描写，体会人物的品质，从而让学生明白并掌握本单元的核心要素。

2. 侧重于阅读策略的语文要素，其精读课文的教学模式如下：

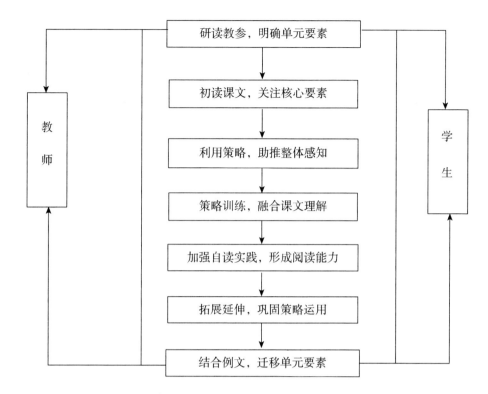

小学语文统编教材高年级阅读策略单元的教学主要落实的语文要素有：学习提升阅读速度的方法；结合具体事物写出人物的特点；根据阅读目的的不同选择恰当的阅读方法。这些阅读策略的训练主要安排在五年级上册第二单元，包括《搭石》《将相和》《什么比猎豹的速度更快》《冀中的地道战》四篇课文，还有六年级上册的第三单元，课文有《竹节人》《宇宙生命之谜》《故宫博物院》。着眼于小学高年级策略单元的语文要素，从鼓励学生自主学习，激发学生主动掌握不同年级、不同单元的阅读策略，我们构建了阅读策略单元精读课文的基本模式。

五年级上册第二单元要落实的语文要素是"提高阅读速度"。为了让学生在课堂教学中掌握正确的阅读方法，需要教师提前研读教参，明确所授课程的单元要素，如教学《将相和》一文时，通过本单元《搭石》一文的学习，五年级学生已经学会了"集中注意力，不回读"等提高阅读速度的方法，在这个基础上，学生通过初读课文，了解了本文所讲的历史故事，教师可以引导学生通过"跳读"，快速从文中提取信息，整理信息。

在讲授"完璧归赵"这个故事时，为了帮助学生能够深刻体会蔺相如的形象，教师需要通过合适的方法来提高学生阅读的速度，帮助他们感知人物形象。本文围绕"将相和"写了三个看似各自独立的小故事,为了帮助学生发现其中的联系,教师在教学过程中合理设置阅读时机,巧妙运用"提高阅读速度"的相关策略,对"完璧归赵"和"渑池会面"展开教学。在此基础上,教师做深度引导,通过拓展延伸,让学生总结出"提高阅读速度"的多种策略,并把它灵活运用到其他侧重于阅读策略的文章阅读中,从而实现了本单元语文要素的迁移。当然,在教学过程中,教师需要关注学生在阅读教学过程中,策略使用前、使用时和使用后的阅读感受,让他们在实践中体会策略的价值。

"根据不同的阅读目的,选择恰当的阅读方法"这一策略安排在六年级上册第三单元。以教学《竹节人》一课为例,我们可以按照以下教学流程来组织教学:

(1)研读教参,明确单元要素。教师可以组织学生阅读本单元的导读页,明确这个单元给我们提出了什么要求。课堂教学之初,教师便从导读页入手,让学生明白本节课的单元主题,同时,对本单元的阅读策略有清晰的认识。

(2)初读课文,关注核心要素。学生通过初读课文,整体把握本课的学习目标,引导学生从不同的阅读目的出发,选择恰当的阅读方法,了解文章主要内容。

(3)利用策略,助推整体感知。通过生字词预习检测,培养学生自学能力。让学生说说本文主要讲了一件什么事,用简洁的语言概括文章的主要内容,这一环节的设计既让学生感知了文本的内容,又锻炼了学生的语言概括能力。

(4)策略训练,融合课文理解。这一环节,要求学生快速浏览全文,从文中找出描写竹节人制作玩法的相关内容,再仔细读文章,标出竹节人的制作方法;其次,要求学生通读课文后,画出表现竹节人给人们带来的乐趣的语段,读文章的同时做上批注,并想象当时的画面。通过以上自主探究环节,学生在阅读实践中感受到了阅读目的的重要性,明白了阅读目的不同,关注的阅读材料会不一样,采用的阅读方法也不尽相同。

(5)拓展延伸,巩固策略运用。教师在学生自主探究后,适时加以总结,告诉学生要做真正的读书人,就要带着目的去读书。这节课我们带着不同的阅读目的,通过通读全文,我们了解了竹节人这种玩具的制作方法和玩法,体会到了它带给人们的快乐。其实,真正的阅读也应该带着目的去读,阅读的目的不同,我们所选择的阅读方法也就不同。在日常的阅读活动中,我们需要不断进行探索,寻找合适自己的阅读方法,提高阅读的效率。

（6）结合例文，迁移单元要素。教师在本节课的结尾，可以总结并提出要求：竹节人带给了孩子们无穷的快乐，让他们忘记了时间的存在，也忘记了自己身处课堂之中。在你的生活当中，也一定会有类似的经历吧，就请你用文字来记录这种经历。教学过程中，启发学生写自己独特的体验是一项重要的教学目标，通过这一环节的设计，体现了本单元的习作要求，更把本节课的学习活动引向了深入。

3. 侧重于习作方法的语文要素，其精读课文的教学模式如下：

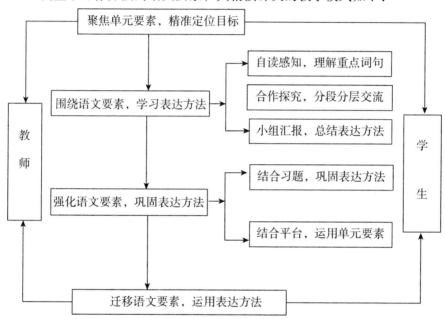

习作单元里的精读课文，教学不再以识写生字、理解词语和句子为主，而是由文本中提炼出写作奥秘，将文本中的写作方法转变成学生的写作技能，要为学生搭建写作支架，然后再根据每单元的习作主题和课后练习题，给学生提供写作帮助与指导。

（1）聚焦单元要素，精准定位目标

精准解读单元目标，指导学生进行精读课文的学习。例如：四年级上册习作单元语文要素是"了解作者是怎样把事情写清楚的"，习作要求是"写一件事，把事情写清楚"。写好一件事是非常重要的一项能力，而把"事情写清楚"则是最基本的要求。围绕"写清楚一件事"的目标，编排了《麻雀》《爬天都峰》两篇精读课文，引导学生从不同角度把事情写清楚的方法：《麻雀》旨在让学生明白"把所见、所听、所想写下来"的方法，《爬天都峰》引导学生指导"怎么说、怎么做、怎么想的写下来"的方法，交流平台梳理总结把事情写清楚的方法，在初试身手中安排了两个内容，引导学生尝试仿写。单元的不同板块，承载了不同的教学功能，每一部分的教学都服务于"把事情写清楚"这一中心任务，在各个板块的学习中，学生循序渐进地获得习作知识和表达能力。

（2）围绕语文要素，学习表达方法

①借助精读课文，引导学生注意课文中值得品味的关键句。在三年级上册语文第五单元，本单元语文要素是"体会作者是如何观察周围事物的"，本单元安排了两篇精读课文：《搭船的鸟》和《金色草地》。在教学这两课时，我把重点放在引导学生体会"留心观察"的方法上，感悟课文中相关句子的精妙表达。在学习《搭船的鸟》这一课时，引导学生通过齐读、单独读、配乐读等不同方式的品读，感知翠鸟的美丽和灵性，同时通过迁移写作技巧，学会运用"留心观察"描写"身边的小动物"，一举两得。

②根据交流提示，分段分层交流。习作精读课文要教什么？我认为是表达方法习得，作者是怎样选材、谋篇布局的。如《夏天里的成长》，如果仅仅围绕生物、事物来写，这篇文章的立意就显得很平常，应关联人的生长与成长。"赶时候，赶热天"就象征"人成长的关键期"，错过就很难弥补，就像植物"不热不长，不热不长"，该长时节不长，就没了收成的希望。这是《夏天里的成长》新奇之处。选取不同事物表达一个中心，事物之间层层递进，使文章立意更加韵味悠长。

③小组汇报，总结课文表达方法，学习课文写作方法。围绕"写清楚"这一要素，《麻雀》一课承载的第二个写作任务是掌握作者如何把一件事中的重点内容写清楚，围绕写作要素，学习《麻雀》一文时，小组合作学习并汇报，作者从所见、所听、所想三方面的结合，把老麻雀吓到猎狗写清楚，学生通过关键语句，理解课文内容，总结文章表达方法。

（3）强化语文要素，巩固表达方法

①结合课后习题，巩固表达方法，体会作者语言运用的妙处。如在学习《太阳》和《松鼠》这两课时，课后题：读一读，作者运用了哪些说明方法来介绍太阳的；这道题就重点训练表达方法，侧重于"怎么写"。课后题：默读课文，将描写松鼠的信息分条写下来；这是侧重写作素材的搜集与罗列，侧重于"写什么"。很明显，这两道习题的设置就是为学生后面的实践练笔所需要的知识和信息做铺垫。要想达成"把事物介绍清楚"的单元要素，这两个维度的练习就显得尤为关键。

②借助单元交流平台，并由此展开一次次对文本的解读。结合交流平台，

运用表达方法结合教材提供的事例进行判断选择，并讨论交流。帮助学生从发现到理解，从理解到迁移，从迁移到运用，为学生搭建写作支架，提高学生的写作水平。比如：

A. 初试身手：围绕"戏迷爷爷"这个题目，请判断下面哪些材料可用来表达中心意思？

◇边洗衣服边做戏曲里的动作，结果忘了洗衣服。

◇跑了几十里地去看戏。

◇在爷爷倡议下，街道组织了业余戏班子。

◇一看到戏曲表演就占着电视。

◇到文化馆拜师学戏。

B. 给材料分分类，进行有序整理。

C. 小结：

为表现"戏迷爷爷"这一中心意思，选择不同事例多角度来表达，会使文字更有条理。通过教师点拨，学生发现从"喜欢演"的角度写了"边洗衣服边做戏曲里的动作，结果忘了洗衣服"，从"喜欢看"的角度写了"跑了几十里地去看戏"和"一看到戏曲表演就占着电视"，从自己"喜欢唱"到影响他人的角度去写"在爷爷的倡导下，街道组织了业余戏班子"。这就围绕"戏迷爷爷"从不同角度、选取不同事例去表达中心意思。

（4）迁移语文要素，运用表达方法

①了解学生作文水平，挖掘文本中为学生提供写作价值的内容，找准学生"需求点"和"训练点"，教学实践中进行相机训练。《记金华双龙洞》是一篇游记，学了这篇文章以后，如果你是小记者，你会怎样向别人介绍金华的双龙洞呢？先说一说，再写一写，能不能按照游览的顺序来写一写家乡的秀水公园呢？

②帮助学生建立写作文时要抓住有代表性的事物的特点去写的概念。四年级习作单元精读课文《爬天都峰》。要围绕"怎样把事情写清楚"单元要素目标组织教学，扣住题眼"爬"引导理解顺序，活用浓厚生活气息的"跑步比赛"与"开心的生日宴会"迁移练习如何写有顺序。以教材第二自然段为阅读点，感受如何写清楚，教师采用天都峰视频资源，以及应用不同形式的读等教学策略，把天都峰"峰顶"的高、"石级"的险印在了学生的心里。之后，要把"跑步比赛"素材再利用，选择"跑步前"的片段让学生尝试表达。

4. 侧重于不同文体的语文要素，其精读课文的教学模式如下：

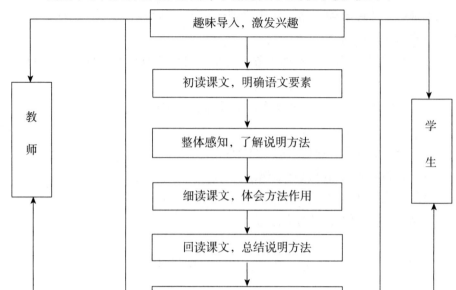

语文教材中，说明文占有重要地位。这些说明文语言精确精炼、易于理解；往往将晦涩难懂的科学知识清晰明了地呈现出来。有的通过简洁的语句介绍一种事物，如五年级上册第五单元中的《太阳》《松鼠》等；有的会用精准的语句介绍一些现象或原理，起到普及知识、传播常识的作用，如六年级上册第三单元中的《宇宙生命之谜》等。

依据《语文新课程标准》的课程理念，学习说明文就是要教会学生掌握说明文的方法，切记不要把说明文上成科学课，要注重科学性和人文性的结合，要教出"语文味"。下面结合教学案例谈谈基于语文要素的说明文教学模式。

（1）趣味导入，激发兴趣

和记叙文、散文、诗歌相比，说明文语言相对趣味性不强，所以学生对于说明文的学习是枯燥乏味的，因此学生在学习说明文的过程中，很难激起学习兴趣，主动学习。所以在说明文学习过程中，应该增设趣味环节，激发学生学习的热情，让学生在学习过程中，可以真正发挥主观能动性。

五年级上册16课《太阳》，是一篇颇有趣味的说明文，关于太阳同学们再熟悉不过了，在教学设计上我就以题目为出发点，引起学生的学习兴趣，于是我用一个谜语作为导入：一个球，圆溜溜；雨天不见晴天有。（谜底：太阳）但是对于太阳你了解多少呢？今天，就跟随着老师在课文中去了解太阳。孩子们的好奇心得到充分调动也唤起他们对科学知识的浓厚兴趣。

（2）初读课文，明确语文要素

五年级上册第五单元，不仅是说明文单元还是习作单元，分别安排课文《太阳》《松鼠》和习作例文《鲸》《风向袋的制作》，这个单元的语文要素是：①阅读简单的说明性文章，了解基本的说明方法；②搜集资料，使用恰当的说明方法，将一种事物介绍清楚。如果想落实本单元语文要素，并且能够为写作打基础做铺垫，就要对说明文进行系统的了解，明确说明方法。

在进行五年级上册第15课《太阳》的学习时，需要让学生通过详细阅读课文，了解太阳有哪些特点，并说出自己的依据，随后让学生在文中找出描写太阳特点的句子，从中找出使用了哪些说明方法，在对说明方法了解的基础上体会句子的严谨性和科学性。

（3）整体感知，了解说明方法

在说明文课文学习过程中，要让学生对说明文文体概念、文体特点有大致了解，形成课文学习的基础。再次，在课文讲授过程中，运用说明文方法等相关知识点带领学生进行课文学习，提高学生学习效率。

六年级上册第三单元11课《宇宙生命之谜》，它并不是独立的说明文单元，这个单元的人文主题是：读书好比串门儿——隐身的串门。语文要素要求根据阅读目的，选用恰当的阅读方法，《宇宙生命之谜》这一课从导读要求中不难看出，这一课着重要让学生知道宇宙中除了地球外，其他星球上是否也有生命存在。

因此在进行这一课的教学时，不仅要落实本单元关于阅读方法的训练，还要注意说明文这一文体，在此基础上解决课文导语中的疑问。在教学时我立足本课导语中的文体，引导学生自由读课文，并且边读边勾画出问题的答案，学生能够轻松找到答案，老师以此为抓手，继续探寻，哪些天体上可能有生命存在，这个天体又必须具备什么条件，学生在问题的引导下有目的地阅读，既提高了学生有目的的阅读能力，又捋清了文章的主要内容。继续追问文章是运用了怎样的方法将这些问题写清楚的，引导学生发现文章中大量使用的说明方法。

（4）细读课文，体会方法作用

说明文学习过程中，若想真正理解说明文中蕴含的科技知识，需要对说明文中的句子进行详细精读，通过体会说明方法，了解文章真正要表达的科学知识。

在进行四年级下册第七课《纳米技术就在我们身边》的教学时，在了解感知主要内容基础上，对相关语句进行精讲，体会说明方法的作用。例如：将 1 纳米到 100 纳米的小球放在乒乓球上，就好像把乒乓球放在地球上，可见纳米有多么小。

（5）回读课文，总结说明方法

说明方法是说明文学习的重点要素之一。为让学生详细了解说明方法，需要在课文学习后进行回读，对说明文方法进行详细系统的总结。

在进行六年级下册第三单元 11 课《宇宙生命之谜》的学习时，在引导学生了解宇宙生命的知识后，再回读课文，画出揭开火星是否有生命存在的奥秘的句子，总结分析每一个句子所运用的说明方法，并进行统计。

（6）结合例文，迁移说明方法

为保证学生真正了解说明方法，学会举一反三，将所学知识运用到其他说明文的学习中，需要在课堂教学中结合例文，迁移说明方法，让学生学会通过所学的知识，分析新课文。在进行五年级上册第五单元《鲸》的学习时，可以运用在《太阳》《松鼠》两课中学习到的说明方法，让学生自主分析课文，画出文中有关鲸的习性的句子，并说说具体运用了什么说明方法。

（7）读写结合，运用语文要素

五年级上册第五单元是独立的说明文单元，语文要素是：阅读简单的说明性文章，了解基本的说明方法。在进行说明文学习时，可以运用读写结合的方式，运用语文要素完成任务。

在学习五年级上册第 16 课《松鼠》时，教师在讲解课文时，可以先让学生阅读课文，通过课文内容写出松鼠特点。之后通过所写的特点，对照原文找依据，分析说明方法。在课后安排小任务，用学过的搜集资料的方法让学生去观察和了解自己感兴趣的事物，记录后运用说明方法进行习作练习。

（三）探索基于语文要素的精读课文教学模式的实施策略

课题研究在不断探索与总结中进入了中后期，实施教师不断探索基于语文要素的精读课文教学模式的实施策略。

1. 基于目标引领的整体性教学策略

（1）以教材为依托，看编写意图的变化

为适应时代的发展，促进学生成长，2022 版《义务教育新课程标准》中提到"语文核心素养"包括"文化自信""语言运用""思维能力""审美创造"四个方面，这四个方面是相互促进的一个整体。

在核心素养的大背景下，统编语文教材内部逻辑严谨，知识能力螺旋上升，因此，教师备课过程中，要按照从整体到局部，以关联的思维解读教材。同时教材在使用过程中更加重视在积极的言语实践中构建与积累，在真实的语用情境中进行学习。

（2）以单元为整体，看设计理念的变化

统编教材最小的备课单位是单元，这一特点决定了统编教材的使用方法，我们经过集体教研实践总结为：要关注单元整体，分解语文要素，落实核心素养。

下面，以二年级下册第七单元为例，具体说一说我们是怎样以单元为整体展开教学研究的。

①纵向梳理，定位语文要素

统编教材围绕"静态描写和动态描写"这一语文要素，在小学阶段对学生阅读能力的培养呈现螺旋上升的特点：

a. 初步体会动、静态描写（感知）；

b. 体会动、静态描写的表达效果（鉴赏）；

c. 尝试运用动、静态描写来写景物（运用）。

五年级上册第七单元学生完成了初步体会动、静态描写的第一个阶段学习，在此基础上，五年级下册第七单元的学习就要有所提升，就要体会动、静态描写的表达效果。

②横向对比，分解语文要素

五年级下册第七单元的语文要素为：体会动、静态描写的表达效果；搜集资料，介绍一个地方。依次安排了两篇精读课文《威尼斯的小艇》《牧场之国》，一篇略读课文《金字塔》。

聚焦《威尼斯的小艇》《牧场之国》中动、静态描写的关键语句，开展小组合作学习，体会"以动衬静""动静结合"等写法，品味恰当的动、静态描写在表情达意方面的作用；能从《金字塔》中结合动、静态描写方法进行运用。

③以活动为载体，看学生发展的变化

课堂教学需要摒弃传统课堂的"碎问碎答""满堂灌"或抛离语文知识的拓展活动，需要转而设计对比分析、讨论辩论、情景再现、课本剧表演、多层次朗读、主题探究或资料穿插等课堂活动，在文本学习基础上，充分发挥学生的主体性，让学生在活动中提高语文核心素养。

五年级下册第六单元语文要素：a. 了解人物的思维过程，加深对课文内容的理解；b. 根据情景编故事，把事情发展变化的过程写具体。

这一单元第二篇课文是《跳水》，为了让学生在探索和汇报中走进课文中"船长"看见儿子身处险境时的思维过程，教师依托课后练习题"在那个危急时刻，船长是怎么想的？他的办法好在哪里？"来设计教学活动。

预设 a：儿子如果掉到甲板上就没命了。

预设 b：如果在甲板上铺上救生垫，时间肯定来不及。

预设 c：如果让救援飞机施救，时间也来不及。

预设 d：最好的办法只能往海里跳，此时海上风平浪静，船上还有很多水手，孩子还能获得一线生机。

学生在讨论、汇报交流中碰撞出了思维的火花，也在碰撞中走进了船长的内心，加深了学生对船长的认识和对事件意义的理解。

我们通过纵向梳理和横向对比，更加明确了使用教材时要站在单元的视角下来看单篇精读课文的教学。

2. 基于目标引领的精准性教学策略

落实"语文要素"，得先从读懂"语文要素"开始。语文教师根据语文要素来确定自己相关的教学目标、教学方法。

统编教材把"语文要素"分成若干个知识或能力训练的"点"，由浅入深，由易及难，精读课文教学中，在实际的备课中我们需要树立准确的目标意识，关注目标的层递性和整组性。

（1）一看单元导语，抓住语文要素；

（2）二看课后习题，落实语文要素，贯穿方法指导；

（3）三看交流平台，总结单元整体要求，迁移应用语文要素。

3. 精读课文语文要素"教学化"指向简明路径的教学策略

（1）专门指向：执教单篇课文，以相关语文要素为重要教学内容；

（2）线性把握：执教单篇课文语文要素时，要注意从"纵向"上来把握具体要求；

（3）建构设计：教学某一语文要素时，要着眼于儿童已有的知识基础，采用合适的学习方式，以达到有效生成。

围绕"语文要素下的小学高年级精读课文教学模式"的理论建构、方法、模式、策略、适用范围、研究重点等进行研究的整体思路：

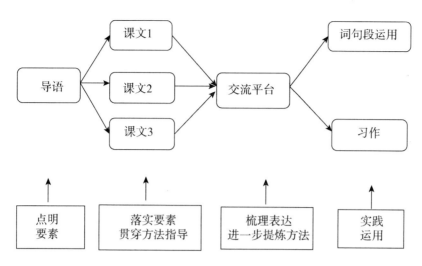

（四）检验基于语文要素的精读课文教学模式的实施效果

采用多元评价方式，提高学生对精读课文语文要素的学习效果。为了让小学高年级精读课教学能更有效落实语文要素，不仅要考虑教师如何去教，更要关注作为学习主体的学生如何去学及学习的效果，因为评价的导向直接决定着精读课文教学模式的设计理念与方法，还会引导教师对照评价标准评价和调整教学模式，从而提高精读课文课堂教学有效性的导向性。

1. 评价标准

基于语文要素的小学高年级精读课文教学评价体系要倡导课程评价的过程性和整体性，要重视评价的导向作用。我们力求让课程评价既有利于促进学生有效学习，又有利于教师改进教学，在课堂教学中全面落实语文课程目标及语文要素。让课程评价能准确反映学生的语文学习水平和状况，注重考查学生的语言能力、思维品质等，关注学生学习过程和学习进步。根据高年级学段的学习目标，选用恰当的评价方式，抓住关键，突出重点，注重评价主体的多元化以及多种评价方式的综合运用，利用现代信息技术有效促进评价方式的变革。

在基于语文要素的小学高年级精读课文教学模式的构建过程中，我们针对精读课文中语文要素的落实效果，制定了精读课文落实语文要素评价表如下：

表 2　基于语文要素的小学高年级精读课文课堂学习评价表

姓名：　　　　　　　　性别：　　　　　　　　班级：　　　　　　　　日期：

评价主体	评价项目	评价内容	优	良	中	差
学生	自评	对本节课的教学是否满意	4	3	2	1
		本节课要落实的语文要素能够熟练掌握	4	3	2	1
		个性发展在语文课堂受到老师的关注	3	2	1.5	1
		教学内容容量设计合理，有适量、适宜的拓展内容，课堂上对语文知识的学习感觉很轻松	3	2.5	2	1
		课堂上教师起主导作用，自己是学习主体	3	2.5	2	1
	小组互评	小组成员通过小组探究和合作学习，是否掌握了本课语文要素涉及的相关知识和技能	4	3	2	1
		当课堂教学过程中遇到难题时，小组成员能集思广益，群策群力解决问题	3	2	1.5	1
		小组合作过程中，组内分工明确，讨论积极主动、有序，发言面广，有礼有节，达到了解决问题或产生新问题的目的	3	2.5	2	1
		小组伙伴尊重他人发言，善于倾听并思考，在倾听后评价他人发言，及时补充自己的想法	4	3	2	1
授课教师	教学设计及教学行为	教学模式的设计符合学生的年龄特征和学情，学生乐学善学	5	4	3	2
		课堂教学中，学生的参与度高，课堂求知欲强烈	4	3	2	1
		阅读教学目标明确，学生针对本节课的语文要素进行了积极思考和实践，目标达成情况较好	4	3	2	1
		教学过程中，教师能够关注全体学生，针对不同学生设计不同的问题，增强了学生的自我认同感	2	1.8	1.5	1
		注重培养学生良好的思维品质，促进学生阅读思维的发展	3	2.5	2	1
		注重了阅读课的拓展延伸，学生能将阅读从课内延伸到课外，形成良好的阅读习惯	6	5	4	2
		教学过程中，教师处于主导地位，学生是学习的主体	5	4	3	2

续表

评价主体	评价项目	评价内容	优	良	中	差
家长	家庭环境中的学习行为	语文期末考试成绩显著提高	3	2.5	2	1
		孩子在家中的语言表达能力显著增强，愿意与家长沟通交流	4	3.5	3	2
		在家庭中喜欢阅读，乐于与家长交流阅读所产生的感悟及心理体会	5	4	3	2
		孩子通过阅读获取社会信息的能力明显提高，愿意将现实生活中的重大实事和新鲜事物与家长分享	3	2.5	2	1.5
		写作意识增强，愿意将自己在家庭及社会的所见所闻诉诸笔端，写作水平明显提高	6	4	2	1
		阅读教学帮助孩子形成了积极的人生观及价值观，家庭责任感明显增强，积极向上，勇于担当	6	5	4	2
班级博客及家长微信群	社会效应	学生对自己分享在班级博客、微信群的个人阅读音频、视频、习作等成果所产生的群内评价是否认同	5	4	3	2
		班级博客、微信群成员在群内所分享的关于落实语文要素的学习方法及策略对全体学生有无借鉴性及推广价值	5	4	3	2
		班级博客、微信群内关于精读课文落实语文要素的课堂教学学习案例，能否发挥辐射引领作用，为所在区域内其他学校语文课堂教学提供好的范例	3	2	1	0.5
总分合计：						
综合评价						
评价等级			优（90—100分）良（80—89分）合格（60—79分）不合格（60分以下）			

在我们的课程评价体系中，学生可以在老师的指导下，以小组或班级为单位，开展同伴互评，这一过程主要看彼此的闪光点、看进步、看发展，取长补短，相得益彰；我们通过教研活动，让同一年级段的老师评价彼此的课堂教学，发现问题，逐一改进，教学相长，共同进步；我们通过家长会、家长学校或者平时交流中，指导家长评价好学生在语文课堂上的表现，通过找问题、查原因，寻方法，从而帮助家长建立良好的家教模式；家长评价，让老师看到了学生在家庭中的表现，同时促进了家校合作；我们还通过班级博客、微信群，打破时空限制，让更多专业人士参与我们的评价，让评价更有广度和深度。

2. 评价方法

（1）学生主体，多元评价

《义务教育课程方案和课程标准（2022年版）》推进将评价理念改革与更新摆在改进教育评价的第一位。通过我们的实践，本课题以语文核心素养的测评为导向，以学业质量标准为依据，建立目标多元、方式多样，注重过程，促进人人发展的评价体系。传统的评价是以教师为主体，我们课题组认为，课程评价可以是教师评价、学生自我评价、学生互评、家长评价、网络媒体等方式。多元的评价主体参与，综合考量，更能有效发挥评价功能。

（2）评价关注过程

在基于语文要素的小学高年级精读课文教学模式下，要想将语文要素真正落实为学生的语文能力，需要教、练、评三位一体。有效的评价，不仅能科学地发挥评价的诊断与发展功能，还能促进学生的发展和教师教学效果的提高。

①过程性评价中，评价策略要注意多样性、综合性和科学性。在教学过程中，常用的有课堂观察、课后访谈、小组竞赛、交流分享、研讨反思等方式，把学生在语文学习过程中的表现收集、整理和记录下来，如学生识字、朗读、背诵、口语交际、习作、成语接龙、课本剧表演、辩论赛等，还可以采取信息技术手段将搜集的资料进行分析。

②过程性评价的主要途径是课堂教学评价。学生是首要的评价对象，学生的学习活动则是评价的出发点和归宿。教师要把"教—学—评"的整体意识时时记在心中，评价方式要科学，评价工具要合理，评价语言要准确。在小组合作研讨、汇报交流中，应该提前设计好科学实用的评价量表、告知学生整套评价标准，引导学生使用评价工具要合理，形成准确、有效的评价结

果；仔细观察小组内的各位成员分工，对评价程序进行细致梳理，对学生不同的认识观点进行正确引导；学生互相评价时，教师要对同伴评价进行再评价，指导学生在评价中学会评价。整个评价体系中，要充分调动学生学习和参与评价的积极性，让学生从被动向主动学习转变，让学生积极参与到课堂活动中并及时给予针对性指导。

③过程性评价的重要组成部分是作业评价。对学生进行精准的作业评价，有利于促进学生的发展，调动其积极性的生成。作业设计在作业评价过程中的作用不可小觑，作业设计要能够促进学生对精读课文语文要素的掌握。设计时考虑到学生的年龄、个性、知识水平等方面的差异，从而进行培优类、补弱类分层性的作业设计，这样可以照顾不同类型、不同群体学生的需求。还可以结合课堂上的学习内容，设计一些具有独特创意的作业，为学生发挥创造力和想象力提供空间。教师要对作业的质和量进行精准把握，做到量少而质优。

表3 评价量化表

评价项目	评价内容及评价分值					
	优秀 （25—30分）	良好 （20—24分）	一般 （20分以下）	自评	学生互评	师评
小组分工	1. 分工明确 2. 分工合理	1. 分工较明确 2. 分工较合理	1. 分工不明确 2. 分工不合理			
小组合作	1. 讨论热烈 2. 组员之间互相尊重、互相帮助 3. 资料和成果共享	1. 讨论、发言不够热烈 2. 够默契 3. 大部分资料和成果能够共享	1. 讨论、发言不热烈 2. 组员之间配合不默契 3. 大部分资料和成果不能够共享			
汇报发言	1. 回答问题内容全面、准确 2. 问题回答条例清晰	1. 回答问题内容较全面、准确 2. 问题回答条理较清晰	1. 回答问题内容不全面、不准确 2. 回答问题条理不清晰			

3. 评价关注学生的个体差异

教师课前备课、着力研课、充足预设，掌握学情，以生为本，要特别关注学生个体差异及诉求。留心学生细微变化，发现其点滴进步，通过平时的行为观察与记录、面谈讨论等方法，了解学生内心发展需求，挖掘其多方潜能，指明其改进的方向和措施，发自内心鼓励并提供相应的帮助。

要重视课堂生成的助力点和评价动态化过程，帮助学生及时进行自我调整，主动参与学习规划，获得更多的自我反思和主动改进的能力，使教学评价成为师生共同参与的调查、探究活动，有效促进学生发展。

除了关注学习成效评价之外，还将学习态度、自学能力、团队合作、探究精神等作为重点内容进行评价。关注并改善学生的学习成长环境，最大限度地释放每一位学生的学习热情和创造力。

教师在运用教学模式的基础上，充分调动学生自主学习、合作探究的学习方式，通过个体自评、小组互评、教师与家长跟评等方式，对学生掌握语文要素的学习情况进行全面综合评价，从学习兴趣、学习习惯、语文知识、阅读理解、阅读策略、表达能力等方面有效检测学生对精读课文学习的情况，为不断改进提升基于语文要素的小学高年级精读课文教学模式下的教学效果提供参考。

八、研究组织

1. 课题小组成员

汪静（十四小校长，中小学高级教师，中原名师汪静小学语文工作室主持人，课题主持人）

胡明文（十四小政教主任，汪静名师工作室助理，实验教师）

潘瑞（十四小教师，实验教师）

许静（十四小教师，汪静名师工作室成员，实验教师）

袁冬梅（北关小学教师，汪静名师工作室成员，实验教师）

刘韵歌（十四小教导处副主任，汪静名师工作室成员，实验教师）

2. 课题研究导师

易进：北京师范大学教育学部副教授、硕士生导师。

九、研究过程

（一）准备阶段（2021 年 3 月—2021 年 8 月）

1. 精心筹划，反复论证，做好前期准备

课题开始前，我们首先成立了课题领导小组、课题指导小组、课题实验小组。中原名师培育对象、中学高级教师、校长汪静担任本课题领导小组组长兼主持人，县教体局副局长洪念国、教体局师训股股长李仁堂都亲自参与并过问了这项实验工作，从组织到管理、经费保障等方面及时解决实验前期及实验运行中的一些问题。还聘请了县教研室主任陈仕红、副主任黄中蔚指导本课题的研究。课题组成员是汪静名师工作室的核心成员胡明文、刘韵歌、许静、袁冬梅（北关小学）及我校语文中心教研组组长潘瑞，队伍建立后，汪校长召集领导组、实验组所有成员开会，研究讨论本课题实施方案，安排实施进程，制定了课题组管理制度，并给课题组成员具体分工，要求课题组同志必须认真开展研究，研究工作要科学、规范、有序。

课题组成员按照要求，首先在查阅有关本课题的教育教学科研资料、分析本校校情及咨询专家的基础上，选择了具有一定理论素养和实践经验、学历、能力及教龄均在一个水平线上、使用教材相同的两位教师作为实施教师。我们分别把五（1）班和五（2）班作为实施对象。在2021年9月对这两个班学生有针对性地进行精读课文阅读教学的认识及相关能力的检测，通过分析统计结果，确定把以上两个班作为本课题的研究样本。

表4　实验样本背景调查统计表（2021年9月）

班级	人数	男生	女生	优生	中等生	学困生	家长重视阅读能力培养数
五（1）班	59	39	20	38	15	6	38
五（2）班	59	37	22	41	14	4	40

在上述工作基础上，课题组成员开始设计、论证、制订研究方案。为保证方案设计具有科学性、可行性、操作性与创新性，我们在广泛阅读相关教育专著的基础上，还通过当面请教、微信、电话咨询的方式征求北师大课题导师易进教授及省、县教育专家的意见，反复论证制定了研究方案。

2. 设计调查问卷，确立研究起点

设计教师和学生调查问卷并进行分析，了解教师精读课文的教学过程和学生从精读课文中提升语文能力的现状和存在问题，根据调查结果，分析制约精读课文中语文要素落实的原因，明确课题研究的起点和方向。

3. 领会教材编写思路，归纳语文要素

统编版教材的最大特点就是加强单元整合。每个单元在单元导语中明确语文要素；单元中的课文落实语文要素，贯穿着方法的指导与运用；语文园地中"交流平台"进一步强化语文要素，梳理提炼学习方法；某些单元"词句段运用"和"习作"还引导学生实践运用本单元学习方法；各部分内容环环相扣，形成一个系统。语文要素涵盖面广，包括语文知识、语文能力、学习策略、学习习惯等方面内容。要增强语文教学效果，就要强化教师聚焦语文要素意识。

课题组在开展课题研究之前，组织成员加强对部编教材的学习，全面把握教材内容，根据对高年级精读课文所在单元语文要素的分析，把语文要素归纳总结为以下四类：侧重于阅读理解的语文要素；侧重于阅读策略的语文要素；侧重于习作方法的语文要素；侧重于不同文体的语文要素。以上归类整理为下一步开展课题研究奠定了坚实的理论基础。

4. 加强理论学习，实现专业引领

（1）学习新课标，提高课题组成员理论水平

课题组全体成员在主持人汪静校长带领下，深入钻研教材，研读教参，尤其 2022 版《语文课程标准》出版后，组织大家认真聆听专家解读新课标的讲座，仔细对比 2011 版和 2022 版《语文课程标准》的不同点，尤其在新增内容上加大学习和思考力度。2022 版《语文课程标准》中，新增并定义了核心素养的内涵，其四个方面恰恰都需要渗透在语文要素的落实上，理论学习，为本课题的实施奠定了理论基础，也更坚定了我们研究的方向。

（2）学习精读课文和略读课文所承担教学任务的不同

上海师范大学吴忠豪：从训练阅读能力的目标出发，课文有学习新知和巩固运用之分。精读课文担任着授之以"法"的角色，而略读课文则为用"法"服务。

叶圣陶老先生在《略读指导举隅》前言中说：就教学而言，精读是主体，略读只是补充；但是就效果而言，精读是准备，略读才是应用。

在学习专家观点的基础上，课题组成员结合教学实践对精读课文和略读课文教法和学法不同的深入领会，为本课题教学实践指明了方向。

（二）实施阶段（2021 年 9 月—2022 年 8 月）

1. 整体构架课程，规划课程实施

2021 年 10 月，《基于语文要素的小学高年级精读课文教学模式的案例研究》正式通过省基础教研室立项，研究报告经有关专家的审定后同意开题，于 2021 年秋正式进入实验阶段。

上实验课前，课题组在整理本学段精读课文所在单元语文要素的基础上，积极探索各具特色的语文教学设计案例。案例分别有以下四类：语文要素侧重于阅读理解的教学设计；语文要素侧重于阅读策略的教学设计；语文要素侧重于习作方法的教学设计；语文要素侧重于不同文体的教学设

计。课题组成员共同钻研资料，设计教案、制作教学课件等，突出学生学习方式的转变和教师教学方式的转变。上课时，课题组成员通过随堂听课，观察记录实验对象的学习行为和语言表达，帮助实验教师根据本篇精读课文要落实的语文要素对学生进行随堂检测。课后，大家观察资料、测试成绩，并对其加以分析、讨论，从而发现教学设计是否合理，是否利于学生语文素养的提高，是否需要修改。现将实验半年后实验班学生综合素质对比测试成绩统计如下：

表5　实施班综合素质测试表（2022年3月）

能力类别 班档级次		学习习惯				语文知识				阅读理解				阅读策略				表达能力			
		A	B	C	D	A	B	C	D	A	B	C	D	A	B	C	D	A	B	C	D
五（1）班（59人）	前测	12	19	22	6	7	21	23	8	19	21	12	7	9	20	18	12	11	23	15	10
	后测	17	26	12	4	16	26	12	5	28	21	6	4	21	21	8	9	22	19	12	6
五（2）班（59人）	前测	12	21	16	10	11	20	17	11	18	20	14	7	14	26	13	6	13	25	15	6
	后测	16	23	14	6	17	21	12	9	26	18	11	4	22	17	17	3	19	26	9	5

从表5可以看出，虽然实施班各项测试较实验前略高，但是实验前后差异水平不显著，分析存在的主要原因是实验老师的教学策略还没能很好地激发起学生求知的兴趣和参与学习的欲望。实验组成员经过讨论分析，发现衡量一节课语文要素落实和掌握得好与不好，要看老师用教材的理念是否结合学生的年龄特点，是否充分调动学生主动学习的意识，是否符合学生语言和思维发展的特点，是否真的看到学生语文素养的提升。

通过反思和梳理，教学模式、教学策略及教学评价还需进一步加强，目标检测体系还需进一步完善，认识提高后将更有利于下一步的实验。

2. 探索教学模式，构建四类课型

在以上调查研究和课堂教学基础上，我们边实验、边总结、边调整研究方案，进一步关注研究重点，突破研究难点。《新课程标准》明确提出，语文课程要致力于学生核心素养的形成与发展，老师们在实验课中积极探索，课题组构建了基于语文要素的小学高年级精读课文的课堂教学模式，以整体推进学生核心素养的提升。

（1）阅读理解中侧重于感知人物形象的语文要素，其精读课文教学模式如下：

教师→从单元主题切入，明确单元要素→立足教学目标，明确核心素养→从情节发展切入，感知人物品质→从典型环境切入，展示人物形象→从刻画手法切入，还原人物形象→从文本主题切入，审视人物形象→多重角度切入，训练语言表达→分析人物形象，注重思维过程→从课后习题切入，迁移核心要素→依托延伸拓展，培养审美创造→学生

（2）侧重于阅读策略的语文要素，其精读课文的教学模式如下：

教师→研读教参，明确单元要素→明确单元要素，关注核心素养→初读课文，关注核心要素→利用阅读策略，助推整体感知→善用策略训练，融合课文理解→加强自读实践，形成阅读能力→落实阅读策略，增强文化自信→开展自读实践，注重语言表达→培养思考习惯，提升阅读能力→拓展延伸，总结巩固策略→结合例文，迁移单元要素→拓展单元要素，增强审美创造→学生。

（3）侧重于习作方法的语文要素，其精读课文的教学模式如下：

教师→聚焦单元要素，精准定位目标→围绕单元要素，明确核心素养→围绕语文要素→自读感知 理解重点词句 → 理解语言 合作探究 分段分层交流→培养思维 小组汇报 总结表达方法→ 训练表达→强化语文要素→结合习题巩固表达方法→ 提升表达技巧 结合园地 运用单元要素→提高鉴赏能力→迁移语文要素 运用写作方法 →延伸拓展要素 拓展文化视野→学生

（4）侧重于不同文体的语文要素，其精读课文的教学模式如下：

教师→趣味导入，激发兴趣→兴趣导入 ，激发学欲、初读课文，明确语文要素→明确目标，落实要素、整体感知，了解说明方法、细读课文，体会方法作用、回读课文，总结说明方法→ 研读文本，品味语言、总结方法，锻炼思维→ 结合例文，迁移说明方法、读写结合，运用语文要素→ 迁移拓展，创新提升、审美创造，增强自信→学生

3. 探索基于语文要素的精读课文教学模式的实施策略

课题研究在不断探索与总结中进入了中后期，实施教师不断探索基于语文要素的精读课文教学模式的实施策略。

（1）基于目标引领的整体性教学策略；

（2）基于目标引领的精准性教学策略；

（3）精读课文语文要素"教学化"指向简明路径的教学策略。

构建"语文要素下的小学高年级精读课文教学模式"的整体思路：从语文要素入手，前后勾连，单元导语、课文、课后思考练习题、交流平台、词句段运用等栏目作为一个整体，突出和强化语文要素的教学和巩固，让阅读与表达的方法、能力有机联系、相互促进。

教师如何运用教学策略以更好地落实单元语文要素，是需要重点思考的一个问题。在课堂教学中，一定要围绕单元语文要素，打通单元内部、单元之间、学段之间的联系，让学生的语文能力在不同学段渐进发展，真正提升语文素养。关注到这一点，语文课堂教学目标将更明确，教学模式的可操作性也将更强。

（三）总结阶段（2022年9月—2023年5月）

问卷调查了解课题阶段性开展情况，聚焦课题进行针对性强的各项测试并分析，汇集研究过程性资料，进行全面分析总结，形成研究结题报告。

1. 研究检测

（1）问卷调查：开展了课题开展前、中、后三次问卷调查，分析各项调查数据，总结并撰写了教师和学生调查问卷的数据分析报告。

（2）观察成果：观察分析学生能体现对单元语文要素掌握情况的各类作品，包括识字与写字、阅读与鉴赏、表达与交流、梳理与探究等语文实践类作业，全面考查学生语文学科素养的发展水平，结合多元评价及自我评价等，分项评定等次，以此进行检测。

（3）能力检测：设计课题研究前后学生掌握语文知识及能力的检测试卷，指向语文核心素养，其中包活学生学习习惯、语文知识、阅读理解、阅读策略、口语表达能力、书面写作能力等检测，对比分析试验研究成果。

2. 研究效果

（1）问卷调查情况

课题开题之后，我们于2021年9月、2022年9月、2023年3月分别填写教师和学生前、中、后三期调查问卷，通过各项数据对比，充分显示出实施对象学习习惯、阅读习惯、语文知识、阅读策略、口语表达能力、书面写作能力等大大增强，课题研究前后差异极为显著。同时，课题实验班建立了良好的班风，学生的上进心和自主学习意识增强，学生语文能力的提高十分显著。这些充分说明课题研究工作对学生语文素养的全面提高有着积极的促进作用。

（2）教学成绩检测情况

测试不仅要重视命题规划，更要聚焦语文要素，坚持素养立意。通过各类语文实践活动和实践类作业，全面考查学生对语文要素的掌握情况和学科素养的发展水平。2021年10月，立项报告通过有关专家的审定后同意开题，于2021年秋正式进入研究阶段，实施教师设计开展了学生参与精读课文学习兴趣的对比调查，取得第一手实验资料。上课前课题组成员共同钻研教材和新课程标准，设计基于语文要素的小学高年级精读课文的教案、制作教学课件等，突出教师的教学重点，突出教师教学方式的转变，突出以学生为主体的学习方式的转变。上课时，课题组成员随堂听课，观察记录实施教师和学生的学习行为和语言表达，帮助实施教师按照实验检测体系对学生进行随堂检测；课后，大家分析、讨论，从而发现课堂教学模式是否合理，是否利于学生语文能力的提高，是否需要修改，以检验基于语文要素的精读课文教学模式的实施效果。

课题研究在不断探索与总结中进入了中后期，现将实施班各项专项测试成绩统计如下：

表6 五（1）班从五年级升入六年级后（实验一年后），

学生参与精读课文学习的兴趣对比调查（2022年10月）

五（1）班	全班人数	很有兴趣		有兴趣		一般		没有兴趣	
		人数	比例	人数	比例	人数	比例	人数	比例
五年级初	59	3	5.08%	9	15.25%	32	54.24%	15	25.42%
六年级初	59	23	38.98%	38	64.41%	2	3.39%	0	0%

表7 五（2）班从五年级升入六年级后（实验一年后），

学生参与精读课文学习的的兴趣对比调查（2022年10月）

五（2）班	全班人数	很有兴趣		有兴趣		一般		没有兴趣	
		人数	比例	人数	比例	人数	比例	人数	比例
五年级初	59	2	3.39%	7	11.86%	37	62.71%	18	30.51%
六年级初	59	29	49.15%	23	38.98%	6	10.17%	1	1.69%

从上表对比中可以看出：五年级初与六年级初，两班学生参与精读课文的学习兴趣前后有极其显著差异。

表 8　五年级升入六年级后学生阅读能力对比（2022 年 10 月）

总人数	第一题（优秀）		第二题（优秀）		第三题（优秀）		第四题（优秀）		第五题（优秀）		第六题（优秀）	
五年级118 人	82	69.49%	100	84.75%	106	89.83%	66	55.93%	72	61.02%	80	67.80%
六年级118 人	102	86.44%	110	93.22%	110	93.22%	104	88.14%	88	74.58%	98	83.05%

表 9　实施班学生写作能力前测与后测对比（2022 年 10 月）

	人数	一类文	二类文	三类文	人均字数	字数最多	字数最少
五年级	118	26	62	30	400	760	100
六年级	118	84	28	6	900	1600	500

表 10　实施班学生语文综合素养情况调查对比表（2022 年 10 月）

能力类别 班档级次		学习习惯				语文知识				阅读理解				阅读策略				表达能力			
		A	B	C	D	A	B	C	D	A	B	C	D	A	B	C	D	A	B	C	D
五（1）班（59人）	前测	12	19	22	6	7	21	23	8	16	19	16	8	9	20	18	12	11	23	15	10
	后测	31	18	10	0	29	16	12	2	34	21	4	0	28	17	12	2	32	19	6	2
五（2）班（59人）	前测	12	20	17	10	10	12	21	16	15	18	15	11	11	19	19	10	13	25	15	6
	后测	34	13	10	2	27	17	11	4	36	11	9	3	27	14	15	3	29	21	7	2

从上面几表对比中可以看出：五年级初与六年级初，两班学生语文综合素养前后有极其显著差异。

3. 研究分析

（1）基于语文要素的小学高年级精读课文教学模式，有计划、有目的、有步骤地指导教师教和学生学，提高了课堂教学效率和教师专业化水平，提升了学生的语文综合能力和学科素养。步骤清晰，针对性强，可操作性强。在教学目标和教学模式指引下，语文课堂教学的开展都紧紧围绕目标进行，思路清晰，效果显著。

（2）在构建基于语文要素的小学高年级精读课文教学模式时，在教学实践中，我们通过运用基于目标引领的整体性和精准性教学策略及精读课文语文要素"教学化"指向简明路径的教学策略，有效引导学生在品味精读课文语言生动精妙的同时，还领悟到了表达方法、写作方法并能够迁移运用到课内外，这样的教学策略明确了教学实施路径，促进学生自主学习、合作探究，利于学生获取知识、技能，同时提升语文素养，培育情感与态度。

（3）通过我们的大胆实践，我们的课程评价逐渐形成了以学生为主体，教师为主导，学校、家长、社会共同参与完成的多元评价体系，注重评价主体的多元与互动以及多种评价方式的综合运用，充分利用现代信息技术促进评价方式的变革。通过对参与实验研究的学生检测，我们的多元评价能注重考查学生的语言文字运用能力，关注学生学习过程和进步，有利于促进学生学习，改进教师教学，全面落实语文课程目标和语文要素。

（4）在构建基于语文要素的高年级精读课文教学模式的课堂教学中，能创设学生体验成功的机会，让学生亲历新知的形成过程，真正把先进的教学理念体现在有效的课堂教学中，学生在获得知识的同时，身心也得到和谐发展。

十、研究成果

近两年来，经过课题组全体成员深入研究，大胆探索，积极实践，我们取得了如下阶段性成果：

（一）构建了基于语文要素的小学高年级精读课文的教学模式

按照高年级单元语文要素的分类，构建了四类精读课文的教学模式；语文要素侧重于阅读理解的教学模式；语文要素侧重于阅读策略的教学模式；语文要素侧重于习作方法的教学模式；语文要素侧重于不同文体表达方法的教学模式。

1. 阅读理解中侧重于感知人物形象的语文要素，其精读课文教学模式如下：

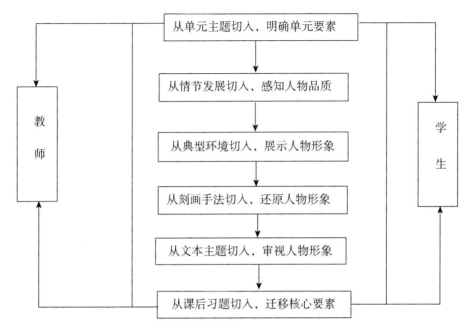

2. 侧重于阅读策略的语文要素，其精读课文的教学模式如下：

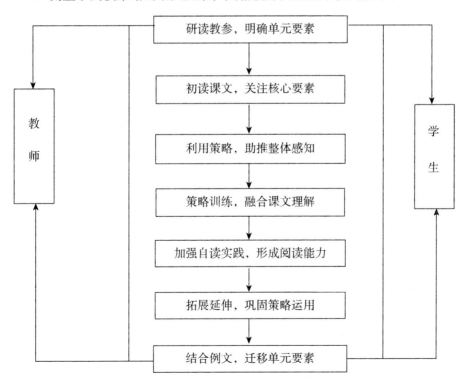

3. 侧重于习作方法的语文要素，其精读课文的教学模式如下：

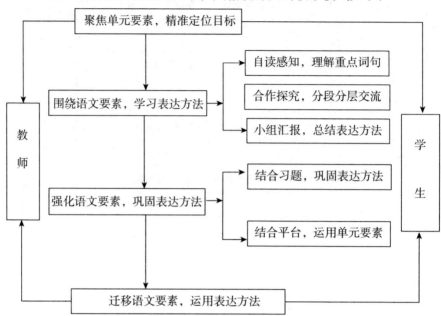

4. 侧重于不同文体的语文要素，其精读课文的教学模式如下：

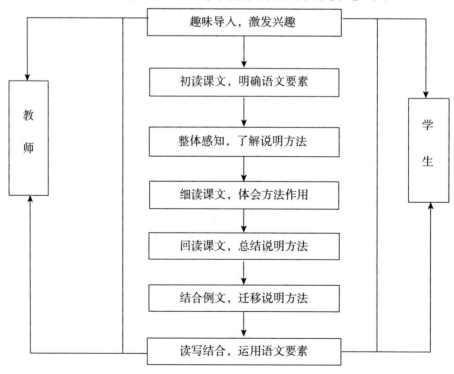

基于语文要素的小学高年级精读课文的教学模式是新课程标准和新教材相结合应用于课堂教学，它是以建构主义理论为指导，以现代教育技术手段为依托，以培养学生语文核心素养为根本目的的教学模式。该模式的实施，对探讨如何培养学生掌握和运用语文要素，提升语文学科核心素养尤为重要。

（二）探索出了基于语文要素的精读课文教学模式的实施策略

1. 基于目标引领的整体性教学策略

以单元为整体，看设计理念的变化。统编教材最小的备课单位是单元，这一特点决定了统编教材的使用方法，我们经过集体教研实践总结为：要关注单元整体，分解语文要素，落实核心素养。

2. 基于目标引领的精准性教学策略

在实际的精读课文教学备课中，我们需要根据语文要素确定相关教学内容。树立准确的目标意识，关注目标的层递性和整组性。把单元导语、课后习题和交流平台连成一线，贯彻整合关联的教学思维。

3. 精读课文语文要素"教学化"指向简明路径的教学策略

围绕"语文要素下的小学高年级精读课文教学模式"的理论建构、方法、模式、策略、适用范围、研究重点等进行研究的整体思路：从语文要素入手，前后勾连，单元导语、课文、课后思考练习题、交流平台、词句段运用等栏目作为一个整体，突出和强化语文要素的教学和巩固，让阅读与表达的方法、能力有机联系、相互促进。

（三）检验了基于语文要素的精读课文教学模式的实施效果

课题组成员上课前共同钻研教材和新课程标准，设计基于语文要素的小学高年级精读课文的教案、制作教学课件等，突出教师的教学重点，突出教师教学方式的转变，突出以学生为主体的学习方式的转变。上课时，课题组成员随堂听课，观察记录实施教师和学生的学习行为和语言表达，帮助实施教师按照实验检测体系对学生进行随堂检测；课后，大家分析、讨论，从而发现课堂教学模式是否合理，是否利于学生语文能力的提高，是否需要修改，以检验基于语文要素的精读课文教学模式的实施效果。课题组成员在两年来课堂教学观察的指导下，专业化水平大大提高，在反思中不断调整语文要素下的精读课文教学模式日趋完善。

课题研究过程中，我们通过三期调查问卷和设计识字与写字、阅读与鉴赏、表达与交流、梳理与探究等各类语文实践活动和书面作业，全面考查学生对语文要素的掌握情况和学科素养的发展水平。通过实验前、中、后的各项数据对比，充分显示出实施对象的学习习惯、阅读习惯、语文知识、阅读策略、口语表达能力、书面写作能力等大大增强，课题研究前后差异极为显著，同时，课题实验班建立了良好的班风，学生的上进心和自主学习意识增强，学生语文能力的提高十分显著，这些充分说明课题研究工作对学生语文素养的全面提高有着积极的促进作用。

（四）形成了以学生为主体、教师为主导的多元评价体系

教师在运用教学模式的基础上，充分调动学生自主学习、合作探究的学习方式，在研究过程中，我们对师生采取多元化的过程性评价，通过阅读测试、个体自评、小组互评、教师与家长跟评等方式，对学生掌握语文要素的学习情况进行全面综合评价，关注学生的进步和多方面的发展潜能，关注学生发展的全过程，关注学生的个体差异，突出学生在评价中的地位，真正培养学生学习和探究的主体意识。

十一、成果主要创新点

1. 相对于传统小学语文单篇课文的教学与阅读而言，构建了基于语文要素的小学高年级精读课文的教学模式。通过本课题的研究，我们力争在新课程标准的指导下，以落实语文要素为出发点，通过高年级精读课文教学模式的构建，提高教师课堂教学专业化水平，提升学生语文综合素养，使学生能够掌握正确的语文知识、技能及阅读方法、策略，进而能够迁移学法从课内到课外，达到"教是为了不教"的目的。本模式的构建和案例的研究，力争使其具有创新性、可持续性和推广价值。

2. 构建了基于语文要素的小学高年级精读课文教学模式下学习效果的评价体系。在研究过程中，我们基于语文课堂教学实践，倡导课程评价的过程性和整体性，重视评价的导向作用，我们对师生采取多元化、过程性评价，形成一个以学生为主体，教师为主导，学校、家长和社会共同参与完成的多元评价体系。

3. 教师通过践行落实"聚焦语文要素、提升核心素养"这一教学理念，将进一步努力构建并实施"素·养"课堂教学模式，以实现"基于语文要素的教学过程优化和核心素养提升"的高品质课堂教学目的。

十二、成果的学术价值和应用价值

（一）基于语文要素的精读课文教学模式促进了学生学习角色转变

通过大量实验课我们发现，新课程建设促使教学组织形式也随之发生了

变化。我们的实验课上，真正体现学生是学习的主体，学生自主学习、合作学习、集体展示的时间多了，老师们就更加关注学生的学习状态。

在搞好课堂教学的同时，我们对语文课外学习进行了拓展和延伸。我们深入打造"百花园读书节"系列活动，形成了以学生"读·讲·写"为载体的系列活动：新书推荐系列的百花采撷、日常化讲故事系列的百花之声、写日记系列的百花微刊，激发了学生的阅读兴趣，挖掘表达潜能，提升学生的综合素养，为学生提供锻炼与展示的平台。学校定期开展百花园学生读书节活动。读整本书之百花采撷已进行到第 40 期；优秀日记展之百花微刊已进行到第 40 期；已连续举办 4 届讲好故事之百花之声活动。

自课题组开展工作以来，在实验教师的大力倡导组织下，我们在全校师生中开展了以名言警句、古诗词为主要内容的阅读、背诵古诗词活动。在"2021 河南省诗词大赛"省级决赛中，固始县第十四小师生勇创佳绩：胡志远同学进入全省前 20 强，荣获省一等奖；罗诗雨、易欣妍喜获省二等奖；胡沐阳获省三等奖；丁明英老师在社会组以全省第十八名 92 分好成绩晋级到第二轮竞技，喜获省二等奖。2022 河南省诗词大赛十四小师生一鼓作气，再创佳绩：五（1）班方哲同学斩获省小学组第三名，荣获省诗词大赛一等奖；六（2）班胡沐阳、五（3）班贾峻熙两位同学荣获二等奖；李恒月、胡晓月、潘长忍、张含玉等 12 名同学荣获省三等奖。另外，我校丁明英老师以全县第一名的优异成绩顺利晋级省赛，并在省赛中荣获社会组第二名，省诗词大赛一等奖；我校马月华老师荣获河南省诗词大赛三等奖。

（二）课题研究促进了教师专业成长

课题组以语文要素的落实为核心课题研究，以发展教师的教学智慧为终极关怀。透过语文教研月活动，老师们对统编教材有了更进一步的认识，把握了教材编写原则、结构体系。

通过课题研究，我们力求让实验课教师把阅读变成一种习惯。我们要求每一位老师都制订教师阅读计划，每位教师根据阅读内容做摘抄笔记，撰写读书心得。开学初和每周教师例会上进行阅读分享。目前，已有 35 名教师走上十四小阅读分享展示台。我们还注重引导实验教师关注课堂教学与信息技术的衔接、融合。学前周，组织专业教师召开专题讲座，普及课件制作使用技巧，分享优质网站资源，提高教师信息技术使用能力。在信息技术与课程融合优质课评比中有 2 位教师的优质课例被推荐到河南省参评，2021 年度潘瑞老师获得省融合课二等奖；在河南省作业设计优秀案例评选中，张晶教师团队的作业案例设计分别荣获省二等奖、三等奖；马月华老师所讲《池上》

2022 年荣获省优质课二等奖；在河南省第五届名师网络工作室微课大赛中我校参赛的 5 名教师均分别荣获省二等奖、三等奖；我校龚华欣老师执教的《合理购物》一课，被县教研室推荐到全县青年教师培训会上示范观摩。

（三）课题研究提升了教师的科研能力

课题是实践性的行动研究。教学中，老师们认识到投身教科研工作是自身成长的需要，树立了做"研究型教师"的目标。在课题实施过程中，课题组成员的教育科研能力不断提升。课题主持人汪静校长所写《经典阅读浸润学童心灵》一文 2021 年 4 月发表在河南省一级期刊《河南教育》上，所写论文《新课程标准下小学语文综合性学习活动策略的研究》2021 年 8 月发表在《小学生作文辅导》中，所写论文《活动化习作教学之我见》2022 年 8 月发表在《小学语文教学》期刊中。潘瑞老师撰写的论文《基于语文核心素养的小学生自主学习能力培养研究》荣获全国优秀论文一等奖，并发表于河南科技报学习周刊。胡明文老师主讲的群文阅读《古诗中的酒》、刘韵歌老师主讲的《少年中国说》均获 2021 年度县级优质课一等奖。

（四）课题研究促进了成员所在校整体教学工作的提升

在过去的一年里，课题组成员所在校固始县第十四小学依托优质资源、立足学校实际，强化创新意识，建立多维度、立体化的教师专业培养模式，将学校教科研工作做实做细，以课题研究为抓手，有效促进教师的专业发展，涌现一批又一批有专业能力的优秀教师。一年来，在全校师生共同努力下，学校分别荣获"河南省综合实践教育工作先进集体""河南省优秀少先队集体""信阳市优秀家庭工作单位""信阳市党建示范校""信阳市红领巾奖章"集体三星章；"固始县师德师风先进单位""县中小学书香校园""固始县教学教研先进单位""县教育教学质量先进奖""固始青年五四奖章集体""县教育体育系统宣传工作先进单位""县语言文字达标示范校""县美术教师技能大赛优秀组织奖""县诗词大赛优秀组织奖"等荣誉称号。

（五）课题组成员充分发挥了辐射引领作用，为当地语文教育教学改革做出了一定贡献

2021 年 12 月 26 日，课题组成员代表在主持人汪静校长带领下，走进北关小学开展教研实践活动。课题组成员刘韵歌老师首先进行了示范课展示，内容为五年级《少年中国说》一课。刘老师扎实的教学功底，超强的课控能力，启发式的教学模式，呈现出一节气势磅礴、振奋人心的示范课。课题组成员胡明文老师以五年级上册《四季之美》为例，做了《于动静之间　品四

季之美》的课例分享。课题组成员，北关小学袁冬梅老师依托六年级上册语文要素"围绕中心意思写"做了《课堂根深叶茂　成长繁花似锦》的阅读及作文案例反思。课题主持人汪静校长做了《统编教材下如何把握阅读教学的重点》的专题讲座。重点讲述了如何把握阅读教学重点，即把握六项内容：一、课标；二、教材编排意图（教学参考用书）；三、提示导语（单元导语、课文导语、泡泡图、小贴士、批注、学习伙伴）；四、课后练习题（精读课文）；五、语文园地（备在单元前面）；六、学情（以学定教）。她立足实际而又高屋建瓴的专题讲座，破解了老师们阅读教学中存在的很多困境。

2022 年 11 月 17 日、19 日，固始县第十四小学走进武庙中心校和张广中心校开展以"聚焦课堂改革 推进有效教学"为主题的送教下乡活动。课题组胡明文老师执教的国学课《古诗中的酒》构思新奇，采用读、吟、唱、舞四种不同的方式解读古诗词，充分调动了学生学习的积极性，让他们在优美的情境中感受古诗词的博大精深，感受传统文化的意蕴。同时，本节课将相同题材的古诗词放在一起比较阅读，拓宽了学生的阅读视野，促进了他们对古诗词文化的拓展迁移。整节课设计合理，师生有效互动，高潮迭起，让孩子们陶醉在国学的美妙境界里。课题组潘瑞老师执教的《桥》构思新颖巧妙，娴熟的教学经验，再加上着力感情的渲染，使这篇文章走进了学生的内心，让孩子们为之动容，在对文本解读的同时，体会到了小说三要素的表达特点，领悟小说意料之外、情理之中的特点，课堂上的潘老师再现了一位成熟老师的教学风采。

2022 年 3 月 9 日上午，固始县教学研究室暨"聚焦核心素养，践行新课标"小学语文教研观摩活动在教师进修学校 10 楼会议室隆重举行。固始县第十四小学马月华老师为广大小学语文教师带来了一节精彩纷呈的小学语文低年级古诗词教学《池上》。课题主持人汪静校长以《新课标背景下关于阅读教学重点的思考和探索》为题，先和大家一起回顾了我国第八次基础教育课程改革这 20 年间的四个发展期：理念阐释期、实践摸索期、反思调整期和健康发展期；接着分别从关于阅读教学的思考、阅读教学的重点该如何把握、典型课例分析三个方面和与会老师进行了分享；最后希望老师们怀着空杯心态，打磨课堂，聚焦问题，深入研究，提升专业品质，用专业的成就感成全职业的幸福感。汪校长一个多小时理论联系实践的讲座获得与会同仁高度认可。

（六）形成具有地区特色的基于语文要素的小学高年级精读课文教学的活页夹式案例读本

通过实验课教师在课题研究中的大量实验深度，形成了基于语文要素的小学高年级精读课文教学案例活页，既是本课题成果的积累，同时也为学校和兄弟学校开展课堂教学研究提供了参考范例。

两年来，《基于语文要素的小学高年级精读课文教学模式的案例研究》课题组充分发挥了我校作为河南省教师发展学校的引领作用，充分发挥名师的指导作用。以课题研究为主要载体，在固始县开展了形式多样、内容丰富的授课和主题讲座等教学教研活动，极大推动了十四小及周边学校乃至全县的小学语文课堂教学改革，发挥了课题研究对学校教师专业成长和教育教学质量提高的重要促进作用，带动了教师队伍教育科研能力的整体提升，更好地服务于固始教育的科学发展。

十三、课题研究存在的主要问题及今后设想

通过两年的实践研究，在课题组全体成员的共同努力下，《基于语文要素的小学高年级精读课文教学模式的案例研究》达到了预期的研究目标，推出了一系列的成果，在落实语文要素，提高小学高年级阅读教学课堂效率上赢得了广大师生的赞誉和好评。但回过头来看，课题研究不是闭门造车，一定要推开门、走出去，有实践才有发言权和实用性。我们在进行课题研究和推广中，还存在着一些不足之处：

一是如何让基于语文要素的精读课文教学模式精准落实，尚需结合不同的班情和学情具体对待。

二是研究成果的推广平台和途径较为单一。我们课题组注重课题成果的社会效应，推出的系列研究成果都通过专题讲座、课例观摩，以及学校微信公众号积极宣传。但是，由于受到各种条件的限制，在更大平台、更多外省市县还没有很好地得到推广与普及。

今后设想：课题研究还需要进一步深入探究，将语文要素的落实与新课程标准中所提出的学生核心素养的形成结合起来，基于此，我们提出了统编教材下的语文课堂应践行"素·养"课堂的教学思想，"素"即统编教材的单元语文要素，"养"即语文课程要培养的核心素养。教师通过践行落实"聚焦语文要素、提升核心素养"这一教学理念，进一步构建并实施"素·养"

课堂教学模式，以努力实现"基于语文要素的教学过程优化和核心素养提升的"高品质课堂教学目的，以此来促进学生学会运用祖国的语言文字进行有效的沟通交流，吸收古今中外优秀的文化成果，提升个人思想文化修养，确立文化自信，从而实现个人的全面发展。与此同时，它也有利于教师全面了解统编教材的编排特点，准确把握语文核心素养的内涵、把握语文教学的育人价值，进一步提升自身的专业素质和教学水平。

课题结题并不意味着课题研究的结束，而是其发挥效应的开始。今后，我们课题组将依托由课题负责人汪静领衔的中原名师培育对象汪静小学语文名师工作室，围绕课题研究成果，按照实践、总结、提高的课题研究思路，继续将"基于语文要素的小学高年级精读课文教学模式的案例研究"进行小问题、深研究，推出更多优秀的案例设计、教学模式等成果，引领教师积极推进高年级精读课文教学的有效变革。

总之，《基于语文要素的小学高年级精读课文教学模式的案例研究》在课题组全体成员的共同努力下，在中原名师培育对象汪静小学语文名师工作室的支持下，本着高度负责，严谨求实的态度，同心协力，保质保量地完成了各项任务。经过这次课题研究，也为我们积累了许多切实有效的课题研究的方法和经验，在今后的教学实践中，我们将进一步开拓思维，深入研学，取得更多的教研成果。

目前，有关《基于语文要素的小学高年级精读课文教学模式的案例研究》各项研究任务已经完成，结题所需材料准备就绪，特申请结题。

该课题系我主持的 2022 年-2023 年河南省基础教育教学研究课题，经专家评审，于 2023 年 8 月 13 日顺利结题并荣获良好等级。

参考文献

一、著作

［1］布鲁姆．教育评价［M］．上海：华东师范大学出版社，1987.

［2］崔峦．学生的语文素养从哪里来［M］．长春：长春出版社，2019.

［3］崔允漷．综合实践活动案例专家点评［M］．沈阳：辽海出版社，2003.

［4］郭元祥．综合实践活动课程的设计与实施［M］．北京：高等教育出版社，2003.

［5］李吉林．李吉林文集：卷一：情境教学实验与研究［M］．北京：人民教育出版社，2006.

［6］温儒敏．温儒敏论语文教育四集［M］．北京：北京大学出版社，2021.

［7］吴中豪．从教课文到教语文［M］．北京：高等教育出版社，2013.

［8］吴忠豪．语文建设［M］．北京：语文出版社，2021.

［9］杨献荣，黄少基，等编著．小学语文实践活动指导［M］．南京：江苏教育出版社，2001.

［10］叶圣陶．语文教育论集［M］．北京：教育科学出版社，2014.

［11］中华人民共和国教育部制定．义务教育语文课程标准（2022年版）［M］．北京：北京师范大学出版社，2022.

二、期刊

［1］卞海青．整体落实语文要素的有效策略［J］．新课程导学，2020（22）.

［2］常东亮．从语用角度解析统编教材——评《小学语文统编教材的语

用解读》[J]. 语文建设，2022（6）.

[3] 陈燕婷. 借助优质问题，构建"理·智"课堂——以《飞向蓝天的恐龙》教学为例 [J]. 语文新读写，2021（11）.

[4] 陈燕. 凸显语文要素 发展语文能力——部编义务教育语文教科书一年级下册课文编写特点及教学建议 [J]. 小学语文，2017（3）.

[5] 高佳营. 聚焦思维发展，开展针对性课堂训练——语文学科核心素养"思维发展与提升"培养实践 [J]. 语文教学通讯·D刊（学术刊），2022（8）.

[6] 顾丽. 浅谈小学语文课外阅读指导的实践 [J]. 新课程（中），2016（10）.

[7] 蒋德鸿，洪流. 基础教育立德树人的实践路径探析 [J]. 福建教育学院学报，2022，23（4）.

[8] 李争，周有利. 聚焦语文要素 萃取实践智慧——"语文要素如何在课堂落地"主题沙龙 [J]. 小学教学设计，2017（34）.

[9] 廖丽萍. 小学语文阅读教学有效性分析 [J]. 华夏教师，2018（25）.

[10] 阮雪屏. 语文综合性学习的实践研究——以统编版四年级下册"走进田园，热爱乡村"综合性学习为例 [J]. 散文百家（新语文活页），2020（8）.

[11] 佘美满. 基于微课的小学语文要素的落地 [J]. 文理导航·教育研究与实践，2020（5）.

[12] 宋道晔. 三年级上册习作单元教什么，怎么教 [J]. 语文教学通讯，2019（Z3）.

[13] 孙鑫苗. 小学语文教学中德育元素的渗透策略——以统编版小学语文中高段教材为例 [J]. 云南教育（小学教师），2023（10）.

[14] 王春平. 对统编小学语文教材教学的认识与思考 [J]. 青海教育，2018（3）.

[15] 温儒敏. 部编义务教育语文教科书的七个创新点 [J]. 小学语文，2016（9）.

[16] 吴丹青. 聚焦语文要素，探求阅读教学之道——以《伟大的悲剧》为例 [J]. 语文教学通讯，2018（26）.

[17] 吴海燕，茆庆东. 初中生科学核心素养培育的"现象教学"实践 [J]. 中学生物教学，2018（21）.

[18] 郗良云. 基于核心素养的小学语文阅读教学策略探究 [J]. 科学咨询（教育科研），2018（12）.

[19] 颜大顺，吴春艳. 语文学科核心素养与部编生活语文教科书的对接探析——以第一学段为例 [J]. 现代特殊教育，2022（11）.

[20] 叶建松. 统编教材整体感知类课后习题的编写特点与教学策略 [J]. 语文建设，2021（10）.

[21] 张小娇，曾怡. 活动型教学走进小学语文综合性学习的实践与反思——以《欢喜过春节，传承孝文化》为例 [J]. 课外语文，2020（22）.

[22] 赵祥韶. 紧扣四个要点有效提升学生语文综合素养 [J]. 现代语文（上旬），2013（4）.

[23] 郑水娣. 小学语文中年段统编版教材中落实语文要素的策略研究 [J]. 新课程（小学版），2019（12）.

[24] 钟振裕，周娇娥. 以"语文要素"促进"语文核心素养"发展的研究综述及其运用建议 [J]. 福建教育学院学报，2022，23（8）.

三、其他

[1] 冯萍. 优化小学语文单元整体作业设计策略探析 [C] //中国管理科学研究院教育科学研究所. 教学质量管理研究网络论坛——创新思维研究分论坛论文集（二）. 徐州：睢城实验小学，2023.

[2] 李盼.《金色的草地》教学反思 [C] //《教育学》教科研成果展示. 上饶：邱蕴芳实验学校，2018.

[3] 余新琼，蒋鲜丽. 小学语文单元整合教学的本质属性与策略实践 [C] //教育理论研究（第十辑）. 成都：棠湖中学实验学校，2019.